"当代经济学创新丛书"编委会

National Economics Foundation
北京当代经济学基金会

当代经济学创新丛书
［全国优秀博士论文］

贸易自由化、融资约束
与中国外贸转型升级

张洪胜 著

上海三联书店

"当代经济学创新丛书"

由当代经济学基金会(NEF)资助出版

总　序

　　经济学说史上，曾获得诺贝尔经济学奖，被后人极为推崇的一些经济学"大家"，其聪慧的初露、才华的表现，往往在其年轻时的博士论文中已频频闪现。例如，保罗·萨缪尔逊（Paul Samuelson）的《经济分析基础》，肯尼斯·阿罗（Kenneth Arrow）的《社会选择与个人价值》，冈纳·缪尔达尔（Gunnar Myrdal）的《价格形成和变化因素》，米尔顿·弗里德曼（Milton Friedman）的《独立职业活动的收入》，加里·贝克尔（Gary Becker）的《歧视经济学》以及约翰·纳什（John Nash）的《非合作博弈》，等等。就是这些当初作为青年学子在博士论文中开启的研究领域或方向，提出的思想观点和分析视角，往往成就了其人生一辈子研究经济学的轨迹，奠定了其在经济学说史上在此方面的首创经济学著作的地位，并为日后经济学术思想的进一步挖掘夯实了基础。

　　经济学科是如此，其他社会科学领域，包括自然科学也是如此。年轻时的刻苦学习与钻研，往往成为判断日后能否在学术上取得优异成就，能否对人类知识的创新包括经济科学的繁荣做出成就的极为重要的第一步。世界著名哲学家维特根斯坦博士论文《逻辑哲学导论》答辩中，围绕当时世界著名大哲学家罗素、摩尔、魏斯曼的现场答辩趣闻就是极其生动的一例。

　　世界正处于百年未遇的大变局。2008 年霸权国家的金融危机，四十多年的中国增长之谜……传统的经济学遇到了太多太多的挑战。经济学需

1

要反思、需要革命。我预测,在世界经济格局大变化和新科技革命风暴的催生下,今后五十年、一百年正是涌现经济学大师的年代。纵观经济思想史,历史上经济学大师的出现首先是时代的召唤。亚当·斯密、卡尔·马克思、约翰·梅纳德·凯恩斯的出现,正是反映了资本主义早期萌芽、发展中矛盾重重及陷入发展中危机的不同时代。除了时代环境的因素,经济学大师的出现,又有赖于自身学术志向的确立、学术规范的潜移默化、学术创新钻研精神的孜孜不倦,以及周围学术自由和学术争鸣氛围的支撑。

旨在“鼓励理论创新,繁荣经济科学”的当代经济学基金会,就是想为塑造、推动未来经济学大师的涌现起到一点作用,为繁荣中国经济科学做点事。围绕推动中国经济学理论创新开展的一系列公益活动中有一项是设立“当代经济学奖”和“全国经济学优秀博士论文奖”。“当代经济学创新丛书”是基于后者获奖的论文,经作者本人同意,由当代经济学基金会资助,陆续出版。

经济学博士论文作为年轻时学历教育、研究的成果,会存在这样和那样的不足或疏忽。但是,论文毕竟是作者历经了多少个日日夜夜,熬过了多少次灯光下的困意,时酸时辣,时苦时甜,努力拼搏的成果。仔细阅读这些论文,你会发现,不管是在经济学研究中对新问题的提出,新视角的寻找,还是在结合中国四十多年改革开放实践,对已有经济学理论模型的实证分析以及对经济模型假设条件调整、补充后的分析中,均闪现出对经济理论和分析技术的完善与创新。我相信,对其中有些年轻作者来说,博士论文恰恰是其成为未来经济学大师的基石,其路径依赖有可能就此开始。对繁荣中国经济理论而言,这些创新思考,对其他经济学研究者的研究有重要的启发。

年轻时代精力旺盛,想象丰富,是出灵感、搞科研的大好时光。出版这套丛书,我们由衷地希望在校的经济学硕博生,互相激励,刻苦钻研;希望志在经济学前沿研究的已毕业经济学硕博生,继续努力,勇攀高峰;希望这套丛书能成为经济科学研究领域里的"铺路石"、参考书;同时希望社会上有更多的有识之士一起来关心和爱护年轻经济学者的成长,在"一个需要理论而且一定能够产生理论的时代,在一个需要思想而且一定能够产生思想的时代",让我们共同努力,为在人类经济思想史上多留下点中国人的声音而奋斗。

夏斌

当代经济学基金会创始理事长

初写于 2017 年 12 月,修改于 2021 年 4 月

目 录

图表目录

前　言

改革开放以来,中国经济表现瞩目,以年均近 10% 的高速增长屹立于世界之林。在中国经济高速增长过程中,对外贸易发挥了关键作用。然而需要认清的是,中国仍然在向全球价值链中高端攀升过程中,企业生产率和出口产品质量依然存在较大的提升空间,出口贸易可持续性发展问题也较突出,中国外贸全面转型升级尚未完成。中国外贸转型升级的既有研究主要聚焦于中国出口绩效的原因剖析,缺乏从贸易自由化和融资约束视角的考察。本书从全球价值链背景下中国外贸失衡的经济事实出发,以企业生产率、全球价值链地位、企业出口扩张、出口产品质量作为衡量外贸转型升级的核心指标,搭建中国外贸转型升级的分析框架,研究了贸易自由化和融资约束对中国外贸转型升级的微观机制和作用效果。本书关注的核心问题是贸易自由化和融资约束如何影响中国外贸转型升级。

为回答该问题,本书基于出口特征、生产率、全球价值链、出口产品质量等视角,搭建了贸易自由化与融资约束影响中国外贸转型升级的分析框架,重点剖析了融资约束影响我国企业全球价值链地位提升的内生机制,并且实证评估了贸易自由化和融资约束影响我国外贸转型升级的经验效果。主要结论如下:

考量贸易自由化对外贸转型升级的影响。本书首先探析了外贸失衡的影响因素,研究发现,加入 WTO 之前,人民币汇率升值对中国附加值贸易顺差影响不显著;加入WTO之后,人民币汇率升值可以显著降低中国附加值贸易顺差。同样,加入WTO之前,外商直接投资(FDI)总额对中国附加值贸易顺差影响不显著,加入WTO之后影响显著。美国和亚洲"四小龙"FDI可以显著提高中国附加值贸易顺差,而日本和德国FDI则会降低中国附加值贸易顺差。然后本书聚焦美国与中国建立永久正常贸易关系(Permanent Normal Trade Relation,PNTR)这一自然实验,采用三重差分估计方法研究显示:PNTR显著提高了中国对美国的出口值和出口量,同时降低了出口价格,说明PNTR对中国出口贸易的影响主要体现在规模的增长上,并没有促进质量的提升;PNTR对出口值和出口量的影响在一般贸易和加工贸易中都显著存在,对出口价格的影响则主要存在于一般贸易中;PNTR主要影响私营企业和外资企业的出口规模增长,对国有企业没有显著作用;相反,PNTR会导致国有企业出口价格恶化,而私营企业和外资企业则无显著变化;PNTR显著提升了外资企业生产率,对国有企业和私营企业影响不显著,出口增长是PNTR促进生产率提升的重要路径。

考察融资约束对外贸转型升级的影响。首先,将来料加工和进料加工贸易方式引入理论模型,分别采用进料加工比率和企业附加值衡量企业全球价值链地位,检验了融资约束对全球价值链地位提升的影响。研究结果显示,高生产率企业从事全球价值链较高环节的进料加工,低生产率企业从事较低环节的来料加工;企业往全球价值链较高环节攀升,面临的融资约束会不断加大,融资约束较小和生产率较高的企业更容易向高价值链环节攀升,且二者可以相互促进。其次,基于融资约束作用路径,探讨了集群商业信用对出口扩张和出口产品质量提升的影响。研究发现,集群商业信用可以缓解企业融资约束,显著提高企业出口概率和出口水平。研究进一步发现,集群商业信用主要影响私营企业出口以及东部地区企业出口,对加工贸易出口影响不显著;采用单价法和需求残差法测算出口产品质量发现,集群商业信用可以显著提高出口产品质量。为解决可能存在的识别困境,将集群因素纳入方程,并根据企业是否变更经营地点构造拟自然实验,采用双重差分方法重新检验,以上结论保持稳健。

本书政策启示:第一,我国出口扩张仍然以量的增长为主,质的提升有待加强,不同所有制企业出口量和质的差异性变化应该引起关注;第二,促进企业生产率提高,为企业提供融资支持,能够促进企业全球价值链地位提升,"双措并举"能够发挥更好的效果;第三,集群商业信用不仅影响企业出口水平,而且作用于企业出口决策,可以解释私营企业虽然更难以从正规融资渠道获取资金,但依然实现了出口快速扩张的原因,作为银行信用的重要补充,发展集群商业信用是促进中国出口贸易转型升级的有效途径。

第一章　导论

第一节　研究背景与意义

一、研究背景

（一）中国全球价值链地位需要向中高端攀升

伴随着信息通信技术（information communication and technology，ICT）的飞速发展以及自由贸易政策在国际范围内的广泛实施，世界日益变成"平"的。由此带来的一个结果是，跨国公司可以以更低廉的成本在全球范围内配置资源，世界各国根据比较优势嵌入到全球价值链（global value chain，GVC）不同环节，扮演着不同的角色，并获取不同的收益。处于 GVC 高端环节的国家作为组织者和领导者，获取全球价值链绝大部分收益，而处于低端环节的国家则只能沦为跟随者和学习者，获取微不足道的收益。

得益于改革开放政策的顺利推出和成功实施，中国对外贸易取得了快速长久的大发展。不过，中国海关数据显示，外商投资企业日益主导了中国对外贸易增长，而且中国对外贸易中的加工贸易占比一直维持在较高的水平[①]（范子英和田彬彬，2014）。与此同时，不同所有制企业对中国外贸增长的贡献差异巨大。表 1-1 显示了不同所有制企业出口在总出口中所贡献的比重。从中可以看到几个显著特征：第一，国有企业出口占总出口的比重是一路下降的，私营企业出口在总出口中所占比重在逐渐上升，这是中国社会主义市场经济改革逐渐

[①] 中国海关数据显示，2000—2011 年，中国出口中加工贸易的比重一直维持在 50% 以上，2000 年为 58%，2011 年为 52%。

推进的结果。具体而言,2000—2006 年,国有企业出口占中国总出口的比重从 47%一路降低至 19%,私营企业出口比重则从 1%提高至 17%。第二,外商独资企业出口在总出口的比重持续上升,这直接导致了外资企业出口占比在 2001 年及以后年份都超过了总出口的一半。外商独资企业出口所占比重从 2001 年的 25%大幅提高至 2006 年的 41%,外资企业出口所占比重则从 48%提高至 60%。这说明内资企业出口在中国对外贸易总出口中所占的比重仍然很低,从侧面反映了中国在全球价值链中处于较低环节的事实,需要向中高端攀升。

表 1-1　不同所有制企业出口比重　　　　　　　　　　　　　　(%)

年份	国有企业	私营企业	外商独资企业	内资企业	外资企业
2000	47	1	25	52	48
2001	42	2	26	50	50
2002	37	4	30	48	52
2003	31	8	34	45	55
2004	26	11	36	42	58
2005	22	14	39	41	59
2006	19	17	41	40	60

注:内资企业指国有企业、私营企业和集体企业,外资企业包括外商独资企业、中外合资企业和中外合作企业。港澳台企业也被划入外资企业中。

数据来源:中国历年海关数据库。

中国全球价值链地位较低的另一个显著表现特征是,出口中较高的加工贸易份额(潘悦,2002;余淼杰,2012)。特定历史时期,加工贸易在促进中国对外贸易发展方面发挥了重要作用。1990—2013 年,中国对外贸易年均增速接近 17%[①],其中加工贸易功不可没。2008 年以前,加工贸易每年都超过一般贸易,扮演中国对外贸易主力军的角色。虽然自 2008 年开始一般贸易逐渐超过加工贸易,但加工贸易占比仍然很高,始终维持在 30%以上。从 2000—2013 年中国对外贸易中一般贸易和加工贸易占比及加工贸易中来料加工和进料加工占比

---

① 根据中国海关总署的数据,1990 年到 2013 年中国对外贸易年均增长 16.8%。

来看,虽然中国对外贸易发展大体呈现出由加工贸易到一般贸易转变的特征,但加工贸易在 2013 年占比仍然超过 30%,依旧是中国对外贸易的重要组成部分。加工贸易内部逐渐由来料加工转变到进料加工,来料加工占比持续走低,进料加工占比则稳步提升,这说明加工贸易内部在进行着微弱的转型升级。

加工贸易的大量存在标示着中国长期处于全球价值链的低端环节。凭借加工贸易参与全球价值链带来两个方面的问题:一是,由于缺乏自主品牌与核心技术,加工贸易极度依赖外部需求,极易遭受外部冲击,引发对外贸易的大幅波动(闫国庆等,2009;钱学锋等,2013)。直接的证据是 2008 年金融危机初期江、浙、沪等沿海一带的加工贸易举步维艰,很多企业濒临破产或倒闭致使中国对外贸易大幅下滑;二是,创新能力不足以及价值获取能力低下,导致中国对外贸易容易面临陷入低端锁定和比较优势陷阱的风险(杨高举和黄先海,2013)。以苹果公司主导的 iPod 全球价值链(Dedrick et al.,2009)为例,生产一部 iPod,中国仅从事组装和测试活动,而且获取的价值仅占销售价格的 2%。再比如组装一台惠普 nc6230 笔记本电脑,中国的加工厂商仅能获取销售价格的 1.7%(Dedrick et al.,2009)。类似的例子不胜枚举。这些数据残酷地揭示,从全球价值链各参与主体获取的价值比例来看,中国加工贸易的转型升级仍然任重道远。因此,处于全球价值链低端环节是中国当前在开放型经济下面临的大背景,在这一背景下如何提升中国全球价值链地位,如何实现中国对外贸易转型升级,是极具现实意义的研究课题。

(二) 自由贸易政策在全球范围日益流行

随着全球化的深入推进,受到自由市场经济的吸引和鼓励,世界上绝大多数国家都张开双臂拥抱自由贸易政策,中国尤为突出。自由贸易政策的主要措施是大幅降低关税水平和消除非关税壁垒。从 20 世纪开始,先后出现了诸如关税及贸易总协定(GATT)、世界贸易组织(WTO)等支持自由贸易的国际组织,并涌现出众多单边、双边以及多边的自由贸易协定,比如北美自由贸易协定(NAFTA)、中欧自由贸易区、东盟自由贸易区等。目前世界贸易组织共有 164

个成员国,占据世界国家数量的绝大多数。截至目前,我国同东盟、智利、巴基斯坦、新西兰、新加坡、秘鲁、哥斯达黎加、冰岛和瑞士签订了自由贸易协定。自由贸易协定大幅降低了国家与国家之间的关税水平和非关税贸易壁垒,极大促进了国际贸易和国际投资的发展。虽然进入 21 世纪后,贸易保护主义时有发生,但无法改变世界自由贸易的大趋势。

改革开放以来,中国经济发展成就瞩目,这在很大程度上得益于中国在 21世纪初的伟大历史性事件——于 2001 年底加入世界贸易组织。这一事件为中国"统筹利用国际国内两个市场"战略的成功实施消除了制度性障碍,切实让中国经济融入全球经济并成为全球价值链分工的重要组成部分。时至今日,中国加入 WTO 已有 15 个年头。加入 WTO 时,中国政府为了履行承诺,大幅下调了出口和进口关税。以进口关税为例,加入 WTO 之前的 1980—1995 年期间中国的有效应用进口关税(effective applied import tariff)一直维持在 33% 左右(Lai et al. ,2016)。1996 年的进口关税从上一年的 33% 下降至 23.4%,1997年进一步下降至 17.3%,在加入 WTO 之后的第 1 年即 2002 年,作为承诺,中国将进口关税下调至 12.2%,之后继续下降,2005 年及以后年份中国进口关税总体下降至 10% 以下,并逐渐趋于稳定,2011 年的进口关税为 9.3%。与中国对外贸易自由化有关的另一个政策是美国于 2001 年底与中国建立正常贸易关系(PNTR),该项政策消除了中美双边贸易的政策不确定性,极大促进了中美贸易发展(Pierce and Schott,2016)。

(三) 融资约束问题在中国资本市场普遍存在

改革开放以来,中国政府在社会各个领域进行了一系列卓有成效的改革,在资本市场也进行了诸多改革,比如实施金融资产剥离、股权分置改革、金融市场化改革等。自 20 世纪末开始,中国银行体系逐步完善,建立了包含国有商业银行、股份制商业银行和城市商业银行以及乡镇和农村信用社等多层次银行信用体系,丰富了间接融资渠道。同时中国也相继建立一级市场和二级市场,拓展了直接融资渠道。然而,不可否认的是,中国资本市场融资约束仍然普遍存在,在某些领域、某些地区甚至还特别突出。对于中小企业而言,融资难是一个关键问题,本质原因在于信用缺失(罗党论和甄丽明,2008)。融资困境是中国民营企业长期需要面临的一个重大问题(林毅夫和李永军,2001)。而且根据世界银行投资环境调查报告,在中国,75%的民营企业认为融资约束是企业自身发展的主要困难(Claessens and Tzioumis,2006),比如融资约束会影响公司投资(魏锋和刘星,2004;王彦超,2009;沈红波等,2010)。

就中国现实状况而言,融资约束对不同所有制企业(国有企业、私营企业、外资企业等)的影响可能是不同的。与典型发达市场经济国家不同,中国存在着大量国有企业,而这些企业依靠着政治关联或者信贷配给,享有大量政策性融资支持。对于大量的私营企业来说,从正规融资渠道获取资金支持则比较困难,因而融资约束也更为严峻。外资企业一般背靠国际大型跨国公司母公司,具有比较强大的资金实力,融资约束也不是一个非常突出的问题。也就是说,中国金融体系的信贷市场存在较为严重的主从次序问题(Huang,2003;孙灵燕和李荣林,2011)。因此,由于不同所有制类型的企业所受到的融资约束程度不同,融资约束带来的影响可能存在着很大的所有制异质性。

(四) 集群式工业化发展模式在中国卓有成效

虽然针对中国产业集群的研究结论在新世纪初是存在争议的。一方面,一些学者(Young,2000)认为,由于地方贸易壁垒和市场分割的存在,20 世纪 90 年代早期以前中国的地区集中度在不断下降,而另一些学者(Huang et al.,2004;Zhang and Tan,2007)则持不同观点。一些学者在考察了更长时期的数据之后认为(Zhang and Tan,2007),1991 年之前中国的产业集群更分散,而此后产业集群更加集中,主要由于杨(Young,2000)所判断的中国不断提升的市场分割程度在 1991 年之后出现了逆转。针对中国制造业产业集群的研究也都发现了中国不断提升的产业集中程度(Wen,2004;Bai et al.,2004)。有意思的是,针对中国产业集群的一些案例研究和媒体报道(Sonobe et al.,2002,2004;Huang et al.,2008;Ruan and Zhang,2009)不约而同地揭示,中国的迅速崛起源自集群主导的工业化进程。在这个过程中,各种各样的产业集群出现了,比如广东出现了大量专业化城镇(Bellandi and DiTommaso,2005;Enright,Scott and Chang,2005),有些是围绕外资或合资跨国公司出现的,有些则是大量中小企业(比如乡镇企业)集聚在一起。而在浙江,大量的产业集群都是由当地企业主导的(Marukawa,2006),外资在其中所占的份额不足产出的 5%(Wang and Mei,2009)。龙小宁和张晓波(Long and Zhang,2011;2012)研究发现中国工业化进程中伴随着显著的集群式特征。根据龙小宁和张晓波(Long and Zhang,2011;2012)的定义,"集群式工业化"指大量相互关联的专业化供应商、生产商和贸易商集聚在一起,集群内部通过相互之间提供商业信用,降低集群内部新创企业的资本进入壁垒,大量中小企业得以成立,集群内部专业化供应商和生产商的相互竞争进一步提高了企业生产率。

因此,中国经济增长和工业化进程中,集群发挥了重要作用。随之而来的是,集群对中国对外贸易转型升级能否起到推动作用值得深入考察。

二、研究意义

(一) 理论意义

1. 有助于理解加工贸易企业在全球价值链中的内生决策

关于全球价值链地位的既有理论研究主要集中于全球价值链治理模式、价值链地位测度方法、离岸外包条件等,而且大多是从全球价值链主导者(跨国公司)的角度出发构建理论模型,深入考虑供应商或加工贸易企业决策的理论研究寥寥无几。关于融资约束的既有理论研究主要关注融资约束如何影响企业在出口市场的进入决策以及对出口水平的约束效应,较少有研究从理论上讨论融资约束如何影响企业的全球价值链地位提升。价值链攀升的关键在于企业发挥自主性,即加工贸易企业的内生决策。本研究在既有研究的基础上拓展了一个融资约束影响加工贸易企业全球价值链地位提升的理论框架。理论背景是不完全资本市场和不完全契约理论,这恰好吻合中国目前的制度环境。本研究将来料加工和进料加工纳入分析框架,同时考虑供应商生产率异质性和内生决策,在理论上探讨跨国公司和供应商在价值链上的互动关系,以及融资约束如何影响加工贸易企业全球价值链地位提升,是对现有文献的重要补充,具有重要的理论价值。

2. 有助于理解集群商业信用作用于企业出口的理论机制

本研究识别了集群商业信用促进企业出口的作用机制,即集群商业信用通过缓解企业融资约束,不仅提高了企业进入出口市场的概率,而且提高了已出口企业的出口水平。融资约束在中国是一个突出的问题,特别是对于私营企业来说更是如此。集群商业信用作为正规融资方式的一种替代,显著提升了企业的出口水平和出口概率。理论上,出口决策作为扩展边际的重要表现形式,需要承担更大的固定成本,因而外部融资支持需求更大。本研究在理论上对这一点进行了深入剖析,具有深刻的理论价值。

3. 有助于理解集群商业信用作用于出口产品质量的理论机制

如何提升出口产品质量关系到能否实现对外贸易转型升级,这是摆在新兴经济体面前的重大课题。解决这一问题,首先需要在理论上厘清提升出口产品质量的具体机制。本研究从城市层面集群商业信用出发,考察其影响出口产品质量的理论机制,主要是考察能否通过缓解企业融资约束促进出口产品质量的提升。提高出口产品质量的重要途径是加大技术研发力度或技术引进力度,这些举措都需要投入大量资金,因此企业融资约束在其中发挥重要作用。集群商业信用作为非正规信贷的一种重要表现形式,是否通过缓解企业融资约束促进出口产品质量提升,是值得深入探讨的理论机制。本研究发现,集群商业信用确实通过缓解企业融资约束促进了出口产品质量的提高,为我们理解出口产品质量提升的理论机制提供了思路。

（二） 现实意义

1. 有助于正确评估与引导中国对外贸易平衡

根据凯恩斯的理论,经济增长、充分就业、物价稳定和对外收支平衡是宏观经济政策的四大目标。国际收支作为一国对外贸易的账户反映,在一定程度上能够衡量对外经济健康程度,并影响一国的经济政策和国际关系。国际收支逆差和顺差都不是一种最佳状态。国际收支逆差会给本国国民带来巨大债务负担,影响国民幸福感。国际收支顺差意味着生产能力的提升并没有转化为消费能力和福利水平的提高,而且会影响本国经济政策和对外关系,对本国货币稳定带来巨大压力。比如以中美为例,虽然中美贸易顺差的不断增长和持续存在在促进中国经济增长、增加就业方面发挥了重要作用,然而随着贸易顺差的持续增加,中美经贸关系时而受到影响。一方面美国政界和商界部分人士认为人民币存在较大程度的低估,要求人民币升值以缓解这一局势(Krugman,2009;Bergsten,2010);另一方面中美双边贸易关系时而恶化,美国对华贸易摩擦也因此有所升级。为减少从中国的进口,美国曾经对中国向美出口的商品多次采取"双反"措施。比如,2009年6月美国国际贸易委员会(USITC)宣布,对中国轮胎采取特保措施,并对中国轮胎征收三年特别关税。又如,2010年4月美国商务部最终决定向自中国进口的钢管征收最高99.14%的反倾销税。这种状况在一定程度上制约着中美双边关系的正常发展。在这种情况下,研究中国对外贸易顺差的决定因素对中国对外贸易稳步持续健康发展具有突出的现实意义。

2. 有助于推动中国全球价值链地位提升

改革开放以来,中国取得了举世瞩目的经济增长成就。在这个过程中,对外贸易作为"三驾马车"之一做出了突出贡献。然而,应该看到,加工贸易长期占据中国对外贸易的半壁江山。加工贸易参与全球价值链带来两个方面的问题。第一,由于缺乏自主品牌与核心技术,加工贸易过于依赖外部需求,容易遭受外部冲击,引发进出口额的大幅波动。第二,创新能力不足以及价值获取能力低下,导致在全球价值链中陷入低端锁定和比较优势陷阱的风险大(杨高举和黄先海,2013)。当前,中国已经融入并逐渐成为全球价值链的重要力量,但距离成为全球价值链的主导者仍然有很长的路要走。如何提升中国的全球价值链地位以获取更大的全球价值链收益是中国目前面临的关键现实选择。本研究在实证上寻找融资约束作用于企业全球价值链地位提升的证据,为加工贸易企业提升全球价值链地位提供现实依据,有助于实现中国全球价值链地位的提升。

3. 有助于促进中国企业出口持续扩张

中国出口水平经历了三十多年高速增长后,逐渐步入新常态发展态势。新常态时期,要素价格日益上扬,人口红利逐渐消失,国际市场动荡加剧,如何保持中国出口水平的中高速增长,既是新时期将要面临的重要挑战,也是实现中国整体经济快速增长和跨越中等收入陷阱的重要保证。本研究从集群商业信用角度出发,强调集群内部各企业之间通过商业信用相互提供融资支持,依据企业是否变更经营地点构造拟自然实验,提供了促进中国企业出口扩张的现实证据,对推动中国出口水平的持续增长和其他重要宏观经济目标顺利实现具有重要的现实意义。

4. 有助于促进中国出口产品质量升级

产品质量是衡量对外贸易层次高低的重要维度,出口产品质量升级是对外贸易转型升级的一项重要内容。中国出口产品质量长期在低位徘徊,对外出口中充斥着大量低质量产品,这些产品一方面缺乏竞争力,获取的价值低,另一方面,容易遭受贸易伙伴的反倾销和质量检查,造成对外贸易的大幅波动。随着人口红利消失和劳动比较优势的缩小,未来的出口竞争将不可避免地转向质量竞争,因此亟待寻求有效的方法加以提升出口产品质量。本研究从集群商业信用视角,采用单价法和需求残差法衡量出口产品质量,并根据企业是否变更经营地点构建拟自然实验,探究集群商业信用是否有助于促进出口产品质量提升,对促进中国出口产品质量升级具有重要的现实意义。

5. 有助于全面把握中美贸易带来的影响

美国作为长期存在、目前唯一公认的世界超级大国,对世界贸易秩序和世界经济发展起到重要的主导或引导作用,仍然是世界贸易规则的重要制定者。对中国而言,避免与美国发生正面冲突,构建互利共赢的双边大国关系是中国处理国际关系、保证经济高速增长的客观要求。与此同时,正确评估中美贸易对中美双方带来的影响是全面认识、把握和推动中美关系发展的前提条件。现有西方的一部分学者过于强调中国冲击（China shock）①引致的进口竞争（import competition）对美国就业等方面带来的不利影响（Mion and Zhu，2012；David et al.，2013；Acemoglu et al.，2016）。然而他们忽视了很重要的两点：一是没有区分考察中国冲击对出口价格和出口数量的影响，出口值可以分解为出口价格和出口数量，因此对出口值、出口价格和出口数量的影响很可能是不同的；二是忽视了中国冲击对中国方面的影响，比如通过影响出口如何对中国企业生产率产生影响。本研究剖析了美国与中国建立永久正常贸易关系对中国出口值、出口价格和出口数量的影响，在不同所有制、不同贸易方式中存在的差异，以及借由对企业生产率带来的影响，这对于全面把握中美贸易带来的影响具有重要的现实意义。

第二节　研究方法

一、基于不完全资本市场融资约束作用的理论推演

本书参考已有研究的理论模型（Carluccio and Fally，2012），将出口价值链中的中国供给商和国外跨国公司纳入理论模型，并参照已有研究的做法（Fernandes and Tang，2012），将加工贸易划分为来料加工和进料加工，构建中国加工贸易企业无融资约束的基准模型和面临融资约束的扩展模型，从理论上探讨融资约束与中国企业出口价值链提升的关系，根据理论结论提出融资约束与中国出口价值链提升关系的假说，并对其进行实证检验。

二、基于多种研究方法的中国外贸转型升级度量

经济全球化催生了基于出口价值链的新型国际分工体系的建立，也对传统

---

① 中国冲击主要指中国加入 WTO 作为一个外生事件所带来的冲击。此外还可以指美国与中国建立永久正常贸易关系带来的冲击。

国际贸易统计方式带来了挑战。2010年,WTO提出贸易附加值统计方式改革,八年来在利用投入产出技术测算贸易附加值方面,OECD、日本、欧盟和美国各具特色,分别建立了各自的数据库:OECD国际投入产出数据库(IIO)、日本亚洲经济研究所亚洲投入产出数据库(AIO)、欧盟世界投入产出数据库(WIOD)和美国普渡大学(Purdue University)数据库(GTAP)。基于此,全球价值链地位衡量工作有了比较准确的基础,为了更全面地反映中国全球价值链地位状况,本研究采用已有研究提出的企业附加值(Kee and Tang,2016)和进料加工比率测算企业层面的全球价值链地位。本研究采用OP(Olley-Pakes)法测算企业全要素生产率。为了更全面地反映中国出口产品质量情况,本研究采用单价法和需求残差法衡量出口产品质量。

三、基于世界投入产出方法的中国外贸顺差测算

本研究参考已有研究提出的关于附加值贸易(TiVA)的定义(Johnson and Noguera,2012),测算中国双边行业层面的附加值贸易,进而得到中国双边贸易顺差。随着全球价值链的出现,中间品频繁重复跨越国界,现有的官方贸易统计数据已经无法准确衡量一国实际的对外贸易和贸易顺差情况。已有研究基于国家—行业层面的投入产出关系,识别一国出口中被国外吸收的实际贸易量,能够真实反映国际贸易流量(Johnson and Noguera,2012)。本研究基于该方法,利用WIOD数据库测算中国与38个贸易伙伴35个行业层面的实际附加值贸易流量,实证评估中国贸易顺差的决定因素,尤其是人民币汇率和FDI发挥的作用。

四、基于国际前沿实证分析技术的因果关系识别

本研究采用学术界前沿的计量分析技术用于辨别实证研究中的因果关系。随着研究人员认知水平的提升和计量技术的进步,经典的普通最小二乘方法(OLS)已经无法满足经济学研究特别是政策研究的实际需求。OLS方法从根本上是一种统计方法,难以识别变量之间的因果关系。因此需要额外的识别方法加以辅助。目前学术界比较认可的主流识别方法包括自然实验法和实证因

果识别法(Angrist and Pischke,2008)。自然实验法包括控制实验、外生冲击等,关于控制实验,还专门衍生出一门实验经济学。由于实验一般所需要的人力、物力、财力资源巨大,因此控制实验对于大部分经济学研究来说并不可行。而外生冲击往往是可遇而不可求的,比如金融危机、FTA等。本书有幸采用美国于2001年与中国建立永久正常贸易关系这一政策冲击识别了双边贸易自由化对中国企业出口和生产率的影响。将对美国的出口与对其他发达国家的出口相对比,将受到冲击最大的行业与几乎没有受到冲击的行业相对比,并将事件发生前与发生后相对比,就可以识别出该事件对出口和生产率的影响。这就是三重差分法的基本思想。

值得一提的是,本研究得以根据企业是否变更经营地点构建拟自然实验,用以识别集群商业信用对企业出口以及对出口产品质量的影响。目前普遍采用的实证识别技术包括双重差分模型(Difference-in-Difference Model,DID)、三重差分模型(DDD)、断点回归方法(Regression of Discontinuity,RD)、工具变量法(Instrumental Variable,IV)等。本研究采用双重差分方法、三重差分方法和工具变量法等方法用来识别贸易自由化、集群商业信用和融资约束的作用效果。此外本研究采用了理论分析与实证分析相结合的研究方法。通过构建理论模型,考察融资约束对全球价值链地位提升的影响机制,并通过构建实证方程,提供二者作用关系的经验证据。本研究还采用了文献归纳、逻辑推理、数理统计、假设检验与描述性分析等研究方法。

第三节　主要内容

本书的主要研究内容如下:

第一章是导论。阐述研究背景与研究意义,介绍研究思路与研究方法,论述主要研究内容,说明可能的创新与不足之处。

第二章是文献综述。分别综述外贸转型升级相关研究,贸易自由化与外贸转型升级关系研究,融资约束与外贸转型升级关系研究以及既有研究评述。

第三章是中国外贸转型升级的经济事实——全球价值链背景下外贸顺差的决定因素。中国持续对外贸易顺差引起了学者们的广泛关注。然而现有文献大都基于传统贸易统计方法,没有考虑全球价值链背景下中间品多次跨越国界的重复计算问题,无法反映中国真实的贸易顺差水平。本章基于 WIOD 数据库 1995—2011 年的数据,采用投入产出领域的贸易附加值(TiVA)方法,测算出中国与 38 个贸易伙伴之间的附加值贸易顺差,并对其影响因素进行了实证分析。

第四章是贸易自由化对中国外贸转型升级的影响研究——基于出口和生产率视角。美国与中国建立永久正常贸易关系(PNTR)消除了中美双边贸易的政策不确定性。本章借助这一自然实验研究了双边贸易自由化对中国出口和企业生产率的影响。详细考察了 PNTR 对中国对美出口值、出口量、出口价格以及企业生产率的影响。进一步分析了 PNTR 的影响是否存在贸易方式和所有制异质性。

第五章是融资约束对中国外贸转型升级的影响研究——基于全球价值链视角。中国加工贸易主要包含来料加工和进料加工两种贸易方式。本章在已有研究的基础上(Carluccio and Fally,2012),将这两种贸易方式引入理论模型,并借鉴已有研究关于企业附加值的衡量方法(Kee and Tang,2016),基于中国工业企业数据库和海关贸易数据库的匹配数据研究了加工贸易企业融资约束与其全球价值链地位提升的关系。详细考察了融资约束是否作用于价值链地位提升和出口进入决策,以及融资约束与生产率是否协同发挥作用。

第六章是集群商业信用、融资约束与中国外贸转型升级——基于企业出口扩张视角。中国在资本市场高度不发达的情况下取得了巨大出口奇迹。本章尝试从县级集群内部的商业信用视角对此提供一种解释。重点考察了集群商业信用是否缓解企业融资约束,以及是否通过融资约束渠道提高企业出口进入概率和出口水平。还考察了集群商业信用的所有制异质性和地区异质性。将集群因素纳入回归方程以消除遗漏变量的影响,同时为了解决集群商业信用内生性可能导致的识别困境,根据企业是否变更经营地点构造拟自然实验并采用双重差分方法进行检验。进一步分析了集群商业信用对企业进入决策的动态影响。最后,以加工贸易作为安慰剂检验。

第七章是集群商业信用、融资约束与中国外贸转型升级——基于出口产品质量视角。基于中国工业企业数据库和海关数据库 2000—2010 年的数据,采用单价法和需求残差法测算出口产品质量,实证研究了城市集群商业信用通过缓解融资约束对出口产品质量的影响。为解决可能存在的识别困境,将集群因素纳入方程,并根据企业是否变更经营地点构造拟自然实验,采用双重差分方法进行检验。

第八章是结论与启示。总结本书主要结论,得出研究启示,并对未来研究方向进行展望。

第四节　可能的创新与不足

一、创新之处

与现有文献相比,本书可能的创新性体现在以下几个方面:

第一,鉴于全球价值链背景下出口无法真实反映附加值情况,以往针对中国贸易顺差的研究(卢向前、戴国强,2005;封思贤,2007)不具备较大的参考价值。为反映全球价值链对传统统计方法带来的挑战,我们基于世界投入产出数据库(WIOD)1995—2009 年的世界投入产出表,借鉴已有研究关于附加值贸易的最新方法(Johnson and Noguera,2012)测算出中国对主要贸易顺差国的附加值贸易顺差并对其影响因素进行实证分析。

第二,研究了美国与中国建立永久正常贸易关系(PNTR)这一政策变化对中国向美国出口及企业生产率的影响。不仅研究了 PNTR 对中国对美出口值的影响,而且首次分析了其对中国对美出口量和出口价格的影响。考虑到出口量和出口价格反映了出口增长中"量"和"质"两个不同的维度,因此本研究对观测中国出口转型升级具有重要价值。研究了 PNTR 对中国出口企业生产率的影响,弥补了现有文献在该方面的欠缺,有助于观测中国出口企业的成长情况。

第三,理论上研究了融资约束对企业全球价值链地位提升的影响,引入组装任务以刻画加工贸易,进而创造性地将细分的进料加工和来料加工引入模型,将二者的本质差别设定为能否自主购买中间品,主要体现为从事不同的全球价值链环节,在此基础上研究了处于全球价值链不同环节企业的生产率状况和面临的融资约束状况;内生化供应商的贸易方式决策,并通过引入供应商的生产率异质性,考察生产率和融资约束对加工贸易企业从事不同贸易方式的作用。

第四,实证上基于中国工业企业数据库与海关贸易数据库的匹配数据,借鉴已有研究关于中国加工贸易企业层面的附加值衡量指标(Kee and Tang, 2016),以及学术界新近发展和普遍采用的融资约束衡量指标,提供了融资约束影响全球价值链地位提升的微观经验证据。

第五,在作用机制方面,本书研究发现,集群商业信用通过缓解企业融资约束,不仅可以提高集群内部企业从不出口转向出口的概率,即作用于企业进入决策,而且能够提高企业出口水平。考虑到出口决策是出口扩展边际的重要表现形式,根据新新贸易理论的预测,扩展边际的扩张需要更多的固定成本,对外部融资成本更为迫切和敏感,因此集群商业信用不仅影响企业出口水平,而且作用于企业出口决策。本书基于集群商业信用的视角从一定程度上解释了改革开放以来,中国为何在金融市场长期不发达的情况下依然取得了举世瞩目的出口扩张奇迹。

第六,本书证实了集群商业信用对企业出口的影响随企业所有制的不同而产生差异。由于国有企业主要依靠正规融资渠道获取资金,具备国家信用的国有企业可以更容易地从银行获取贷款,外资企业主要依靠母国或母公司获得金融支持,而私营企业难以获取正规融资,因此集群商业信用主要影响私营企业的出口,而对国有企业和外资企业的影响程度较小或不显著。这可以解释在中国市场化改革进程中私营企业虽然相对于国有企业和外资企业更难以从正规融资渠道获取资金,但依然实现了出口快速扩张。

二、不足之处

限于笔者自身学术水平和历史局限,本书有如下不足之处:

第一,本书采用进料加工比率和已有研究提出的企业附加值作为全球价值链衡量指标(Kee and Tang,2015)可能存在不足。本书采用的已有研究提出的企业层面附加值测算框架(Kee and Tang,2015),本质上是单国模型,不能反映国家之间的投入产出关联。该测算框架具有的优点是能够包含并反映企业层面异质性,比如企业规模、所有制、贸易方式等,而且测算方法相对直观,不足之处则是没有采用世界投入产出表进行测算,对各国之间的投入产出关联考察不够。

第二,本书参考了国际贸易领域世界著名经济学家和全球顶尖高校优秀学者的博士学位论文,侧重对研究主题的审视,以及对理论逻辑和经验检验的把握,本书借助PNTR以及企业改变经营地点等自然实验和拟自然实验考察变量之间的因果关系,经验估计方法采用双重差分估计法和三重差分估计法,估计结果更准确、更科学。不过本书可能会忽略对全文统一框架的考量。

第三,本书采用OP半参数三步法估计企业全要素生产率,考虑了样本选择偏差和同时性偏差,但可能缺乏对企业不可观测因素的深入洞察,而这一点被纳入新近研究的考察视野,比如2015年11月发表于《计量经济学》(Econometrica)的最新研究成果(Ackerberg et al.,2015)(以下简称"ACF方法")发现OP方法(Olley and Pakes,1996)和LP方法(Levinsohn and Petrin,2003)虽然能够处理企业不可观测因素[1],但存在函数相关性问题。ACF方法通过将劳动要素引入

---

[1] OP方法通过投资函数识别企业不可观测因素,LP方法通过中间品需求函数识别企业不可观测因素。

投资需求或中间品需求函数中解决了函数相关性问题，得到了一致估计量。需要说明的是，TFP 估计方法总在不断进步，由于 TFP 不可观测，因此并不存在毫无瑕疵的完美估计方法，任何方法都存在某些方面的不足，新的估计方法出现后并不意味着既有 TFP 估计结果或已有研究结论将发生重大变化。

第二章　文献综述

这部分主要综述与外贸转型升级相关的研究、贸易自由化与外贸转型升级关系的相关研究、融资约束与外贸转型升级关系的相关研究。本书运用全球价值链、企业生产率、出口特征、出口产品质量指标衡量外贸转型升级。由于关于出口特征和生产率的既有研究极为庞杂,而且相关研究关于出口特征和企业生产率的衡量方法已经较为统一,也广为熟知,因此本书没有将关于出口特征和生产率的研究纳入综述范围。全球价值链和出口产品质量属于近几年兴起的研究领域,而且衡量方法在不断更新和进步,本书着重综述关于这两方面的研究。当然,关于贸易自由化与外贸转型升级关系的相关研究以及关于融资约束与外贸转型升级关系的相关研究属于本书重点综述内容。

第一节　外贸转型升级相关研究

一、外贸转型升级内涵

外贸转型升级涉及的内涵非常丰富,既有文献并没有对其明确统一的定义。比如刘晴和徐蕾(2013)从过程升级和产品升级角度研究了加工贸易的福利效应以及企业从加工贸易转型至一般贸易的具体条件;刘德学(2006)、隆国强(2008)、汤碧(2012)认为,外贸转型主要指从加工贸易到一般贸易的转变;邢斐(2016)将中间品由进口转变为出口视为外贸转型升级。虽然外贸转型升级的内涵很丰富,但有一点是明确的,即外贸转型升级的最终结果体现为从全球价值链低附加值率环节转向高附加值率环节,外贸企业从低生产率转向高生产率,外贸出口产品从低质量转向高质量。因此,本书从全球价值链地位、企业生产率、出口产品质量多个角度刻画外贸转型升级。另外,出口规模扩张是外贸发展强弱的直接度量,也被用来作为外贸转型升级的衡量指标之一。因此,本书外贸转型升级的衡量指标兼具"量"与"质"的考量。

二、全球价值链相关研究

(一) 全球价值链内涵与动因

关于全球价值链的相关研究兴起于 20 世纪 90 年代,属于比较新兴的研究领域。OECD(2013)在一份研究报告中这样定义全球价值链:价值链是指企业在国内外从事的把产品带向市场的从产品研发到最终使用的完整的一系列活动。这些活动包括设计、生产、营销、物流和配送,这些活动可能由一家企业完成,也可能由多家企业合作完成,因为这些活动分布在不同的国家和地区,价值链日益变成全球性的,所以称为全球价值链(Global Value Chain)。全球价值链的出现与普及是国际分工进一步深化的结果,本质上是分工在空间上跨越国界的深化。早在 18 世纪,斯密(Smith,1776)在《国民财富的性质和原因的研究》(简称《国富论》)中对制针业的经典论述就将分工的优势刻画得淋漓尽致,一种产品的生产需要很多有次序的生产阶段,由此带来的分工大大提高生产率。就这一点而言,现代社会毫无二致,唯一的区别在于经济全球化将此扩展至全世界范围内跨国公司主导的各国企业共同参与的全球价值链分工模式。随着信息通讯技术(ICT)快速发展、运输成本不断降低、关税与非关税壁垒逐渐消除,产品的生产不再局限于一个国家,而是多个国家同时参与单个产品的生产,同一产品的不同生产工序和区段被拆散到不同的国家(卢锋,2004)。全球价值链为跨国公司提供了主导全球经济活动的新型战略武器,跨国公司借此主导和协调各地区的生产、销售和利润分配,通过直接所有权、合同关系和市场交易等各种复杂的治理模式组织全球价值链,其总额已接近全球贸易的 80%(UNCTAD,2013)。

在全球价值链概念尚未被普遍采用之时,经济学文献中就出现了很多与全球价值链含义比较接近的术语,比如离岸和外包(offshoring and outsourcing)

(Jones and Kierzkowski, 1988; Arndt, 1997; Baldwin and Venables, 2013)、生产的非一体化(disintegration of production)(Feenstra, 1998)、垂直专业化(vertical specialization Hummels et al. , 2001; Bridgman, 2012)、全球采购(global sourcing)(Antràs and Helpman, 2004, 2006)、碎片化生产(fragmentated production)(Arndt and Kierzkowski, 2001)、生产共享(production sharing)(Johnson and Noguera, 2012)、生产片段化(production slicing)(Krugman et al. , 1995; Timmer et al. , 2014)、产品内分工(intra-product specialization)(卢锋, 2004)、全球供给链(global supply chain)(Costinot et al. , 2013)、供给链贸易(supply-chain trade)(Baldwin and Lopez-Gonzalez, 2014)、附加值贸易(trade in value added)(Johnson and Noguera, 2012; Koopman et al. , 2014; Wang et al. , 2013),如此等等。近年来越来越多学者采用全球价值链这一概念(Humphrey and Schmitz, 2000, 2002; Gereffi et al. , 2005; Nadvi, 2008; Gereffi and Fernandez-Stark, 2011; Antràs and Chor, 2013; Koopman et al. , 2014; 王直等, 2015)。一些学者形象地将同一产品不同生产阶段在国际范围内的空间分离这种现象称为全球化的"第二次大分离"(Globalization's 2nd Unbundling),即同一种产品不同生产工序和区段分散在不同的国家(Baldwin, 2006; Baldwin and Lopez-Gonzalez, 2014)①。

经济合作与发展组织(OECD, 2013)指出,全球价值链的普遍出现主要由于以下几个因素:(1)技术进步。跨国生产分工不是一个新现象,全球价值链新在于其规模和范围的不断扩大。技术进步带动了国际贸易成本的大幅降低,而且提高了很多商品与服务的可贸易程度。(2)贸易和投资自由化。贸易自由化逐渐消除贸易壁垒,特别是关税减免,这大大降低了贸易成本。投资自由化允许企业将生产活动分散开来。(3)规模经济和范围经济。技术进步和自由化政策使得企业能够在世界范围内考虑相对价格和要素禀赋,据此建立一个跨企业

① 全球化的"第一次大分离"指最终产品生产地点与消费地点的分离(Baldwin, 2006)。

和跨地区的有效价值链。根据全球资源配置生产活动,权衡考虑外包、一体化等组织方式。(4)市场规模扩大。GVC 的深化不仅是由成本和效率因素驱动的,另一个重要的动因是国外市场接入,新兴经济体日益在其中发挥更大的作用。(5)知识接入。全球价值链迅速扩大的另一个动因是知识接入。企业越来越多地进行海外投资以获取战略性知识资产,包括熟练劳动力、大学、研究中心或者是其他技能资源。

(二) 全球价值链治理模式

早期全球价值链研究偏向管理学方向,主要集中在全球价值链治理和产业升级相关问题上。杰罗菲(Gereffi,1999)的研究当属全球价值链治理领域的开篇之作,根据他的观点,全球价值链治理主要指价值链领导者如何协调和组织分离在世界各地的价值创造主体和活动。杰罗菲(Gereffi,1999)认为,权力分配在这个过程中发挥了重要作用,价值链领导者拥有主要权力,通过制定一系列规则和参数,迫使其他行为主体接受和服从,以获取最大的利益。杰罗菲(Gereffi,2001)根据治理主体,将全球价值链划分为生产者驱动型和消费者驱动型。汉弗莱和施密茨(Humphrey and Schmitz,2002)对全球价值链治理具有不同的表述,但本质含义与杰罗菲(Gereffi,1999)并没有较大差异。汉弗莱和施密茨(Humphrey and Schmitz,2002)认为,全球价值链领导者会迫使同一链条上的其他主体按照自己设定的标准从事价值链活动。领导者通过治理结构传递治理信息,并保证治理的有效执行,治理的目的是为了在全球价值链上获取最大的价值。他们在此基础上提出了以企业为中心的流程、产品、功能和部门间四层次升级路径,为发展中国家的全球价值链升级提供了崭新思路。杰罗菲等(Gereffi et al.,2005)认为,全球价值链治理模式的选择主要由三个因素决定:第一,交易的复杂性。交易复杂程度决定了行为主体之间的互动程度,为了满足频繁的互动,需要采用网络型治理模式和层级型治理模式。第二,交易的可标准性。高标准化有助于信息的传递和交易的达成,此时采用模块型治理模式是最优的,反之则应该采用层级型治理模式。第三,供应商的竞争能力。

理解并执行领导者的命令要求被治理者具备一定的能力,供应商能力决定了外包还是一体化的治理模式。

经济学文献主要集中于全球价值链各个环节或各个行为主体获取附加值的测度,对全球价值链治理的研究并不多,为数不多的分析将视角集中于全球价值链的主导者(跨国公司)如何在价值链各个生产商和供给商之间分配控制权,以引出和激励价值链上各参与主体的最优努力。解决这个问题需要确定全球价值链各环节离岸外包的条件及方向,以及最终产品生产商和众多供应商之间如何达成合约关系。一些研究发现,当生产最终产品的各个任务在整个供给链上是互补品时,各环节任务不会离岸外包至发展中国家,而当各环节是替代品时,选择离岸外包至发展中国家是最优的。因为互为互补关系的价值链会导致自匹配问题(self-matching)(Ngienthi et al.,2013)。一个显著的例子是波音747通常只在发达国家之间进行生产,发展中国家基本不参与相关环节的分工。不过这些研究的模型设定是简单的,而且只对典型案例具有解释作用,缺乏大样本的数据支持。另一些研究则发现只有基础任务才会外包出去,复杂任务则不会(Dei,2010)。然而这些研究没有涉及控制权在价值链各环节的分配,缺乏详细的实证数据支持。还有一些研究基于生产是有次序性、合约是不完全的假定,构建了一个企业边界的所有权模型,用以分析所有权在价值链上的最优分配(Antràs and Chor,2013)。模型的核心结论是,价值链上最优的所有权模式取决于生产阶段在次序上是互补还是替代的。当最终产品生产商面临的需求完全弹性时(互补品),存在一个唯一的临界生产阶段,该生产阶段上游的环节都外包,而下游环节都一体化。直觉上,当投入品是序列互补品时,企业选择放弃对上游供应商的控制权,以激励它们的投资努力,这会对下游供应商的投资决策产生正向溢出效应。当需求完全无弹性时(替代品),结论刚好相反:将上游阶段一体化,下游阶段外包是最优的。不足之处在于安切斯和楚(Antràs and Chor,2013)所构建的是企业层面的理论模型,而实证分析采用的则是产业层面的投入产出数据。正如他们在结论所提到的,受限于现有研究领域数据的可得性,尚无法得到企业层面的投入产出数据,这是采用投入产出数据的普遍局限。

(三) 全球价值链研究方法

新世纪以来,关于全球价值链的研究逐渐成为理论热点。目前为止,国内外关于全球价值链的研究根据所用方法大体可以划分为以下四种:一个是基于产业组织和企业治理理论,对价值链中跨国公司如何组织生产活动(治理模式)进行分析,如上一部分所述。研究方法有以案例为主的定性研究,也有以少数企业数据为主的定量研究(Humphrey and Schmitz,2004;Gereffi et al.,2005;Gereffi,2014)。另一种研究是基于国际贸易理论、契约理论、跨国公司交易成本理论,从理论上对全球价值链中的全球采购(global sourcing)、生产分工(production fragmentation)、生产共担(production sharing)、离岸外包(offshoring and outsourcing)、任务贸易(task trade)等进行的研究(Antràs and Helpman, 2004;Grossman and Rossi-Hansberg, 2008;2012;Baldwin and Venables,2013)。

第三种方法是基于出口复杂度、出口商品结构相似度(ESI)等间接指标衡量全球价值链地位。经典研究将全球价值链的每一环节看作不同的技术层级,并将全球价值链比喻为技术阶梯(Humphrey,2004)。基于这一逻辑,全球价值链治理能力提升的一个关键要素就是技术能力的提升。从这个角度看,既有研究提出的出口技术复杂度(Lall et al.,2006;Hausmann et al.,2007;Schott,2008)被认为是反映全球价值链治理能力的一个恰当指标。该指标被用来测算一国与发达国家资本(或技术)密集型产品、土地密集型产品和劳动密集型产品全球价值链治理能力的差异,通常加总为国家层面的数据进行比较。后续学者根据产品质量(Xu,2006,2010)、产品生产地(杜修立和王维国,2007)、产品的国内外技术含量(姚洋和张晔,2008)对上述指标进行修正或改进。国内的新近研究成果(戴翔和金碚,2014)发现参与产品内国际分工和制度质量相互交织可以提升一国的技术复杂度。有研究进一步提出了出口结构相似度指数,创立了全球价值链地位又一种度量方法(Wang and Wei,2010)。出口相似度的背后逻辑不难理解,将全球价值链顶端的发达国家(比如美国)的出口相似度指数标准化为1,那么据此计算其他国家的出口结构与该国的相似程度,可以得出其他国家在全球价值链中的相对位置。唐海燕和张会清(2009)采用该方法研究了发展中国家全球价值链的提升。

第四种方法是基于附加值贸易(Trade in Value Added)的研究,主要是采用投入产出模型计算总出口中的国内附加值来衡量全球价值链地位。这种方法既考虑国际贸易基本情况,也考虑价值链各个参与主体的相互依存关系。代表性研究如采用垂直专业化指数衡量分工地位(Hummels et al.,2001),使用附加值比率(value added ratio,VAX)衡量生产共担程度(Johnson and Noguera,2012),提出的总出口更细致的核算方法(Koopman et al.,2014)。两篇文献分别代表了附加值贸易测算的两个前沿分支(Johnson and Noguera,2012;Koopman et al.,2014)。相同之处在于,它们都是采用投入产出方法基于产业层面的测算方法,都可以追踪总出口中的国内附加值和国外附加值。区别在于,后者(Koopman et al.,2014)将总出口划分为更加细致的四个大部分和16个小部分,不仅包括国内外附加值部分,还包括经由第三国出口的附加值以及重复计算的部分。相关文献还包括采用投入产出表计算产业的上游程度(up steaminess of industries)(Antràs et al.,2012;Antra and Chor,2013)。国内最新研究成果包括张杰等(2013)、罗长远和张军(2014)以及程大中(2014,2015)等学者的研究。

以上四种研究方法各有优缺点。第一种研究方法注重对案例的深入剖析,关注单一价值链的形成机制,结论简单直观易懂,但却很容易忽略企业在宏观层面的相互联系以及大样本数据揭示的普遍规律,尤其是不能对企业在价值链里跨国和跨行业的相互作用进行系统把握。第二种研究方法基于贸易理论,对分段式生产的作用机制以及对各国带来的福利效应给出了理论解释,但往往将一个国家看作一个点,忽略了国家内部的空间构造和地区的异质性对资源配置和国际贸易的影响。第三种研究方法存在两个方面的遗憾:一方面是,该方法是对全球价值链地位的间接测度;另一方面是,无法得出企业层面的全球价值链地位衡量指标,对于异质性企业框架下的分析显得苍白无力。第四种研究方法对于追溯价值是如何在国际贸易中产生和分配的给出了科学的结论,不过,由于无法得到企业层面的数据,采用投入产出数据也无法反映企业异质性信息(所有制、规模、贸易方式等)。正如学者们(Antràs and Chor,2013)所意识到的,企业层面的理论模型与行业层面的实证分析之间存在一种冲突。此外上述文献及其他类似文献(Timmer et al.,2013;Timmer et al.,2014)对研究中国现实还存在两个不足:第一,主要聚焦于发达国家,对中国等发展中国家关注不足,由此带来的一个直接后果是,此类研究主要从全球价值链主导者出发,忽视了供应商和加工商如何从自身利益出发提升全球价值链地位,而中国企业主要扮演供应商和加工商的角色;第二,没有区分基础任务和复杂任务,而全球价值链对二者的组织方式是不同的。正如学者(Dei,2010)所发现的,只有基础任务才会外包出去,复杂任务则不会,这意味着发展中国家在全球价值链中面临一个很尴尬的局面。

随着研究的深入,附加值贸易方法逐渐向精细化方向发展。随着异质性贸易理论的崛起以及海关数据的广泛应用,现有研究对企业层面附加值信息的需求逐渐增强。新近发展起来的实证文献开始涉及针对企业附加值的测算方法,比如学者(Kee and Tang,2016)提出了一套针对中国加工贸易企业的附加值测算框架,在一些假定条件下,该方法也可以拓展至一般贸易。相比于依赖投入产出数据的附加值贸易方法而言,基于企业层面的测算方法可以满足企业层面研究的数据匹配所需,也可以充分反映国内附加值的企业异质性因素,更适合用来衡量企业层面的全球价值链地位。

三、出口产品质量相关研究

目前学术界并没有针对产品质量的统一定义。一方面是由于产品质量的内涵过于宽泛,另一方面是产品质量过于复杂,难以进行界定。一些研究(Aiginger,2000)对产品质量进行了尝试性界定,将高质量产品定义为"该产品至少有一种特性被购买者所看重"(valued by buyers)。该特性可以提高消费者的购买意愿,要么是可以衡量的,比如速度、能力、规模、耐用性,或者是不可衡量的,比如可靠性、设计、商誉、信任。高质量产品的可能结果是,企业可以在不失去市场份额的情况下提高产品价格,或者在同一价格下提高产品销量。该研究进一步指出,可以通过如下活动提高产品质量:第一,使用更多或更好的技能劳动力、机器、更复杂的投入品,或者更优良的组织管理;第二,开展研发活动以及对先进技术和流程的模仿;第三,营销手段可以通过披露更多的产品信息或改变消费者偏好提高消费者的购买意愿。该研究重点指出了通过生产和购买高质量投入品提高产品质量的途径,包括研发(R&D)活动、技能劳动力、复杂资本、信息通信技术、生产流程、知识服务投入。

目前为止,学术界大体存在三种衡量出口产品质量的方法。第一种方法是单位价格法(简称"单价法")。第二种方法是采用进口产品质量衡量出口产品质量,不过该方法不可避免回到本质的问题,即如何衡量进口产品质量。第三种方法是需求残差法。早期研究大都采用产品单位价格衡量出口产品质量,基本逻辑简单直观,价格越高,出口产品质量越高,该方法的另一优点是可操作性强,随着海关大数据的普及与应用,计算单价所需要的出口额和出口量都是可得的信息(Schott,2004;Hummels and Skiba,2004;Hummels and Klenow,2005;Hallak,2006)。不过针对单价法存在多个批评。第一个批评是,单价法只能比较同类产品才有意义,比较不同类别产品的价格毫无意义,比如一架飞机和一双袜子价格差异巨大,但无法说明二者的质量差异。第二个批评是,单价法过于笼统,遗漏掉成本、市场需求等关键信息。单价不仅包含质量信息,而且包括成本信息、需求信息等,低价格可能来自低质量,也可能来自低成本和低需求等(施炳展,2014;张杰、郑文平和翟福昕,2014)。第三个批评是,单价法对价格体系要求较高,前提是价格能够充分反映产品价值和质量,这只有在市场机制完美发挥作用的经济体才会有效,然而像中国等发展经济体,市场摩擦相对普遍,要素市场存在扭曲、出口市场竞争激烈,加大了价格信号与质量信号之间的偏差(施炳展和邵文波,2014)。由于单价法在衡量产品质量方面存在上述若干问题,一些研究采用事后推理的方法在行业和产品层面提供了一种推测产品质量的新方法(Khandelwal,2010;Hallak and Schott,2011)。基本思路是,在价格相同的情况下,需求情况越好,产品质量越高。由于纳入了市场需求状况,该方法更能反映市场需求对产品质量的决定作用。部分研究进一步将该方法拓展至企业层面(Gervais,2015)。

产品质量研究的落脚点是如何实现出口产品质量的升级,现有文献从不同角度进行了研究。殷德生等(2011)发现,贸易开放通过贸易成本下降、技术溢出和规模经济提高产品质量。王永进和施炳展(2014)考察了上游垄断对产品质量的影响。施炳展(2014)分析了出口产品质量的异质性。施炳展和邵文波(2014)测算了出口产品质量并分析了其决定因素。张杰等(2014)采用需求结构模型测算了中国出口产品质量。汪建新和黄鹏(2015)研究了信贷约束和资本配置效率对出口产品质量的影响。张杰(2015)研究了金融抑制和融资约束对出口产品质量的作用。张杰等(2015)研究了政府补贴和市场竞争对出口产品质量的影响。马述忠和吴国杰(2016)则研究了中间品进口对出口产品质量的影响。

第二节　贸易自由化与外贸转型升级关系研究

贸易自由化政策主要包括关税的降低和非关税壁垒的消除。伴随着国际贸易理论的成熟和信息与通信技术的高速发展,贸易自由化政策不仅被广大国家所接受,而且在逐渐付诸于各国的政策实践之中。与此同时,学术界针对贸易自由化的研究也日益丰富。从最初的贸易自由化如何影响整体经济增长和收入分配等宏观经济变量,开始转向如何作用于更为微观的企业生产率、就业、企业研发等微观经济变量。

关于贸易自由化的早期研究主要关注贸易自由化如何影响宏观经济增长

和收入分配。大量跨国研究(Dollar,1992;Ben-David,1993;Edwards,1993;Sachs et al.,1995;Coe et al.,1997)发现,贸易自由化可以显著促进一国长期经济增长。关于贸易自由化对收入不平等的影响,经典的赫克歇尔—俄林—萨缪尔森(HOS)模型预测到,贸易自由化会提高丰裕要素的报酬,降低稀缺要素的报酬,因此会降低发展中国家的收入不平等,加大发达国家的收入不平等。大量实证文献对 HOS 模型进行了经验检验,然而结论并不统一。早期的文献比如基于智利的经验证据表明,贸易自由化提高了智利的收入不平等(Beyer et al.,1999)。基于墨西哥的数据发现贸易自由化也会提高墨西哥的收入不平等(Hanson and Harrison,1999)。不过针对阿根廷的研究发现,贸易自由化仅能解释一小部分阿根廷收入不平等的提高(Galiani and Sanguinetti,2003)。与上述研究结论不同,基于印度的研究得出了相反的结论,发现贸易自由化会降低印度的收入不平等(Kumar and Mishra,2008)。

随着异质性企业贸易理论的发展与成熟以及企业层面大规模数据的获取与应用,针对贸易自由化如何作用于企业层面微观变量的研究越来越多。这其中最为活跃的是关于贸易自由化如何影响企业生产率的研究。理论层面的研究认为,贸易自由化通过若干渠道影响生产率。首先,贸易自由化会通过资源配置促进总体生产率的提升,比如淘汰生产率低的企业,将资源从低生产率企业配置到高生产率企业(Melitz,2003;Melitz and Ottaviano,2008)。这又称为企业外生产率提升。其次,贸易自由化会通过竞争效应提升企业内生产率。竞争效应不仅会促使企业降低平均成本(Helpman and Krugman,1985),而且会鼓励企业提高核心产品比重(Bernard et al.,2011),还会提高企业创新激励(Aghion et al.,2005),这些都会提高企业自身生产率。经验研究证实了贸易自由化通过资源配置提高生产率。部分学者(Pavcnik,2002)采用智利企业层面的数据研究了贸易自由化对企业退出和生产率提升的影响。帕维克里克(Pavcnik,2002)发现,贸易自由化确实提高了进口竞争部门的企业生产率,同时总体生产率增长来源于资源重新配置和从低效率企业到高效率企业的产出转移。余淼杰(2010)采用进口渗透率衡量中国的贸易自由化程度并考察了其对中国制造业企业生产率的影响。他发现,中国 1998—2002 年的贸易自由化进程显著提高了企业生产率,而且出口企业相对于内销企业具有更高的生产率提升,不过关税和非关税壁垒的降低对出口企业生产率的影响更大。

贸易自由化影响企业生产率的另外一个渠道是通过获取更好的中间投入品来实现。这方面的研究比如运用印度尼西亚制造业 1991—2001 年的数据(Amiti and Konings,2007),估计了最终产品和中间品关税降低的生产率效应。阿米提和孔宁斯发现,相比于最终产品关税下降,中间品关税降低对企业生产率具有更大的促进作用。与他们的研究结论类似,部分学者(Topalova and Khandelwal,2011)以印度为例研究了贸易自由化与企业生产率的关系,发现最终产品和投入品关税降低都会提升企业生产率,不过投入品关税降低具有更大的影响。

更为新近的研究将视野聚焦于贸易自由化对技术升级、出口动态、劳动收入份额、企业研发、企业成长和产品质量等方面的影响。一些学者(Bustos,2011)研究了南方共同市场(MERCOSUR①)对阿根廷企业出口和技术升级的影响,结论表明关税降低幅度更大的行业,技术投资增长幅度更快,而且关税降低对中高规模的企业影响最大。毛其淋和盛斌(2013)研究了关税减免对企业出口动态的影响。余淼杰和梁中华(2014)研究了加入 WTO 对中国劳动收入份额的影响。田巍和余淼杰(2014)研究了中间品贸易自由化对企业研发的影响。他们的研究表明,中间品关税的下降提高了企业的研发水平,而且作用机制主要体现在生产过程的研发。盛斌和毛其淋(2015)研究了中国加入 WTO 引发的关税降低对企业成长和规模分布的影响,他们发现,最终产品关税降低对企业成长没有显著影响,但是中间品关税降低显著促进了企业成长,另外贸

---

① MERCOSUR 是一个位于南美洲的贸易集团,正式成员国包括阿根廷、巴西、巴拉圭、乌拉圭和委内瑞拉,准成员国包括玻利维亚、智利、秘鲁、哥伦比亚、厄瓜多尔、苏里南,观察员国是新西兰和墨西哥。

易自由化则有利于企业的规模扩张。樊海潮等(Fan et al.,2015)关注贸易自由化对产品质量的影响,他们采用中国的数据发现关税降低可以促使生产者提升出口产品质量。

然而现有文献尚没有专门针对中美贸易自由化,特别是 2001 年美国与中国建立正常贸易关系如何作用于中国出口和企业生产率相关的研究。在 2001 年之前,美国国会每年对是否给予中国最惠国待遇进行投票,如果投票不通过,美国将对从中国的进口征收高额关税。这对中国出口商来说是一个很大的政策不确定性。这一不确定性的消除将对中美贸易和出口企业生产率产生重大影响。然而目前尚没有针对该方面的专门研究。目前鲜有的一篇针对 PNTR 的研究(Pierce and Schot,2016)将焦点放在了 PNTR 对美国就业的影响。与已有文献不同,本书将重点聚焦于 PNTR 对中国出口和企业生产率的影响。

第三节　融资约束与外贸转型升级关系研究

很多研究发现,金融发展在国际贸易中发挥重要作用(Beck,2002;包群和阳佳余,2008;Chor and Manova,2012)。一些学者(Carluccio and Fally,2012)基于法国跨国公司的数据,发现金融发展为发达国家提供了生产复杂和特定投入品的比较优势,跨国公司倾向于通过将金融落后国家的供应商一体化为其融资,特别是相互之间的贸易涉及复杂和特定投入品时,这种倾向更为明显。而且正如学者(Melitz,2003)早先所洞察到的,出口企业面临更大的固定成本投资。有学者(Costinot,2009)更加指出,那些承担更大生产成本的潜在出口者需要更大的外部融资支持。一些学者(Manova and Yu,2016)进一步揭示了融资约束对企业在全球价值链中的地位和盈利性产生影响。马纳瓦(Manova,2013)区分了融资约束限制企业参与国际贸易的三种渠道,对进入国内生产的选择效应、对进入出口市场的选择效应和对出口水平的约束效应。但既有研究缺乏对融资约束如何影响全球价值链地位的深入分析。虽然吕越等(2016)探讨了融资约束对我国制造业全球价值链地位的作用,但他们聚焦于中观和宏观层面的分析,缺乏微观层面的证据。

改革开放以来,中国的经济增长取得了举世瞩目的成就。然而金融市场仍然较为落后,长期处于被抑制的状态(Long and Zhang,2011;Song et al.,2011;Chan et al.,2012)。虽然已初步建立起一级和二级资本市场,但中国的金融发展一直滞后于经济发展是不争的事实。即使到了近几年,中国金融体制仍被认为是相当程度不完全的,金融约束和金融抑制普遍存在。对于现阶段的中国经济发展来说,金融市场的融资约束是一个十分重要的议题,其对企业参与全球价值链分工势必产生重要影响。虽然在发展中国家全球价值链地位或中国企业的国际分工地位提升方面,唐海燕和张会清(2009)强调产品内国际分工,杨高举和黄先海(2013)强调内部动力,但都没有考虑融资约束的影响。有鉴于此,融资约束对全球价值链提升和对外贸易转型升级的影响尤其值得研究。

然而,由于企业层面融资约束的识别至今没有完全统一的指标,一个自然的问题是,如何在经验上准确地度量和识别融资约束问题。学术界对融资约束的认识经历了从投资-现金流敏感度(Fazzari et al.,1988)到现金-现金流敏感度(Almeida et al.,2004)的转变,却仍然面临能否有效衡量企业融资约束的质疑,主要来自 Q-投资方程的适用性及其线性关系的准确性。大量研究(Hadlock and Pierce,2010;阳佳余,2012;鞠晓生等,2013;王义中和宋敏,2014)采用 SA 指数[①]作为融资约束的衡量指标。SA 指数的计算公式由国外学者(Hadlock and Pierce,2010)提出,他们发现 SA 指数能够有效反映企业的融资约束。相较于 KZ 指数和 WW 指数,SA 指数包含更少的内生性金融变量,

---

[①] 运用 SA 指数的新近中文文献参见鞠晓生等(2013)。鞠晓生等(2013)采用 SA 指数测度了非上市公司工业企业的融资约束,他们认为 SA 指数的优势包括:第一,SA 指数不包含内生性特征的融资变量。第二,SA 指数易于计算,适用于无法获取股利支付以及托宾 Q 等数据的非上市公司工业企业。第三,SA 指数所得到结果与使用 WW 指数、现金-现金流敏感度所得到的结果是一致的。

仅需规模和年龄两个企业特征就可以测算出来。SA 指数数值为负,绝对值越大表示企业的融资约束越大。于洪霞等(2011)使用应收账款和应付账款的差额与总资产的比值作为融资约束的衡量指标。应收账款越大,对企业本身而言,越难以得到资金进行投资活动,表示企业面临的融资约束越大。应付账款则刚好相反,越大表示价值链上下游企业为其提供商业信用,有助于缓解其融资约束。

第四节　文献述评:贸易自由化与融资约束对外贸转型的作用亟待研究

从上述文献回顾可以得到两个结论:第一,既有文献缺乏从贸易自由化和融资约束视角考察中国外贸转型升级的理论和经验研究;第二,既有文献缺乏对中国外贸转型升级的全面分析。贸易自由化是中国外贸发展的大趋势和内在要求,随着中国同世界越来越多的国家建立双边或多边自由贸易协定,对贸易自由化政策的评估能够为外贸政策提供先行经验和理论指导。融资约束是中国资本市场不发达的必经之痛,将在未来一段时间内困扰着中国外贸转型升级。因此,如何破解融资约束困境关系到能否助推中国外贸转型升级,并在全球价值链中向上攀升。

中国外贸转型升级内涵丰富,需要从生产率、全球价值链、出口规模、出口产品质量等角度进行全面考虑和把握。以往中国外贸增长主要依靠规模扩张,生产率、产品质量以及全球价值链地位提升得还较为缓慢。2001 年中美建立双边永久正常贸易关系,该政策的建立鼓励更多美方企业到中国投资,也鼓励更多中方企业将产品出口到美方,对中美贸易和企业生产率产生重要影响,也很有可能对出口价格和出口质量产生作用,然而目前尚没有考察以建立永久正常贸易关系为代表的中美双边贸易自由化对中国出口和企业生产率产生影响的学术文献。

我国资本市场发展步伐远远落后于经济发展步伐,导致了融资约束对我国企业特别是私营企业而言是一个十分突出的问题。在接入全球价值链的过程中,我国加工贸易得到了长足发展,然而加工贸易处于全球价值链的低位环节,亟需转型升级。在全球价值链大背景下,融资约束如何作用于加工贸易企业全球价值链地位提升是值得深入探讨的研究主题,不过目前为止该主题在现有文献中并没有得到应有的关注。

在中国经济快速发展的过程中,东部沿海地区形成了一大批工业集群,集群内部各经济主体基于经常性信任关系联系在一起,并为各自提供商业信用,有助于缓解企业融资约束促进企业出口扩张,现阶段还没有专门的文献对这一问题进行深入分析,也缺乏集群商业信用是否通过缓解企业融资约束促进出口产品质量提升的学术研究。本书通过关注被忽视的这几个问题,采用学术界科学前沿的研究方法,力图在这几个方面有所突破,为中国外贸转型升级献计献策。

第三章　中国外贸转型升级的经济事实
——全球价值链背景下外贸顺差决定因素

第一节　引言

中国的对外贸易顺差和巨额外汇储备引起了世界各国的广泛关注。在所有国家中,美国一直是中国最大的贸易顺差来源国。中美贸易在 1993 年出现顺差,为 93 亿美元,2008 年及之前该数字逐年增加。2008 年,这一数额达到历史性的 1 713 亿美元。受国际金融危机影响,2009 年这一数字有所回落,为 1 435 亿美元,不过基数依然很大。危机尚未完全度过,中美贸易顺差已重回增长道路:2010 年和 2011 年中美贸易顺差分别是 1 810 亿和 2 019 亿美元。1993 年到 2011 年,中国国内生产总值年均增长 10%,而中国对外贸易顺差年均增长 16%,中美贸易顺差年均增长率更是高达 21%。[①] 与此同时,外商对华直接投资(FDI)与之呼应,呈不断增加之势。1993 年到 2011 年世界对华 FDI 年均增长 12%。仅 2011 年中国实际利用外资就达 1 160 亿美元。据商务部统计,2012 年全年全国新批设立外商投资企业 24 925 家,实际使用外资金额 1 117 亿美元。[②]

对外贸易顺差的不断增长和持续存在在促进我国经济增长、增加就业方面发挥了重要作用。目前中美两国互为最重要的贸易伙伴之一。中国是美国第

---

① 　数据来源:中美贸易顺差来自《对外经济贸易年鉴》,国内生产总值和人民币汇率来自世界银行 WDI 数据库,增长率为笔者测算,下同。

② 　来自中国商务部网站 http://www.mofcom.gov.cn。

二大贸易国,美国则是中国第一大贸易国。然而随着中美贸易顺差的持续增加,中美经贸关系时而受到影响。一方面,美国政界和商界部分人士认为人民币存在较大程度的低估,要求人民币升值以缓解这一局势(Krugman,2009;Bergsten,2010);另一方面,中美双边贸易关系时而恶化,美国对华贸易摩擦也因此有所升级。为减少从中国的进口,美国曾经对中国向美出口的商品多次采取"双反"措施。比如,2009 年 6 月美国国际贸易委员会(USITC)宣布,对中国轮胎采取特保措施,并对中国轮胎征收三年特别关税。又如,2010 年 4 月美国商务部最终决定向从中国进口的钢管征收最高 99.14%的反倾销税。这种状况在一定程度上制约着中美双边关系的正常发展。在这种情况下,研究中国对外贸易顺差的决定因素对我国对外贸易稳步持续健康发展具有突出的现实意义。

然而全球价值链分工的出现和快速普及使得针对上述问题的研究工作面临重大挑战。20 世纪末期以来,信息通信技术的飞速发展、关税与非关税壁垒的显著降低,使得产品不同生产阶段在全球范围内的空间分离变得越发普遍。这种分离被现有文献称为生产分割(Production Fragmentation)(Johnson and Noguera,2012)、生产片段化(Production Slicing)(Krugman et al.,1995;Timmer et al.,2014)、垂直专业化(Vertical Specialization)(Hummels et al.,2001;Bridgman,2012)、离岸外包(Offshoring and Outsourcing)(Jones and Kierzkowski,1988;Arndt,1997),抑或全球价值链(Global Value Chain,GVC)(Humphrey and Schmitz,2002;Gereffi et al.,2005)。鲍德温和洛佩斯-冈萨雷斯(Baldwin and Lopez-Gonzalez,2014)及鲍德温(Baldwin,2006)形象地称这种现象为全球化的"第二次大解绑"(Globalization's 2nd Unbundling)。全球价值链为跨国公司提供了主导全球经济活动的新型战略武器,跨国公司借此主导和协调各地区的生产、销售和利润分配,通过直接所有权、合同关系和市场交易等各种复杂的治理模式组织全球价值链,其总额已接近全球贸易的 80%(OECD et al.,2013)。

全球价值链背景下针对贸易顺差的研究很容易陷入一种"看山不是山,看水不是水"的尴尬局面。因为不同经济体在全球价值链中承担不同的任务环节,比如中国在全球价值链中更多扮演加工和组装的角色,这是全球价值链的最后一道工序,所以出口标签中都标明"中国制造"。然而,这具有很大的迷惑性。加工组装之前中国的供应商需要从各国进口原材料和设备,经加工组装后再出口。从东南亚、日本和韩国的进口,经过中国企业加工组装后出口至美国,在中国的国际收支平衡表中都会被记为中国对美国的出口,进而夸大中国对美国的双边出口额。同时会低估东南亚、日本和韩国对美国的出口额。双边进口也存在类似的问题。两国之间实际的进出口额因全球价值链的出现变得模糊不清。因此传统贸易统计方法无法准确衡量中国总出口中多少是国内生产,多少是从国外进口的。这也是由于进出口中的重复计算导致的所谓的统计假象问题(杨高举和黄先海,2013;Koopman et al.,2014)。因此现有基于传统贸易数据的研究无法得出令人信服的可靠结论。

基于投入产出数据的增加值贸易方法让笔者在洞悉贸易顺差时能够"看山还是山,看水还是水"。增加值贸易方法的基本原理在于通过各国各行业之间中间投入品和最终需求的投入产出关系得出两国相关产业之间的直接贸易量。借鉴蒂默等(Timmer et al.,2012)的思想,笔者采用一个简化现实的例子来阐述出口中增加值与总出口的差异。例如在美国消费的一辆汽车,价值100万美元。生产该辆汽车需要的生产经营活动为:(1)组装:创造的增加值占汽车总价值的10%。组装需要进口零部件。(2)零部件:创造的增加值占30%。(3)品牌:创造的增加值占60%。假定不存在运输成本。如果三种经营活动都在美国完成,那么该汽车的生产不涉及全球价值链分工,中国的增加值和出口都为零。如果只有组装环节在中国完成,组装前需要进口零部件,然后将组装完成的零部件出口至美国,因此中国的总出口为40万美元,然而中国总出口中只有组装的10万美元是中国企业创造的增加值,另外30万美元是从其他国家进口的价值。此时对美国产生了出口与增加值的不一致,重复计算和统计假象问题出现了。随着离岸程度的进一步加深,零部件和组装都在中国完成,总出口和增加值又变一致了。现实中一种产品的生产涉及多个甚至几十上百个国家合作完成,全球价值链分工更为复杂,出口和增加值不一致问题更为突出。

鉴于全球价值链背景下出口无法真实反映增加值情况,以往针对中国贸易顺差的研究(卢向前和戴国强,2005;封思贤,2007)不具备较大的参考价值。为反映全球价值链对传统统计方法带来的挑战,笔者基于世界投入产出数据库(WIOD)1995—2009 年的世界投入产出表,借鉴约翰逊和诺格拉(Johnson and Noguera,2012)关于增加值贸易的最新方法测算出中国对主要贸易伙伴的增加值贸易顺差并对其影响因素进行实证分析。研究发现,中国加入 WTO 之前人民币汇率升值对贸易顺差的影响较小而且不显著,而加入 WTO 之后,人民币汇率升值可以有效降低中国的贸易顺差。在华 FDI 总额对贸易顺差的影响呈现出相似的特点,即加入 WTO 之前,总体 FDI 不显著,加入之后影响显著。FDI 来源国别分析显示,美国和亚洲"四小龙"在华 FDI 增加可以显著提升中国贸易顺差,而日本和德国在华 FDI 则会降低中国贸易顺差。

第二节 中国增加值贸易顺差测算

一、测算方法

参考约翰逊和诺格拉(Johnson and Noguera,2012)提出的关于 TiVA 的定义,行业层面的增加值出口可以表示为:

$$TiVA = \mathrm{diag}(v)(I - A)^{-1}F \qquad (3-1)$$

其中 v 表示国家分行业的国内增加值比率(1×1 435)行向量,diag( )表示将行向量转化为对角矩阵,对角线上的元素为行向量对应的元素,A 是行业直接消耗系数(1 435×1 435)矩阵,$(I-A)^{-1}$ 是行业层面的国际里昂惕夫逆矩阵(International Leontief Inverse),也即完全消耗系数,F 是国家层面的最终产品需求(1 435×1)列向量。

由公式(3-1)得出的增加值是 41 个经济体 35 个行业(1 435)对 41 个经济体的增加值出口(1 435×41)矩阵,将经济体按行业加总即可得到 41 个经济体对 41 个经济体的增加值出口(41×41)矩阵。那么经济体 r 对经济体 s 的增加值出口可以表示为:

$$TiVA^{rs} = \sum_{i=1}^{35} \mathrm{diag}\ (v)(I-A)^{-1}F \tag{3-2}$$

笔者基于 WIOD 数据库[①]1995—2011 年的最新数据测算中国与其贸易伙伴之间的增加值贸易(Trade in Value Added,TiVA)。笔者首先计算出一个经济体对世界 38 个经济体[②]35 个行业的增加值出口,然后加总对每个经济体 35 个行业的增加值出口得到对该国的增加值出口。中国对一国的增加值贸易顺差等于中国对该国的增加值出口减去该国对中国的增加值出口。根据测算结果,笔者发现 1995—2011 年中国对 15 个经济体[③]保持持续的增加值贸易顺差。深入分析发现,中国对美国的双边贸易顺差最引人瞩目,在 1995 年和 2011 年都占最大的比例。1995 年中国对美国的贸易顺差是中国第二大贸易顺差来源国加拿大的 12.9 倍,是对其余 14 个国家(包括加拿大)贸易顺差之和的 4.2 倍。2011 年,中国第二大贸易顺差来源国是印度,中国对美国的贸易顺差是中国对印度贸易顺差的 5.0 倍,是其余 14 个国家(包括印度)的 1.3 倍。此外,中国贸易顺差较大的来源国还有土耳其、希腊、加拿大、墨西哥。

笔者按照同样方法测算了 40 个国家之间的总量出口(Export in Gross

---

① 该数据库(http://www.wiod.org)根据国民经济核算体系,结合国家投入产出数据和国际贸易数据编制而成。涵盖世界 40 个主要经济体,包括 27 个欧盟成员国和 13 个其他经济体。这 13 个经济体是澳大利亚、巴西、加拿大、中国大陆、印度、印度尼西亚、日本、墨西哥、俄罗斯、韩国、中国台湾、土耳其、美国。这 40 个经济体的经济总量超过世界经济总量的 85%。该数据库具体到每个经济体的 35 个行业,分别是农业、采矿业、建筑业、公共事业、14 个制造业以及 17 个服务业。关于该数据库的具体说明参见蒂默等人(Timmer et al)。

② WIOD 数据库包含 41 个经济体的数据,最后一个是 RoW(世界其他经济体),不算中国大陆,再剔除中国台湾(由于没有 FDI 数据),共得到 38 个经济体的数据。

③ 这些经济体是加拿大、塞浦路斯、捷克共和国、西班牙、爱沙尼亚、英国、希腊、匈牙利、印度、立陶宛、墨西哥、波兰、斯洛文尼亚、土耳其和美国。

Term),进而得出中国对这些国家的总量贸易顺差。笔者发现,中国对美国的增加值出口和总量出口以及美国对中国的增加值出口和总量出口都在逐渐增加。① 与此同时,中国对美国总量出口和增加值出口之差逐渐增大,美国对中国总量出口和增加值出口之差也越来越大。这可能意味着中国和美国的国内增加值比率都越来越小。笔者详细分析了中美两国总出口中的国内增加值比率。大体来看,美国总出口中的增加值比率维持在0.8~1.2之间,2003年之前该比率都大于1,之后开始逐年下降,2008年下降到最低,2009年有所反弹。就中国而言,总体国内增加值比率维持在0.8~0.9之间,2003年之前基本不变,之后开始逐年下降,2008年下降到最低,2009年也有所增长。此外两个特征格外引人注目:第一,除了2008年之外,美国对中国的总量出口中的国内增加值比率都高于中国对美国出口的国内增加值比率。这说明中国出口的商品中蕴含着更多的国外增加值,一个可能的解释是,这是大量加工贸易带来的可能结果,加工贸易促进了中国"世界工厂"的形成,然而"世界工厂"并没有看起来那么美丽,因为工厂是世界的,只是位于中国而已。第二,中美两国总量出口中的国内增加值比率都呈现出总体下降趋势,一定程度上反映了全球生产分割和国际分工的加深,一国出口中其他国家的增加值成分越来越多。由于本章关注的是中国贸易顺差,不对增加值比率的变化做深入分析。

二、增加值贸易顺差与汇率、FDI 关系的直观表述

为了直观考察中国双边增加值贸易顺差与双边汇率的关系,笔者在图3-1中画出了二者的散点图。由图3-1可知,加入WTO前后中国双边贸易顺差与双边汇率之间的关系表现出明显不同的特征。加入WTO之前,中国贸易顺差与双边汇率之间的关系较为微弱,而加入WTO之后,二者之间存在强烈的正相关关系。这说明加入WTO前后汇率对中国贸易顺差的影响是不同的。加入WTO之前,人民币汇率变化对贸易顺差的影响不明显,而加入WTO之后人民币升值

---

① 限于篇幅限制,笔者没有呈现详细数据。

则会带来中国双边贸易顺差的降低。[①] 值得注意的是,贸易伙伴汇率采用名义有效汇率衡量,所以汇率数值变大表示外币相对于人民币升值。加入 WTO 之

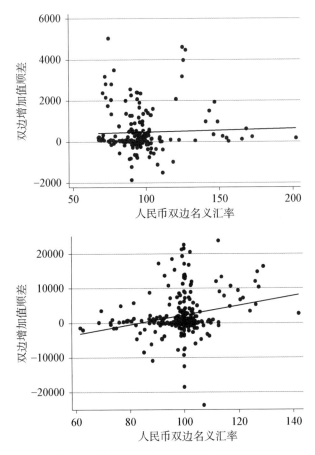

图 3-1　中国双边增加值顺差与人民币汇率

注:上图表示加入 WTO 之前,即 1995—2001 年,下图表示加入 WTO 之后,即 2002—2011 年。人民币双边名义汇率采用直接标价法,即单位外币的人民币价格,数值越大表示人民币币值越低。双边增加值贸易顺差单位为百万美元。

———————————

[①] 有些读者可能会质疑,为何人民币一直在升值,而中国对外贸易顺差也一直在扩大? 需要注意的是,这里采用的是双边贸易顺差及双边汇率。虽然中国与美国的贸易顺差一直在扩大,但中国对 38 个经济体中有些经济体保持顺差,对有些经济体则保持逆差,比如对德国、澳大利亚和韩国存在大量贸易逆差。对保持顺差的大部国家中,中国对其贸易顺差也有涨有跌。

后,人民币汇率与中国贸易顺差的关系与经济理论相一致。贸易伙伴的货币升值,一方面会提高其购买力水平,进而增加对中国产品的需求,另一方面增加其出口成本,降低对中国的出口供给。两方面的作用共同带来中国贸易顺差的提高。

加入 WTO 之前二者关系不明显可能存在两个原因:第一,中国进出口贸易阻力较大,关税和非关税壁垒都比较高,市场的力量被弱化。根据海关总署的数据,算术平均关税税率从 1992 年的 43%降至 2001 年底的 15%,到 2005年,工业品的进口平均关税税率降至 10%左右。而且海关关税税率每年还在以4%~5%的速度降低。当阻碍变大时市场力量变得微弱,汇率的作用不明显。第二,全球生产分割和国际分工格局的进一步深化。自 21 世纪初以来,产品不同生产阶段在全球范围内的空间分离越发普遍。生产分割程度提升的一个显著结果是,中间品贸易需要多次跨越国界。当中间品多次跨越国界时,汇率发挥的作用就会突显出来。

为了深入考察中国双边贸易顺差与 FDI 的关系,笔者在表 3-1 中列出了1995 年和 2011 年按国别分类的中国贸易顺差和在华 FDI。从增加值贸易流量来看,可以得出以下结论:(1)中国的贸易顺差来源国别波动较大,但对美国的贸易顺差一直独占鳌头,1995 年和 2011 年都居第一位。值得注意的是,德国是中国最大的贸易伙伴之一,但中德存在较大贸易逆差。(2)从增加值出口和进口来看,美国、日本、德国世界三大经济体仍然是中国最重要的贸易伙伴。(3)与印度、俄罗斯、巴西、墨西哥等金砖国家的贸易关系日益紧密。(4)与英国、加拿大、法国、意大利、丹麦等国的贸易关系在逐渐减弱,值得注意的是,大陆与台湾的贸易关系也在减弱。(5)亚洲方面,对印度的贸易顺差逐渐占据更显著的地位,对日本的贸易顺差已显著下降,对韩国和台湾则持续保持贸易逆差并名列前茅。(6)日本、德国、亚洲"四小龙"在华直接投资长期居于重要地位,却长期保持贸易逆差,说明它们的在华投资主要出口到美国、英国与加拿大,勾勒出清晰的三角贸易。金砖国家在华直接投资稳步提升,同时中国对金砖国家的贸易顺差也占据更重要的位置。美国在华直接投资和中美贸易顺差齐头并进。

表 3-1 　按地区划分的中国增加值贸易顺差（VAS）和在华 FDI

1995 年	地区	VAS	2011 年	地区	VAS	1995 年	地区	FDI	2011 年	地区	FDI
1	USA	22 505	1	USA	196 173	1	JAN	3 212	1	JAN	6 330
2	CAN	1 746	2	IND	39 499	2	USA	3 084	2	USA	2 369
3	DEU	1 530	3	TUR	23 569	3	KOR	1 047	3	TWN	2 183
4	GBR	1 294	4	GBR	21 269	4	GBR	915	4	DEU	1 129
5	NLD	1 292	5	CAN	20 601	5	DEU	391	5	FRA	769
6	IND	881	6	MEX	17 148	6	FRA	287	6	NLD	761
7	JAN	867	7	FRA	13 994	7	ITA	270	7	GBR	582
8	ESP	463	8	ESP	12 893	8	CAN	257	8	LUX	515
9	DNK	289	9	POL	7 375	9	AUS	233	9	CAN	468
10	AUS	281	10	RUS	7 362	10	NLD	114	10	ITA	388
11	GRC	274	11	ITA	7 176	11	IDN	112	11	AUS	310
12	TUR	206	12	GRC	4 262	12	BEL	54	12	ESP	221
13	MEX	175	13	JAN	3 217	13	DNK	35	13	DNK	180
14	AUT	147	14	CZE	2 795	14	ESP	26	14	SWE	175
15	BRA	127	15	IDN	2 413	15	SWE	24	15	IRL	131
16	IRL	109	16	IRL	2 364	16	RUS	23	16	BEL	121
17	POL	106	17	ROU	1 465	17	AUT	19	17	AUT	105
18	CZE	97	18	PRT	1 364	18	LUX	10	18	FIN	59
19	CYP	52	19	NLD	1 324	19	FIN	5	19	IDN	46
20	SVK	33	20	BRA	1 172	20	HUN	3	20	BRA	43
21	HUN	25	21	SVK	826	21	BRA	1	21	IND	42
22	SVN	16	22	BGR	441	22	IRL	1	22	RUS	31
23	EST	10	23	SVN	396	23	ROU	1	23	BGR	14
24	MLT	10	24	LTU	277	—	BGR	—	24	PRT	13
25	LTU	2	25	CYP	267	—	CYP	—	25	HUN	13
26	BGR	−1	26	EST	217	—	CZE	—	26	CZE	7
27	LVA	−2	27	HUN	107	—	EST	—	27	POL	7
28	PRT	−30	28	LVA	86	—	GRC	—	28	ROU	5
29	ROU	−67	29	BEL	67	—	IND	—	29	SVK	5
30	LUX	−68	30	MLT	21	—	LTU	—	30	MEX	5
31	RUS	−113	31	DNK	−592	—	LVA	—	31	SVN	4
32	SWE	−125	32	LUX	−609	—	MEX	—	32	GRC	2

1995年	地区	VAS	2011年	地区	VAS	1995年	地区	FDI	2011年	地区	FDI
33	FRA	−136	33	AUT	−1 372	—	MLT	—	33	LVA	2
34	FIN	−254	34	FIN	−3 258	—	POL	—	34	MLT	2
5	BEL	−328	35	SWE	−4 657	—	PRT	—	—	LTU	0
36	IDN	−541	36	DEU	−7 349	—	SVK	—	—	EST	0
37	ITA	−561	37	KOR	−17 442	—	SVN	—	—	CYP	—
38	KOR	−3 236	38	AUS	−23 752	—	TUR	—	—	TUR	—

注：VAS 表示增加至贸易顺差（Value Added Surplus），VAS 和 FDI 单位都为百万美元。

第三节　模型设定、数据来源和估计方法

一、模型设定和变量选择

参考经典引力模型（Anderson，1979；Bergstrand et al.，2013），两国之间的贸易流量与两国的经济规模成正比，与它们之间的距离成反比。汇率表示两国商品的相对价格，会通过成本效应影响双边贸易流量。此外 FDI 代表其他国家的生产能力，也会对贸易流量产生影响。理论上，由于距离同时影响进口和出口，而对贸易顺差的影响不确定。实践中，笔者在贸易顺差方程中加入距离后也不显著。因此在顺差模型中不加入距离变量。笔者选用了动态面板数据，将被解释变量的滞后项加入模型，估计方法采用了系统 GMM 方法。笔者构建的面板模型为：

$$Balance_{i,t} = \beta_0 + \beta_1 Balance_{i,t-1} + \beta_2 RER_{i,t} + \beta_3 FDI_{i,t} + \beta_4 X_{i,t} + u_i + \varepsilon_{i,t}$$

$$(3-3)$$

其中 i 表示中国的贸易伙伴，t 表示年份，u_i 是不可观测的个体效应，$\varepsilon_{i,t}$ 是随机扰动项。Balance 是中国双边贸易顺差，RER 是人民币兑美元的双边实

际汇率，*FDI* 是贸易伙伴在华双边 FDI 流入或存量。*X* 表示其他控制变量，包括中国和贸易伙伴的经济规模 GDP、人均收入等。为了控制中国加入 WTO 带来的影响，笔者将样本分为两个阶段，1995—2001 年以及 2002—2011 年。这样做有两个好处：第一，可以更好地满足系统 GMM 的估计要求。系统 GMM 对短面板即"个体数显著大于时间跨度"估计效果更好。本章原始数据的时间跨度为 17 年，个体数为 38 个国家，在 2001 年一分为二，时间跨度分别为 7 和 10，显著小于个体数。第二，可以充分考虑计量方程的截距和各变量系数在加入WTO 之后和之前的差异。引入虚拟变量则需要引入多个交叉项才能实现这一目的。主要变量选取依据为：

（1）贸易伙伴实际国内生产总值。根据凯恩斯的消费理论，消费的最重要决定因素是可支配收入。国际贸易中也是如此，一个国家的进口在很大程度上取决于本国国民对外国商品的需求情况，而国内生产总值是总需求最直接的反映。本章用实际国内生产总值代表的贸易伙伴实际国民收入表示贸易伙伴的实际购买力。在其他条件不变的情况下，贸易伙伴实际国内生产总值的增加会增大中国对贸易伙伴的出口，进而增大中国对贸易伙伴的贸易顺差。因此先验性预期贸易伙伴国内生产总值与中国贸易顺差具有正相关关系。

（2）人民币的双边实际汇率。中国对贸易伙伴的贸易顺差不仅取决于贸易伙伴的实际国民收入，而且取决于人民币的汇率。本章采用直接标价法，即人民币的汇率表示一单位外币的人民币价格。人民币贬值（*EXR* 增大）在理论上可以降低中国出口商的出口成本，增加中国进口商的进口成本，改善中国对贸易伙伴的贸易余额，增大中国贸易顺差。对贸易伙伴则刚好相反，人民币贬值会减少贸易伙伴对中国的出口，增加从中国的进口。因此先验性预期人民币实际汇率贬值会增大中国贸易顺差。基准回归中，笔者采用人民币兑美元汇率，以人民币兑各个贸易伙伴的汇率作为稳健性检验。

（3）外商直接投资。蒙代尔（Mundell，1957）认为国际投资与国际贸易之间存在相互替代的关系。小岛清(Kojima,1978)认为投资可以通过边际产业转移产生贸易创造效应。改革开放以来,一方面,中国的宏观经济政策注重引进外资;另一方面,中国的经济高速发展带来的高额利润回报和全球产业结构调整、国际生产能力向中国转移促使很多外商资本以直接投资的方式进入中国。这两者共同促使外商对华直接投资不断增加,成为中国经济增长的助推剂之一。本章将外商在华直接投资纳入模型,先验性预期其与中美贸易顺差有正相关关系。

二、数据来源

上一部分已经说明,增加值贸易余额和总量贸易余额来自笔者经由 WIOD 数据库 1995—2011 年数据测算得到。人民币实际汇率、各国实际 GDP 及人均实际 GDP 数据来自世界银行的世界金融发展统计数据库(World Development Indicator,WDI)。其中,在基准回归中人民币汇率采用人民币兑美元的实际汇率,以人民币兑贸易伙伴双边实际汇率作为稳健性检验,该变量由人民币兑美元实际汇率和贸易伙伴货币兑美元汇率间接换算得到,GDP 和人均 GDP 数据是以 2000 年不变价格衡量的实际数据。人民币兑美元的汇率和美元兑各国货币的汇率都来自 WDI 数据库官方汇率。外商直接投资数据来自中国国家统计局。贸易余额、国内生产总值和外商直接投资都以百万美元衡量。

三、估计方法

公式(3-3)是一个动态面板模型,并且笔者采用的是短面板数据。鲁德曼(Roodman,2006)指出,对于时间跨度小于截面数的短面板而言,采用动态面板处理技术是一个非常好的选择。目前主要存在两种动态面板处理技术:差分广义矩方法和系统广义矩方法。布兰德尔和邦德(Blundell and Bond,1998)指出,差分广义矩估计量容易受弱工具变量的影响而产生向下的大的有限样本偏差,并提出了系统广义矩方法以克服这一问题。综合来说,系统广义矩方法具有较好的有限样本性质。所以笔者采用系统 GMM 方法对公式(3-3)进行估计。

第四节　回归结果分析

一、描述性统计分析

本章采用的数据是个别数据缺失的平衡面板数据。个体数是 38 个经济体,跨度为 1995—2011 年共 17 年数据。如表 3-2 所示,增加值出口、进口和顺差的平均值分别为 11 703 百万、8 327 百万、3 376 百万美元,总量出口、进口和顺差的均值分别为 14 989 百万、11 220 百万、3 769 百万美元。显然,增加值项目明显低于总量项目。所有变量的变异系数都不低于 0.100,表明各个变量具有中等以上水平的变异程度。

表 3-2　各变量的描述性统计

变量	样本数	均值(百万美元)	标准差	最小值	中位数	最大值	变异系数
vaexp	646	11 703	31 192	7	2 229	345 888	2.670
vaimp	646	8 327	17 619	7	1 764	149 715	2.120
vatb	646	3 376	19 238	−30 653	206	196 173	5.700
gtexp	646	14 989	38 238	4	3 027	412 843	2.550
gtimp	646	11 220	25 337	2	1 903	180 018	2.260
gttb	646	3 769	25 041	−88 061	337	237 503	6.640
fdi_inflow	601	531	1 116	0	52	6 530	2.100
tfdi_inflow	646	63 227	23 455	37 806	53 505	116 010	0.370
bfdi_stock	315	7 469	15 853	−16	711	79 895	2.120
tfdi_stock	646	286 698	161 339	101 098	228 371	711 802	0.560
USfdi_inflow	646	3 524	804	2 369	3 444	5 424	0.230
JGfdi_inflow	646	5 295	1 228	3 603	5 118	8 060	0.230
Tigsfdi_inflow	646	35 859	17 230	21 458	28 085	81 331	0.480
re_usd	646	774	67	632	828	853	0.100
rgdp1	646	2 145 804	1 009 166	915 514	1 841 833	4 196 333	0.470
rgdp2	646	949 804	2 055 632	4 456	297 339	13 800 000	2.160

变量	样本数	均值(百万美元)	标准差	最小值	中位数	最大值	变异系数
*rpgdp*1	646	1 650	728	760	1 430	3 122	0.440
*rpgdp*2	646	22 208	16 441	469	18 960	87 717	0.740

注：*vaexp*、*vaimp*、*vatb* 表示中国双边增加值出口、进口和顺差；*gtexp*、*gtimp*、*gttb* 表示中国双边总量出口、进口和顺差；*bfdi* 表示双边 FDI 流入；*tfdi* 表示 FDI 流入总额；*USfdi* 表示美国在华 FDI 流入；*JGfdi* 表示日本和德国在华 FDI 流入之和；*Tigsfdi* 表示亚洲"四小龙"在华 FDI 流入；*re_usd* 表示人民币兑美元实际汇率；*rgdp*1 表示中国实际 GDP；*rgdp*2 表示贸易伙伴实际 GDP；*rpgdp*1 表示中国人均实际 GDP；*rpgdp*2 表示贸易伙伴人均实际 GDP。

数据来源：WIOD 和世界银行 WDI。

二、估计结果

表 3-3 显示了式(3-1)的系统 GMM 估计结果。表 3-4 中列(1)—列(4)的被解释变量是增加值贸易顺差，而列(5)—列(8)的被解释变量是总量贸易顺差。笔者区分了将双边在华 FDI 流入量和 FDI 流入总量作为解释变量的情况，列(1)、(2)、(5)、(6)与列(3)、(4)、(7)、(8)的区别就在于此。如前所述，笔者以 2001 年中国加入 WTO 作为分界点，将样本划分为两个阶段，分别进行回归。汉森(Hansen)检验和 AR 二阶自相关检验表明回归结果是可靠和有效的。

从表 3-3 可以得出以下几个结论：

第一，从增加值顺差来看，中国实际 GDP 在加入 WTO 之前，要么不显著，要么符号为正，与理论预期不一致。加入 WTO 之后，则显著为负。从总量顺差来看，中国实际 GDP 加入 WTO 之前，都不显著，加入 WTO 之后也有一个不显著。这说明，增加值顺差回归结果与理论预期相符，而总量顺差回归结果则与理论有偏差。理论上看，中国实际 GDP 反映了中国的需求能力，数值提高有利于进口，同时减少出口，因此减少顺差。加入 WTO 之前，与理论不一致，加入 WTO 之后与理论相符，同时增加值顺差的结果优于总量顺差的结果。贸易伙伴的人均 GDP 使用增加值顺差和总量顺差回归结果没有显示出差异，但加入 WTO 之前与理论预期不一致，加入 WTO 之后与理论相符。

第二,人民币实际汇率在加入 WTO 之前不显著,系数符号也与理论不一致,但加入 WTO 之后则变得显著,而且符号与理论预期一致,即升值带来了中国双边贸易顺差的降低。具体而言,加入 WTO 后,人民币兑美元实际汇率升值一个单位[1],会带来中国双边增加值贸易顺差平均降低 1.23 亿～2.98 亿美元,会带来总量贸易顺差平均降低 1.61 亿～7.50 亿美元。虽然加入 WTO 之后人民币汇率升值确实可以带来贸易顺差的减少。但一个值得注意的显著特征是,采用增加值衡量方法,人民币升值带来的影响小于总量贸易顺差下的影响,也就是说人民币汇率的作用被高估了。

第三,双边在华 FDI 流入影响不显著,而 FDI 流入总额在加入 WTO 之后高度显著。这意味着加入 WTO 之后,在华 FDI 流入总额的提高会带来双边贸易顺差的提高。而且,从增加值和总量贸易顺差的比较来看,显示出与人民币汇率类似的特征,即 FDI 流入总额对增加值衡量的贸易顺差的影响小于对总量贸易顺差的影响。深入分析增加值衡量方法与总量衡量方法的区别有助于理解产生上述差异的原因。生产分割的出现与普及和世界范围内生产共担水平的提高,导致总量出口中不仅包含本国增加值,而且包含越来越大比例从其他国家进口的国外增加值。一个自然的结果是,总量出口无法真实反映一国创造的价值。因此总量贸易顺差可能高估人民币汇率和 FDI 带来的影响。不过需要说明的是,生产分割和生产共担对 GDP 带来的影响不一定与此相同,因为 GDP 直接对贸易流量产生作用。贸易伙伴的 GDP 反映了对我国产品的需求能力,也可能增大我国产品包含的国外增加值,同时我国 GDP 反映了对贸易伙伴产品的需求能力,也可能增大我国进口产品中蕴含的第三国的增加值。因此总量贸易顺差可能高估也可能低估 GDP 带来的影响。

前面已经提到,双边 FDI 流入对贸易顺差的影响不显著,而 FDI 流入总额

---

① 本章采用 100 美元实际上相当于多少单位的人民币来表示人民币兑美元的实际汇率。所以人民币一个单位提升指美元采用人民币衡量贬值 0.01。

对贸易顺差的影响高度显著。因此值得进一步探究哪些国家在华FDI对中国贸易顺差产生重要作用。表3-1按国别划分的中国增加值贸易顺差和在华FDI对下一步分析提供了重要线索。笔者进一步将FDI划分为美国在华FDI（*USfdi*）、日本和德国在华FDI（*JGfdi*）及亚洲"四小龙"在华FDI（*Tigsfdi*）。回归结果报告在表3-4中。

表3-4得到的结论与表3-3基本一致。第一，增加值贸易顺差显示，中国实际GDP在加入WTO之前不显著，与理论预期不一致。加入WTO之后，则显著为负，与理论预期一致。从总量顺差来看，中国实际GDP要么不显著，要么符号与理论预期不一致。进一步验证了增加值衡量方法优于总量贸易顺差衡量方法。第二，加入WTO之前，人民币汇率升值对贸易顺差的影响要么不显著，要么与理论预期相左。而加入WTO之后，人民币升值则可以显著降低中国双边贸易顺差。而且总量贸易顺差明显高估人民币升值带来的影响。

就FDI分来源国来看，与前述结论一样，在加入WTO之前，FDI的影响不显著。与前述结论不一样的是，加入WTO之后，美国在华FDI增加显著有助于提高中国贸易顺差，亚洲"四小龙"在华FDI也有助于提高中国贸易顺差，但效果不如美国FDI大，日本和德国在华FDI却可以显著降低中国贸易顺差。表3-1已经表明，日本和德国在华FDI有较大增长且占在华FDI总额较大份额，但中国对这两个国家的贸易顺差增长不显著，对德国由贸易顺差转为贸易逆差，对日本的贸易顺差在排名上出现了显著下降。

从笔者的基础实证结果和FDI划分国别来源的结果来看，加入WTO之前，不管是人民币汇率还是FDI对贸易顺差的影响要么不显著，要么与理论预期不一致。而加入WTO之后，人民币汇率升值可以显著降低中国贸易顺差，在华FDI总额则可以提高中国贸易顺差，而且相对于增加值衡量方法，采用总量贸易顺差会高估两者带来的影响。因此，人民币升值可以降低中国双边贸易顺差，但并没有传统认为的那么大。FDI来源国显示，美国和亚洲"四小龙"在华FDI显著提高中国贸易顺差，而日本和德国在华FDI则会降低中国贸易顺差。

表 3 - 3 中国双边增加值和总量贸易顺差影响因素

	双边增加值顺差（vatb）				双边总量顺差（gttb）			
	(1)	(2)	(3)	(4)	(5)	(6)	(7)	(8)
	1995—2001	2002—2011	1995—2001	2002—2011	1995—2001	2002—2011	1995—2001	2002—2011
L.Dep	1.129***	0.885***	1.118***	0.987***	1.131***	0.859***	1.121***	0.983***
	(58.03)	(9.80)	(205.58)	(16.31)	(54.02)	(9.17)	(175.31)	(14.24)
rgdp1	1.878	−0.174*	2.374**	−0.532**	1.112	−0.129	2.077	−0.998**
	(1.47)	(−1.83)	(2.04)	(−2.67)	(0.70)	(−1.10)	(1.53)	(−2.51)
rgdp2	−0.000	0.003**	—	0.001*	−0.000	0.004**	—	0.002**
	(−0.55)	(2.29)		(1.94)	(−0.60)	(2.65)		(2.10)
rpgdp1	−2 640.000	256.400*	−3 336.300**	735.400**	−1 566.700	198.000	−2 920.200	1 376.700**
	(−1.47)	(1.93)	(−2.04)	(2.68)	(−0.70)	(1.22)	(−1.53)	(2.50)
rpgdp2	0.006	−0.101	0.007	−0.090	−0.015	−0.186*	−0.017	−0.140
	(0.14)	(−1.38)	(0.37)	(−1.54)	(−0.38)	(−1.90)	(−0.52)	(−1.60)
re_usd	−591.100	122.900**	−703.400*	297.500*	−406.400	164.100*	−654.900	750.200**
	(−1.46)	(2.43)	(−1.70)	(2.54)	(−0.86)	(1.94)	(−1.45)	(2.40)
bfdi_inf	0.229	−1.949*	—	—	0.285	−2.886**	—	—
	(1.01)	(−1.85)			(0.86)	(−2.31)		
tfdi_inf	—	—	0.059	1.007**	—	—	0.026	2.649**
			(0.68)	(2.52)			(0.61)	(2.48)
Hansen	0.642	0.546	0.638	0.358	0.212	0.316	0.814	0.339
样本数	169	360	190	380	169	360	190	380

注：估计方法为系统 GMM，回归方程中包含了常数项，限于篇幅未予显示。括号内表示对应估计量的 t 估计值。***、**、* 分别表示 1%、5% 和 10% 的显著性水平。re_usd 表示人民币对美元直接标价法下的实际汇率，即美元的人民币价格。"—"表示数据空缺，下同。

表 3-4　包含不同 FDI 分类的中国双边贸易顺差决定因素

| | 双边增加值顺差（vatb） | | | | | | 双边总量顺差（gtb） | | | | | |
| | (1) | (2) | (3) | (4) | (5) | (6) | (7) | (8) | (9) | (10) | (11) | (12) |
	1995—2001	2002—2011	1995—2001	2002—2011	1995—2001	2002—2011	1995—2001	2002—2011	1995—2001	2002—2011	1095—2001	2002—2011
$L.Dep$	1.120***	0.980***	1.120***	0.980***	1.120***	0.990***	1.120***	0.980***	1.120***	0.980***	1.120***	0.980***
	(205.34)	(16.33)	(201.26)	(15.27)	(205.64)	(17.04)	(175.19)	(14.48)	(173.83)	(15.21)	(175.34)	(15.20)
$rgdp1$	2.290*	−0.420*	2.340*	−0.120*	2.590**	−1.150**	2.040	−0.760*	2.050*	0.650*	2.180	−2.170***
	(1.87)	(−1.87)	(1.75)	(−2.07)	(2.36)	(−2.39)	(1.50)	(−2.59)	(1.73)	(1.98)	(1.61)	(−2.77)
$rgdp2$	—	0.001*	—	0.002*	—	0.001**	—	0.002*	—	0.002*	—	0.002**
		(1.98)		(1.92)		(2.03)		(1.92)		(2.30)		(2.15)
$rpgdp1$	−3211.000*	611.000*	−3287.400*	183.000*	−3641.000**	1599.000**	−2866.000	1109.000*	−2888.000*	−866.000*	−3057.000*	3005.000***
	(−1.86)	(1.90)	(−1.75)	(2.35)	(−2.36)	(2.40)	(−1.49)	(2.59)	(−1.73)	(−1.94)	(−1.61)	(2.77)
$rpgdp2$	0.007	−0.090	0.007	−0.093	0.007	−0.087	−0.017	−0.134	−0.017	−0.128	−0.017	−0.139
	(0.37)	(−1.59)	(0.36)	(−1.55)	(0.37)	(−1.56)	(−0.52)	(−1.59)	(−0.52)	(−1.58)	(−0.52)	(−1.66)
re_usd	−615.000	194.400*	−733.400*	135.000*	−724.500*	260.400**	−616.000	338.500*	−665.800*	323.600*	−664.300	441.900***
	(−1.24)	(2.17)	(−1.76)	(2.12)	(−1.81)	(2.36)	(−1.27)	(2.16)	(−1.74)	(1.87)	(−1.48)	(2.27)
$USfdi$	−1.802	4.455*	—	—	—	—	−0.799	10.290**	—	—	—	—
	(−0.68)	(1.72)					(−0.58)	(2.56)				
$JGfdi$	—	—	0.241	−0.174	—	—	—	—	0.092	−4.530*	—	—
			(0.23)	(−0.30)					(0.11)	(−2.66)		
$Tigsfdi$	—	—	—	—	0.141	1.000**	—	—	—	—	0.0633	2.021**
					(0.68)	(2.29)					(0.62)	(2.57)
$Hansen$	0.641	0.298	0.687	0.409	0.637	0.476	0.811	0.576	0.731	0.510	0.814	0.278
样本数	190	380	190	380	190	380	190	380	190	380	190	380

注：估计方法为系统 GMM，回归方程中包含了常数项，限于篇幅篇未予显示。括号内表示对贸易伙伴聚类的 t 估计值。***、**、* 分别表示 1%、5% 和 10% 的显著性水平。

三、内生性检验

汇率的内生性问题在国际经济学中是一个棘手的问题。汇率影响贸易流量毋庸置疑,反过来贸易流量也会影响汇率。比如,中国对美国的巨额贸易顺差,一方面导致美国对中国采取贸易保护主义措施,另一方面带来中国汇率市场化改革以避免与美国发生贸易战。典型的事实是,中国人民银行在2005年7月正式宣布人民币对美元升值2%。因此贸易流量也会影响人民币汇率。笔者选取两个工具变量对人民币汇率的内生性进行检验。首先,选择人民币汇率的滞后项作为其工具变量,因为在系统GMM方法中滞后项是天然的工具变量。其次,借鉴伯金和芬斯特拉(Bergin and Feenstra,2009)的做法,选取狭义货币供给量M1作为人民币汇率的工具变量解决这一问题。M1作为汇率工具变量的背后逻辑显而易见,中国紧缩性货币政策带来国内利率上升,进而吸引外商投资进入中国,人民币产生升值的趋势,进而对中国对外贸易产生影响。方法上采用Hansen过度识别检验和二阶自相关检验判断工具变量的有效性。与表3-3和表3-4相比,本部分得出的基本结论是一致的。① 中国经济规模的扩大会加大中国对外贸易顺差,而贸易伙伴经济规模的扩大则会降低中国双边贸易顺差。这与现有研究所得结论及经典理论的预测都是一致的。在华FDI总额对中国双边贸易顺差具有积极影响,而双边FDI不显著。更值得注意的是,人民币和FDI流量带来的影响随中国是否加入WTO发生变化,加入WTO之前人民币不显著,而加入WTO之后变得显著。

四、稳健性检验

前面的分析采用FDI流量作为国外在华资本流入,然而FDI流量无法反映存量的变化。本部分以FDI存量作为解释变量,对上述结果进行稳健性检验。限于篇幅笔者没有汇报相关结果。研究发现,当FDI由流量改为存量时,主要结论大同小异。中国加入WTO之前,人民币实际汇率对增加值贸易顺差

---

① 限于篇幅,内生性检验结果没有报告在本书正文中。

的影响不显著,而在中国加入 WTO 之后,变得显著为正。而且人民币汇率对增加值贸易顺差的影响明显小于对总量贸易顺差的影响。双边 FDI 存量系数为负,加入 WTO 之前不显著,加入 WTO 之后变得显著,表明加入 WTO 之后,双边 FDI 存量总体上会带来中国贸易顺差的减少。总量 FDI 存量在中国加入 WTO 之前也不显著,但加入 WTO 之后符号显著为正,显示总量 FDI 存量会提高中国的贸易顺差。此外,笔者采用人民币兑贸易伙伴双边实际汇率作为解释变量进行回归,以及以中国双边出口和进口分别作为被解释变量进行上述回归,也得出了类似的结论。

五、增加值出口分解后的回归结果

参考约翰逊和诺格拉(Johnson and Noguera,2012)的方法,将中国的双边增加值出口分解为五个部分,分别是作为最终产品被对方消费的部分、作为中间产品被对方使用的部分、经由第三国被对方吸收的部分、出口后又返流回来被国内吸收的部分和出口中蕴含的国外增加值部分。本书以分解后的五个部分作为被解释变量考察人民币汇率对各个增加值部分的影响。

表 3-5 中显示了分解后的回归结果。表 3-5 中列(1)和列(2)的被解释变量是以最终产品形式被贸易伙伴吸收的增加值。列(1)为加入 WTO 前,列(2)则是中国加入 WTO 后。列(3)和列(4)的被解释变量是以中间产品形式被贸易伙伴吸收的增加值,两个方程分别表示加入 WTO 之前和之后的样本。列(5)和列(6)的被解释变量是通过第三国被贸易伙伴吸收的增加值出口。列(7)和列(8)的被解释变量是出口后返回至国内的增加值部分。列(9)和列(10)的被解释变量是中国对贸易伙伴的出口中蕴含的国外增加值部分。解释变量除了中国和贸易伙伴的双边 GDP 和人均 GDP 之外,还包含了人民币汇率和外商在华直接投资总额流量值。

从表 3-5 可知,与未分解前的回归结果一致,加入 WTO 之前,人民币汇率对增加值出口的影响表现出与经济理论相反的特征,而加入 WTO 之后人民币汇率对增加值出口的影响与理论预期相符。具体而言,加入 WTO 之前,平均而言,人民币汇率升值 1 个单位会带来最终产品增加值出口增加 880 万美元,带来中间品增加值出口增加 326 万美元,而且在统计上都是显著的,而加入 WTO 之后,人民币汇率升值 1 个单位则会带来最终产品增加值出口减少 45 万美元,虽然在统计上不显著,带来中间品增加值出口减少 71 万美元,并且在统计上是显著的。人民币汇率对通过第三国被贸易伙伴吸收的增加值和回流的增加值的影响与此相似。由此可知,加入 WTO 之前和加入 WTO 之后人民币汇率对中国增加值出口的影响存在明显差异。值得注意的是,在分解的五个部分中,人民币汇率对回流的增加值出口影响最小,而且加入 WTO 之前对其影响也不显著。另一个值得关注的是,不管加入 WTO 之前还是之后,人民币升值都会减少中国增加值出口中蕴含的国外增加值成分,这一点很有意思。一个直观的解释是,人民币升值表示中国企业拥有更多的财富,使得国外产品价格相对更低,因此中国企业更多从国外进口中间产品生产最终产品,这意味着中国出口中的国外增加值随之提高。

分解后,中国和贸易伙伴的经济规模对增加值出口的影响与未分解前一致。在加入 WTO 之前,中国实际 GDP 增加会显著提高中国增加值出口,加入 WTO 之后,则会降低中国的增加值出口。经济规模既表示供给能力,也表示需求能力。当供给能力占据主导地位时,经济规模越大,增加值出口越多,这是加入 WTO 之前中国实际 GDP 所表现出的特征,中国实际 GDP 提高会显著增加中国的增加值出口,无论总额还是分解出口。加入 WTO 之后,中国 GDP 的增加则会显著降低中国增加值出口,此时经济规模主要表示国内需求能力,需求能力越大,出口越小。笔者从加入 WTO 前后中国对发达国家和发展中国家的出口占比分析中国经济规模主要发挥供给能力还是需求能力。如表 3 - 6 所示,1995 年中国对主要发达国家的增加值出口占中国增加值出口总额的 71%,2009 年这一数字仅为 51%。加入 WTO 之前中国对主要发达国家增加值出口占比的年算术平均值为 69%,而加入 WTO 之后中国对主要发达国家增加值出口年算术平均占比为 58%。发达国家的经济规模较大,具有较大的需求能力,

表 3 - 5　增加值贸易顺差不同分解的决定因素

	(1) 最终产品 1995—2001	(2) 最终产品 2002—2011	(3) 中间品 1995—2001	(4) 中间品 2002—2011	(5) 第三国 1995—2001	(6) 第三国 2002—2011	(7) 回流 1995—2001	(8) 回流 2002—2011	(9) 国外部分 1995—2001	(10) 国外部分 2002—2011
L.Dep	1.157*** (172.93)	0.838*** (33.18)	1.211*** (55.43)	0.822*** (23.31)	1.136*** (39.01)	1.108*** (36.30)	1.268*** (125.99)	1.106*** (17.85)	1.181*** (186.18)	0.581*** (31.08)
$rgdp1$	2.551*** (3.02)	−1.205** (−2.07)	0.834** (2.46)	−0.904** (−2.08)	0.320** (2.16)	−0.568*** (−4.82)	0.0203 (1.57)	−0.101** (−2.45)	1.691*** (2.89)	−1.711* (−1.94)
$rgdp2$	—	0.002*** (10.91)	—	0.002*** (9.30)	—	0.000* (1.84)	—	0.000 (1.14)	—	0.003*** (28.78)
$rpgdp1$	−3577.100*** (−3.02)	1655.300*** (2.07)	−1171.400** (−2.46)	1238.700** (2.08)	−449.400** (−2.16)	776.800*** (4.82)	−28.470 (−1.57)	137.300** (2.44)	−2372.600*** (−2.89)	2344.000* (1.94)
$rpgdp2$	−0.021 (−1.51)	−0.043 (−0.97)	−0.014 (−0.70)	−0.112*** (−3.56)	−0.002 (−0.33)	−0.006 (−0.52)	−0.000 (−0.59)	0.004 (1.13)	0.002 (0.43)	−0.045 (−0.98)
ne_usd	−879.600*** (−3.12)	44.930 (1.55)	−326.100*** (−2.82)	70.690** (2.14)	−129.300** (−2.47)	18.670*** (2.69)	−6.188 (−1.41)	2.097** (2.14)	−672.500*** (−2.93)	−23.410 (−0.55)
$tfdi\_in$	0.079 (1.16)	0.572*** (4.42)	0.008 (0.47)	0.663** (2.09)	0.002 (0.43)	0.282 (4.33)	0.002* (1.87)	0.0658 (3.74)	−0.082*** (−3.68)	0.642* (1.88)
常数项	1125567.000*** (3.09)	−216993.000*** (−3.18)	403092.000*** (2.72)	−199902.000** (−2.23)	157997.000*** (2.38)	−94038.000*** (−4.75)	8203.000 (1.46)	−16063.000*** (−3.08)	828036.000*** (2.92)	−217985.000* (−1.98)
Hansen	0.245	0.137	0.085	0.096	0.657	0.119	0.140	0.190	0.180	0.224
样本数	190	304	190	304	190	304	190	304	190	304

注：同表 3 - 4。

当中国主要对发达国家出口时,外部需求较大,国内供给拥有更大的空间发挥作用,因此加入 WTO 之前,中国经济规模越大,增加值出口越多。而在中国加入 WTO 之后,由于对发达国家的出口份额从原来的 69% 降低为 58%,降低幅度超过 10%,反映了外部需求变弱,国内需求的作用逐渐显现,因此中国实际GDP 开始扮演需求能力的角色,所以对增加值出口表现出负向影响。与直觉一致,贸易伙伴实际 GDP 对中国增加值出口各个分解的部分都具有正向拉动作用。外商在华直接投资总额(流量值)对中国双边增加值出口及出口分解都具有显著的正向促进作用。特别是在加入 WTO 之后,影响更显著,效果也更大。

表 3-6　加入 WTO 前后中国对发达国家的出口占比情况　　　　(%)

加入 WTO 之前	年份	1995	1996	1997	1998	1999	2000	2001	—
	对发达国家出口占比	71	70	68	71	74	67	65	—
加入 WTO 之后	年份	2002	2003	2004	2005	2006	2007	2008	2009
	对发达国家出口占比	62	62	62	61	58	56	51	51

注:发达国家指联合国公认的一些国家。WIOD 数据库中主要有澳大利亚、奥地利、比利时、加拿大、德国、丹麦、西班牙、芬兰、法国、英国、希腊、爱尔兰、意大利、日本、卢森堡、荷兰、葡萄牙、瑞典、美国。如果算上挪威、冰岛、瑞士、新西兰,中国对发达国家出口份额减少得可能更明显。

第五节　结论性评述与政策建议:
增加值核算方法成为未来趋势

本章首先基于 WIOD 数据库 1995—2009 年的世界投入产出表测算了中国对主要贸易伙伴的增加值贸易余额和总量贸易余额。然后以贸易伙伴实际国内生产总值、人民币实际汇率、外商在华直接投资为解释变量,对中国增加值贸易顺差和总量贸易顺差的影响因素进行了实证分析。研究结果发现,中国加入WTO 之前人民币汇率升值对贸易顺差的影响较小而且不显著,而加入 WTO

之后,人民币汇率升值可以有效降低中国的贸易顺差,然而并没有总量贸易顺差所揭示的那么大。在华FDI总额对贸易顺差的影响呈现出相似的特点,即加入WTO之前,总体FDI不显著,加入之后影响显著。FDI来源国别分析显示,美国和亚洲"四小龙"在华FDI增加可以显著提升中国贸易顺差,而日本和德国在华FDI则会降低中国贸易顺差。

本章的实证结果对揭示中国对外贸易顺差的影响因素提供了更为清晰的思路。在全球价值链日益普遍的背景下,增加值贸易方法是一种避免重复计算的有力工具。本章结果证实了加入WTO后人民币汇率对中国贸易顺差具有影响,但并没有总量贸易顺差所揭示的那么大。而且解决中国对外贸易失衡,应该从根本上寻找原因。根据开放宏观经济学理论,如果不考虑净国外要素支付(NFP),贸易账户余额等于国民储蓄与投资的差额。理论上,中国贸易顺差的根本原因是中国的高储蓄和贸易伙伴的高需求。中国国内总储蓄占国内生产总值的比例自1990年增长了15%,如果较高的国内储蓄不能被国内投资吸收,就会表现出等量的对外贸易账户顺差。中国经济增长伴随着"高储蓄、高投资、高出口"特征,较好的国内投资和资本的边际效率递减导致国内投资增加的空间有限,这一储蓄投资差额就会通过净出口的方式输出国外。而贸易伙伴的高需求与中国刚好相反,表现出贸易账户逆差。因此理论上,解决中国贸易顺差的根本途径在于降低中国的高储蓄。该方面的实证分析有待后续研究进一步证实。

第四章 贸易自由化对中国外贸转型升级的影响研究
——基于出口和生产率视角

第一节 引言

改革开放以来,中国经济表现瞩目。过去三十多年完成了西方国家两百年才实现的工业化进程(Summers,2007)。在我国经济高速增长过程中,作为三驾马车之一的出口发挥着极为重要的作用。我国由改革开放之前的进口替代型经济体顺利成长为一个名副其实的出口导向型经济体,"中国制造"在世界范围内随处可见。目前中国已经超越美国成为世界上进出口贸易总额最大的国家,常年的对外贸易顺差让中国迅速成为世界上外汇储备最多的国家。

中国的出口快速扩张促使众多经济学者探究其背后的原因或者以其作为工具变量研究其他重要问题。一部分研究将视野聚焦于中国加入WTO或关税减免对中国对外贸易、企业生产率、制造业就业等的推动作用(余淼杰,2010;简泽等,2014;毛其淋和许家云,2016)。一部分研究着重分析全球多边纤维协定对中国纺织和服装行业的影响(Khandelwal et al.,2013)。一部分研究关注外资政策的改变,比如,《外商投资产业指导目录》对投资和出口的影响(李志远和方枕宇,2016;Sheng and Yang,2016)。还有相当一部分研究以中国出口快速扩张作为外生冲击研究进口竞争(import competition)对就业等重要经济变量的影响(Autor et al.,2013;Acemoglu et al.,2016)。

然而现有研究较少关注美国授予中国永久正常贸易关系(PNTR)对中国和美国双边贸易可能带来的影响,更没有专门文献评估PNTR对中国出口量、出口价格和企业生产率的影响。作为为数不多可供借鉴的文献,一项研究采用可计算一般均衡框架研究了美国对中国贸易政策不确定性带来的福利效应(Handley and Limao,2013),另一项研究则研究了 PNTR 对美国制造业就业的影响(Pierce and Schott,2016)。不过这些研究都没有分析 PNTR 对中国出口量、出口价格以及对企业生产率的影响。出口量反映了中国在海外市场的销售情况,出口价格反映了中国在国际市场上的贸易条件或获利程度,在一定程度上也可以反映产品质量。企业生产率则反映了企业在国际市场上的成长和技术升级情况。因此通过分析出口量、出口价格和企业生产率的变化可以分析中国对外贸易"量"和"价"的变化情况,对中国对外贸易转型升级具有重要的参考价值。

中国获取 PNTR 具有两方面的重要影响(Pierce and Schott,2016)。第一,也是最为重要的,消除了中美双边贸易的政策不确定性,使企业等待最佳时机进行投资或出口的期权价值降低为零。在中美尚未建立 PNTR 之前,中国企业出口至美国面临关税大幅提升的风险。同样,美国企业从中国进口也面临类似风险。此时大量边缘企业可能持观望态度,等待政策明朗后再行出口或进口。第二,大幅降低了美国对中国的预期进口关税(expected U. S. import tariffs on Chinese goods)。由于触发非正常贸易关税后,中国出口商面临关税大幅提升的可能,因此期望关税(正常贸易关税与非正常贸易关税的平均值)相比于 NTR 关税(又称最惠国 MFN 关税)高出很多。中国获取 NTR 后,出口至美国的单个产品的平均关税水平大幅降低至最惠国关税水平。

NTR 关税差额(非 NTR 关税与 NTR 关税的差额)是严格外生的,因此本章很大程度上规避了潜在的内生性问题。非 NTR 关税和 NTR 关税水平制定于 1930 年的斯穆特-霍利法案(Smoot−Hawley Tariff Act of 1930),不受 2000 年后中国出口等经济变量的影响。而且制定非 NTR 关税目录的初衷并不是特定针对中国,美国所有的贸易伙伴都适用这一关税目录。这在很大程度上排除了反向因果的可能性。反向因果的一个潜在原因在于,由于中国对美国出口过多,美国为了保护国内生产和就业,有动力提高非 NTR 关税水平,但因为非

NTR 关税制定于早期并且制定当初并不是特定针对中国,所以避免了这一可能。第二个好处在于,NTR 关税可以细化至 HS6 位产品层面,这很好地解决了与中国海关数据的数据匹配问题,使得数据匹配不至于损失太多的观测值。

为了科学检验以 PNTR 为特征的中美双边贸易自由化对中国对美国出口和企业生产率的影响,本章同时采用双重差分模型和三重差分模型进行估计。双重差分与三重差分的主要区别是三重差分增加了一个维度的对照组,相当于施加了一个更加严格的假定。因此总体而言,双重差分模型的假定更少,其估计结果比三重差分结果更为可靠。但双重差分模型也存在不足。本章以 PNTR 消除中美双边贸易政策不确定性作为自然实验,进行政策评估,因此合理的对照组是那些与中国对美国贸易相似的国家,且这些国家始终没有受到"PNTR 授予"这一政策冲击的影响。然而就双重差分的设定而言,处理组(中美贸易受 NTR 影响大的行业)与对照组(中美贸易受 NTR 影响小的行业)均受到政策冲击的影响,只是影响程度有所差异而已,这可能是本章应用双重差分模型潜在薄弱之处。

基于此,本章认为选取与中国对美国贸易相似的经济体作为对照经济体,并选取中国对这些经济体与对美国出口相同的 HS6 位产品分类作为对照产品,采用三重差分方法进行分析能够解决双重差分方法的困境。本章三重差分的含义为:PNTR 是美国特定针对中国的政策变化,因此需要选取那些与中国对美国贸易相似的经济体作为参照经济体,这即是第一重差分;PNTR 政策变化存在 HS6 位层面的产品差异,受影响大的产品相对于受影响小的产品出口变化不同,这即是第二重差分;PNTR 生效之后和实施之前出口的差异构成了三重差分。具体而言,在三重差分中,笔者选取与中国对美国贸易相似的欧盟、日本、加拿大和澳大利亚作为对照经济体,并选取这些经济体与在美国受到 NTR 差额影响一致的 HS6 位产品作为对照产品,分析 NTR 差额对中国出口和企业生产率的影响。之所以选取欧盟、日本、加拿大和澳大利亚,原因在于:第一,它们都是发达经济体,与美国一致;第二,这些经济体涵盖了世界上绝大多数发达国家,而且都是中国排名前十的出口市场,更具全面性;第三,加拿大和美国同处于北美洲,地缘政治因素和美国非常接近;第四,欧盟和日本作为世界排名前列的经济体,与美国非常相近;第五,澳大利亚地处大洋洲,因此本章选取的对照经济体涵盖了世界四大洲。

本章研究了美国授予中国 PNTR 这一政策变化对中国向美国出口及企业生产率的影响。与现有研究相比,本章创新之处体现在:第一,本章不仅研究了授予 PNTR 对中国对美出口值的影响,而且首次分析了其对中国对美出口量和出口价格的影响。考虑到出口量和出口价格反映了出口增长中"量"和"质"两个不同的维度,因此本章对观测中国出口转型升级具有重要价值。第二,本章研究了 PNTR 对中国出口企业生产率的影响,并检验了是否通过出口扩张促进企业生产率的提升,弥补了现有文献在该方面的欠缺,有助于观测中国出口企业的成长和技术升级情况。

本章研究发现,PNTR 显著提高了中国对美出口值和出口量,显著降低了出口价格,这说明 PNTR 对中国出口扩张的影响主要体现在量的增长上,并没有促进出口价格的提升。进一步分析发现,PNTR 对出口值和出口量的正向影响同时存在于一般贸易和加工贸易中,对出口价格的负向影响则主要体现在一般贸易上,而且 PNTR 主要影响私营企业和外资企业的出口值和出口量增长,对国有企业没有显著影响,但 PNTR 不仅会降低私营企业和外资企业出口价格,而且会恶化国有企业出口价格。最后发现,PNTR 显著提升了外资企业的生产率,对国有企业和私营企业影响不显著,而且 PNTR 会通过出口增长促进生产率的提升。本章结论表明,中美永久正常贸易关系的建立显著加强了中美之间的经贸联系,并对外资企业生产率产生了重要影响。潜在含义可能是,中美永久正常贸易关系建立后,位于中国的跨国公司大举进入美国市场,利用中国生产基地满足美国的需求,塑造了全球价值链新格局的形成。同时我国出口扩张仍然以量的增长为主,价格的提升有待进一步加强,不同所有制企业出口量和价的差异性变化应该引起关注。

第二节 制度背景

美国的协调关税制度(Harmonized Tariff Schedule,HTS)包含两种类型的关税。一种是一类关税(Column 1),又称为最惠国(Most Favored Nation,MFN)关税,该种关税适用于与美国建立正常贸易关系(Normal Trade Relation,NTR)的国家,比如 WTO 成员国。目前美国从绝大部分国家的进口都适用这一类关税。另一种是二类关税(Column 2),又称为非正常贸易关系关税(non-NTR tariff),是指一类关税之外的关税。二类关税来源于 1930 年美国总统赫伯特·胡佛(Herbert Hoover)签署的斯穆特-霍利法案,主要适用于尚未与美国建立正常贸易关系的国家。目前只有古巴和朝鲜两个国家适用于二类关税。二类关税在关税税率上相对于一类关税大幅提高。不过无论一类关税还是二类关税,不同产品的关税税率都存在着较大的差异。以 1999 年为例,一类关税的 HS6 位产品层面平均税率为 4%,最大值为 164%,标准差为 6%;二类关税的 HS6 位产品层面平均税率为 34%,最大值为 217%,标准差为 24%。因此二类关税的平均税率显著高于一类关税。为了更直观地查看一类关税和二类关税的分布情况,图 4-1 绘制了两种关税税率的概率密度图,结果显示,二类关税不仅比一类关税平均值更高,而且分布更分散。

美国 1974 年贸易法案给予了美国总统向非市场经济体授予正常贸易关系的权力,但贸易伙伴每年所获取的 NTR 必须经由美国国会进行年度审核,进而确定下一年份是否继续给予该贸易伙伴 NTR 关税优惠。在中国实施改革开放政策两年后,为了与中国发展贸易关系,美国于 1980 年授予了中国临时性的 NTR 地位,这意味着美国对来自中国的进口关税从二类关税降至一类关税。2001 年底,美国与中国建立永久正常贸易关系。在 2002 年以前,这一临时性的 NTR 安排每年都需要由美国国会投票决定是否在下一年继续给予中国 NTR 地位。美国国会众议院每年进行一次投票,以此决定是否给予中国 NTR 优惠。

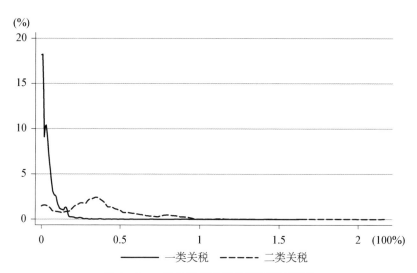

图 4‑1　一类关税和二类关税概率密度图

注:纵轴为概率密度,横轴为美国进口关税水平。

数据来源:Feenstra et al.,2002。美国国民经济研究局(National Bureau of Economic Research,NBER)网站下载。

事实上,在中国加入 WTO 之前,中国是否获取对美出口的 NTR 地位每年都存在很大程度的不确定性,尤其是 20 世纪 80 年代末期发生的突发事件,导致美国连续三年拒绝给予中国 NTR 优惠。表 4‑1 显示了 1990 年至 2001 年美国众议院对是否给予中国正常贸易关系的投票情况。其中 1990—1992 年连续三年拒绝给予中国 NTR 优惠。此后每年仍然有相当数量的投票拒绝给予中国NTR,拒绝票数最少的一年是 1994 年,为 75 票,占当年总票数的 17%,拒绝票数最多的一年为 1997 年,为 173 票,占当年总票数的 40%。综合来看,1990—2011 年期间,每年平均拒绝票数为 183 票,占每年平均总票数的 38%,这意味着,平均而言,每年有 38%的概率拒绝给予中国 NTR 优惠。

是否给予中国 NTR 优惠对中国出口商,尤其是对以美国为出口目的地的出口商而言,以及对美国进口商来说都是至关重要的。美国对中国授予 NTR优惠,最直接的影响是消除了与双方进出口有关的政策不确定性,这会通过若干渠道对中国出口和美国进口产生影响(Pierce and Schott,2016)。首先,在中国获取 NTR 之后,与中国市场有关的不确定性将被消除,位于美国的企业愿意将工厂转移至中国,或与中国企业建立贸易关系。其次,这会激励中国出口商对美国市场进行更多的出口。中国出口商出口至美国不再面临被征收高额关税的风险,将大大提高中国出口商对美国市场的出口激励。第三,提高了美国企业从中国进口的激励。中国作为世界工厂,政策风险的消除将激发美国进口商利用中国廉价的劳动力比较优势,从中国进口大量劳动密集型产品。

表 4 - 1　美国众议院对是否授予中国 NTR 的投票情况(1990—2001)

年份	拒绝票数	赞成票数	拒绝概率(%)
1990	247	174	57
1991	223	204	51
1992	258	135	59
1993	105	318	24
1994	75	356	17
1995	321	107	26
1996	141	286	32
1997	173	259	40
1998	166	264	38
1999	170	260	39
2000	147	281	34
2001	169	259	39
均值	183	242	38

数据来源:Pierce and Schott,2016。

第三节　数据与模型

一、数据处理

(一)　数据来源

本章用到四个数据库,分别是国家统计局 2000—2006 年中国工业企业数据库(Annual Survey of Industrial Production, ASIP)、海关总署 2000—2008 年中国海关数据库(Chinese Custom Records, CCR)、美国关税数据库以及世界银行 WITS-TRAINS 双边 HS6 位产品层面进口关税数据库。由于各个数据库之间的正确匹配是确保后续研究的基础,因此本节首先简单介绍各个数据库的基本情况,接着详细说明如何将各个数据库匹配在一起。

(1) 2000—2006 年中国工业企业数据库。该数据库报告了中国所有国有企业和规模以上非国有企业(年收入 500 万人民币)的详细资产负债表数据,主要变量包括总资产、固定资产、总产值、全部职工数、出口值、新产品产值等财务数据,此外还包括地址、电话、邮政编码等企业联系方式数据。该数据库在 2000 年的企业数目为 154 621 家,其中出口企业数为 35 921 家;2006 年企业数目上升至 301 903 家,出口企业数目上升至 79 305 家。该数据库中数值型变量的计量单位为千元人民币。由于原始数据存在企业编码、行业编码不一致等问题。笔者采取如下步骤进行处理:首先,剔除出口企业中承担连接国内生产商(采购商)和国外采购商(生产商)的贸易中间商①,由于数据库没有明确标示哪些企业是贸易中间商,本章借鉴已有研究(Ahn et al., 2011)的方法采用企业名称蕴含的关键字进行识别②。其次,对工业企业数据库进行重新编码,以解决同一企业在不同年份代码不统一的问题。同时利用已有研究(Dean and Lovely, 2010)对应表,根据《国民经济行业分类》国家标准(GB/T 4754—2002)将 2002 年以前的行业代码(GB/T 4754—1994)统一为 2002 年修订的行业代码,该代码从 2003 年开始使用。第三,为了提高数据质量,剔除了工业总产值、固定资产、全部职工数、新产品产值等一些重要经济指标数值为负的样本。

(2) 2000—2008 年中国海关数据库。该数据库来自中国海关总署。报告

---

① 剔除贸易中间商的理由在于贸易中间商仅从事进出口贸易的中间连接人作用,并不从事实质性的进出口业务,因此他们的进出口决策与最终产品生产商是不一致的。

② 这些关键字包括"进出口""经贸""贸易""科贸""外经"等。已有研究(Ahn et al., 2011)共剔除 29 982 个中间商,贸易额占中国对外贸易总额的 22.3%。

了所有出口企业交易层面的对外贸易数据。产品是以 HS8 位为单位。主要变量包括出口值、出口量、企业所有制、贸易方式、产品代码、目的国以及地址、电话、邮政编码等企业联系方式。出口价格可以根据出口值和出口量的比值得到。该数据库能够追踪企业-HS8 位产品-出口国-年份层面的详细双边进出口数据,还能够加总为 HS6 位产品层面、企业层面、不同所有制层面、不同贸易方式层面等更宏观的数据。由于 HS 编码中前六位代码为国际通行代码,后两位则为单个国家特定代码,而且关税数据都是基于 HS6 位产品层面,因此我们将海关数据库加总为 HS6 位产品层面。另外,需要注意的是,HS 编码先后出现 HS1992、HS1996、HS2002、HS2007 以及 HS2012 等不同版本,为了研究的准确性,笔者根据 WITS(World Integration Trade Solution)提供的对应表(HS2002 对应 HS1996,HS2007 对应 HS1996),对样本期间不同年份的 HS 编码进行调整,将样本期间所有年份的 HS 编码统一调整为以 HS1996 为标准。

（3）美国关税数据库。该数据库报告了美国从中国进口的 HS8 位层面关税数据,来自芬斯特拉等人(Feenstra et al.,2002)的研究。笔者根据完税价格得到 HS6 位产品层面的关税数据,进而根据二类关税和一类关税的差额计算 NTR 差额。

（4）WITS-TRAINS 双边 HS6 位产品层面进口关税数据库。WITS 是一款提供世界一体化贸易解决方案的平台软件。目前 WITS 可以接入四套数据库,分别是联合国贸易与发展会议(UNCTAD)的 TRAINS 数据库、联合国统计署的 COMTRADE 数据库、世界贸易组织的一体化贸易数据库(IDB-WTO)以及世界贸易组织的统一关税目录数据库(CTS-WTO)。本章采用 TRAINS 数据库获取贸易伙伴对中国的双边 HS6 位产品层面的进口关税数据。

（二）**数据匹配**

参考既有文献的普遍做法(余淼杰,2010；Brandt et al.,2012；Ge et al.,2015；马述忠等,2016,2017),一般采用两种方法对工业企业数据库和海关数据库进行匹配。一种是采用企业名称-年份进行匹配,一种是采用企业电话号码后 7 位加上 6 位邮政编码组成的 13 位代码-年份进行匹配。笔者采用这两种方法进行匹配的结果见表 4-2。本章的平均匹配比例为 38%,也就是说工业企业数据库中 38% 的出口企业能够与海关数据库匹配成功。需要注意的是,根据本章研究需要,仅需要匹配以美国、欧盟、日本、加拿大、澳大利亚为出口目的地的企业样本,因此匹配比例会显著低于既有文献的匹配比例,既有文献的匹配比例一般在 60% 左右。如果包含所有出口目的地,本章的匹配比例也将大幅提高,与既有文献基本一致。因此,本章的匹配方法是恰当的,匹配结果是令人满意的。

本章采用 HS6 位产品-进口国-年份将海关数据库与进口关税数据库匹配起来,包括美国关税数据库和 WITS-TRAINS 双边 HS6 位产品层面进口关税数据库。

表 4-2　工业企业数据库和海关数据库匹配情况

年份	ASIP 总企业数目	出口企业数目	匹配企业数目	占出口企业比例(%)
2000	154 621	35 921	13 984	39
2001	161 304	39 344	16 061	41
2002	180 929	45 253	16 855	37
2003	182 160	48 847	18 139	37
2004	279 014	76 990*	25 214	33
2005	271 785	75 610	23 840	32
2006	301 903	79 305	37 490	47
合计	1 531 716	401 270	151 583	38

注:ASIP 表示工业企业数据库(Annual Survey of Industrial Production)。 *2004 年工业企业数据库中出口变量缺失,采用企业普查数据进行代替。

二、模型设定

(一) NTR 关税差额

PNTR 政策实施之前,美国从中国进口的关税可能由 NTR 水平大幅提升至非 NTR 水平,NTR 政策实施之后,美国进口关税则维持在 NTR 水平。

NTR 政策实施之后和之前相比,非 NTR 关税与 NTR 关税之间的差额表示潜在关税的上升幅度。因此本章与已有研究(Pierce and Schott,2016)一致,采用美国国务院设定的非正常贸易关税(non-NTR rate)与正常贸易关税(NTR rate)之间的差额(NTR gap)表示美国对中国贸易自由化的变化程度,即如下公式所示:

$$NTR\ Gap_i = Non\ NTR\ Rate_i - NTR\ Rate_i \tag{4-1}$$

(二) 回归模型设定

为了科学检验以 PNTR 为特征的中美双边贸易自由化对中国对美国出口和企业生产率的影响,本章同时采用双重差分模型和三重差分模型进行估计。双重差分与三重差分的主要区别是三重差分增加了一个维度的对照组。本章采用三重差分估计方法的原因在于:本章以中美永久正常贸易关系消除中美双边贸易政策不确定性作为自然实验,进行政策评估,因此合理的对照组是那些与中国对美国贸易相似的国家,且这些国家始终没有受到"PNTR 授予"这一政策冲击的影响。然而就双重差分的设定而言,处理组(中美贸易受 NTR 影响大的行业)与对照组(中美贸易受 NTR 影响小的行业)均受到政策冲击的影响,只是影响程度有所差异而已,因而应该采用三重差分模型弥补这一不足。

基于此,本章认为选取与中国对美国贸易相似的国家作为对照国家,并选取中国对这些国家与对美国出口相同的 HS6 位产品分类作为对照产品,采用三重差分方法进行分析能够解决双重差分方法的困境。本章三重差分的含义为:PNTR 是美国特定针对中国的政策变化,因此需要选取那些与中国对美国贸易相似的国家作为参照国家,这即是第一重差分;PNTR 政策变化存在 HS6 位层面的产品差异,受影响大的产品相对于受影响小的产品出口变化不同,这即是第二重差分;PNTR 生效之后和实施之前出口的差异构成了第三重差分。鉴于此,选取与中国对美国贸易相似的欧盟、日本、加拿大和澳大利亚作为对照国家,并选取这些国家与中国受美国 NTR 差额影响一致的 HS6 位产品作为对照产品,采用三重差分方法分析 NTR 差额对中国对美国出口和企业生产率的影响。如引言所述,本章之所以选取欧盟、日本、加拿大和澳大利亚,原因在于五点:第一,它们都是发达经济体,与美国一致;第二,这些经济体涵盖了世界上绝大多数发达国家,而且都是中国排名前十的出口市场,更具全面性;第三,加拿大和美国同处于北美洲,地缘政治因素和美国非常接近;第四,欧盟和日本作为世界排名前列的经济体,与美国非常相近;第五,澳大利亚地处大洋洲,因此本章选取的对照经济体涵盖了世界四大洲。

双重差分估计的有效性还要求在政策冲击时间发生前后,没有其他政策事件发生。但是众所周知,中国在 2001 年底加入 WTO,进而其进口关税率出现大幅度下降。可以从两个方面解释这个问题。第一,本章采用的是 HS6 位产品层面 NTR 差额数据,加入 WTO 出现了关税大幅下降,但这并不能解释中国在受 NTR 差额影响大的 HS6 位产品上相对于受 NTR 差额影响小的产品上对美国出口更多。2001 年底开始的关税大幅削减,使得中国对世界大部分国家的出口都出现了显著增加,这也直接导致了中国对外贸易大幅扩张,然而理应追问而且更为关键的问题是,为什么中国受 NTR 差额影响大的产品相对于受 NTR 差额影响小的产品对美国出口更多? 这需要寻找中美特定贸易政策所出现的变化。这正是本章所关注的内容。第二,本章通过加入中国进口关税和贸易伙伴进口关税控制中国于 2001 年底加入 WTO 的影响。当然,加入 WTO 带来的影响不止是进口关税的变化,还体现在非关税壁垒的消除上。但毋庸置疑,中国加入 WTO 的最大影响是中国和贸易伙伴相互进口关税的大幅降低。将中国和贸易伙伴进口关税纳入回归方程能够最大可能地控制中国加入 WTO 的影响。

本章双重差分设定形式如下:

$$\ln Export_{it} = \eta Post \times \ln NTRGap_i + \psi Post \times X + \delta_i + \delta_t + \varepsilon_{it} \quad (4-2)$$

$$\ln Productivity_{fit} = \eta Post \times \ln NTRGap_i + \psi Post \times X + \delta_f + \delta_i + \delta_t + \varepsilon_{fit}$$

$$(4-3)$$

其中公式(4-2)表示中国对美国出口的双重差分模型,数据为 HS6 位产品-年份层面。公式(4-3)表示中国对美国出口企业生产率的双重差分模型,数据为企业-HS6 位产品-年份层面。f 表示企业,i 表示 HS6 位产品,t 表示年份。$Post$ 表示 NTR 实施前后的虚拟变量,2002 年及以后的年份 $Post$ 取值为 1,2002 年以前的年份 $Post$ 取值为 0。$NTRGap_i$ 是 HS6 位产品 i 层面的 NTR 关税差额。X 表示控制变量,公式(4-2)和公式(4-3)的控制变量都包括 HS6 位产品层面中国进口关税和美国进口关税,此外公式(4-3)的控制变量还包括企业规模、人均资本强度、企业年龄以及以新产品产值衡量的企业研发水平。[①] 为了消除遗漏变量对回归结果的可能影响,公式(4-2)和公式(4-3)控制了 HS6 位产品固定效应 δ_i 和年份固定效应 δ_t,此外公式(4-3)还控制了企业固定效应 δ_f。 HS6 位产品固定效应可以控制非时变的产品特征,比如产品类别、属性等,年份固定效应则可以控制经济周期等的影响,企业固定效应可以控制非时变的企业特征。在公式(4-3)的生产率回归分析中,控制了企业固定效应、HS6 位产品固定效应和年份固定效应。ε_{it} 和 ε_{fit} 是扰动项。笔者感兴趣的是双重交叉项 $Post \times \ln NTRGap_i$ 前面的系数 η,公式(4-2)中该系数衡量了中国对美国 NTR 差额大的 HS6 位产品相对于 NTR 差额小的产品(一重差分)在 2002 年之后相对于 2002 年之前(二重差分)的出口差异,公式(4-3)中该系数则衡量了双重差分的生产率差异。

本章三重差分设定形式如下:

$$\ln(Export_{ijt}) = \theta US \times Post \times \ln NTRGap_i + \gamma X + \delta_j \times \delta_t$$
$$+ \delta_j \times \delta_i + \delta_i \times \delta_t + \varepsilon_{ijt} \qquad (4-4)$$

---

① 由于工业企业数据库研发费用数据在大部分年份缺失,仅 2001、2005 和 2006 年具有研发数据,而且即使这些年份很多企业的研究开发费用数据也是缺失的。而新产品产值数据仅在 2004 年缺失。因此笔者采用新产品产值作为企业研发水平的代理变量。

$$\ln(Productivity_{fijt}) = \theta US \times Post \times \ln NTRGap_i + \gamma X + \delta_f$$
$$+ \delta_j \times \delta_t + \delta_j \times \delta_i + \delta_i \times \delta_t + \varepsilon_{fijt}$$

$$(4-5)$$

其中公式(4-4)表示出口的三重差分模型,数据为 HS6 位产品-进口国①-年份层面。公式(4-5)表示企业生产率的三重差分模型,数据为企业-HS6 位产品-进口国-年份层面的数据。f 表示企业,i 表示 HS6 位产品,j 表示进口国,t 表示年份。US 指进口国是否为美国的虚拟变量,美国取值为 1,否则取值为 0。Post 表示 NTR 实施前后的虚拟变量,2002 年及以后的年份 Post 取值为 1,2002 年以前的年份 Post 取值为 0。$NTRGap_i$ 是 HS6 位产品 i 层面的 NTR 关税差额。X 表示控制变量,公式(4-4)和公式(4-5)的控制变量都包括 HS6 位产品层面中国和贸易伙伴进口关税,此外公式(4-5)的控制变量还包括企业规模、人均资本强度、企业年龄以及以新产品产值衡量的企业研发水平。为了消除遗漏变量对回归结果的可能影响,公式(4-4)和公式(4-5)都控制了时变的进口国固定效应 $\delta_j \times \delta_t$,进口国- HS6 位产品固定效应 $\delta_j \times \delta_i$,以及时变的 HS6 位产品固定效应 $\delta_i \times \delta_t$,此外公式(4-5)还控制了企业固定效应 δ_f。控制企业固定效应可以控制企业所有制、所从事的贸易方式、企业所在的地区等不随时间变化的企业特定因素。控制进口国-年份固定效应可以控制时变的贸易伙伴需求特征,比如经济规模、人均 GDP 等指标。控制进口国- HS6 位产品固定效应可以控制进口国-产品层面的特征,比如某个国家对某种产品的特殊偏好。HS6 位产品-年份固定效应则可以控制时变的产品特征,比如产品价格、产品质量等供给特征。ε_{ijt} 和 ε_{fijt} 是扰动项。笔者感兴趣的是三重交叉项 $US \times Post \times \ln NTRGap_i$ 前面的系数 θ,公式(4-4)中该系数衡量了中国对美国相对于中国对其他国家(一重差分)NTR 差额大的 HS6 位产品相对于 NTR 差额小的产品(二重差分),在 2002 年之后相对于 2002 年之前(三重差分)

---

① 如前所述,进口国包括美国、加拿大、欧盟、日本、澳大利亚。

的出口差异,公式(4-5)中该系数则衡量了三重差分的生产率差异。

主要变量说明体现在表4-3中。需要指出的是,中国工业企业数据库2007—2008年关键数据缺失,因此在贸易自由化与生产率部分使用2000—2006年的数据进行估计。另外由于笔者可获取的2007—2008年海关数据库关于欧盟和加拿大的出口数据不完整,因而在贸易自由化与出口部分的三重差分使用2000—2006年的数据进行估计。其余部分采用2000—2008年的数据进行估计。

表4-3 本章主要变量说明

变量符号	变量名称	变量含义
lnNTRgap	NTR关税差额	美国二类关税与一类关税差额对数值
Post	PNTR生效以及加入WTO时间虚拟变量	2002年及以后取值1,之前则取值0
US	美国虚拟变量	出口至美国取值为1,否则取值为0
Post×lnNTRgap	Post与lnNTRgap交叉项	无
US×Post×lnNTRgap	US,Post与lnNTRgap三重交叉项	无
lnExpTariff	美国进口关税或贸易伙伴进口关税	美国对华进口关税或贸易伙伴对华进口关税
Post×lnExpTariff	Post与lnExpTariff交叉项	无
US×Post×lnExpTariff	US,Post与lnExpTariff三重交叉项	无
lnImpTariff	中国进口关税	中国对美国进口关税或中国对贸易伙伴进口关税
Post×lnImpTariff	Post与lnImpTariff交叉项	无
US×Post×lnImpTariff	US,Post与lnImpTariff三重交叉项	无
lnfixed	企业规模	企业固定资产对数值

续表

变量符号	变量名称	变量含义
Post×lnfixed	Post 与 lnfixed 交叉项	无
US×Post×lnfixed	US、Post 与 lnfixed 三重交叉项	无
lnklr	企业资本强度	企业人均固定资产对数值
Post×lnklr	Post 与 lnklr 交叉项	无
US×Post×lnklr	US、Post 与 lnklr 三重交叉项	无
lnage	企业年龄	（当年－企业注册年＋1）对数值
Post×lnage	Post 与 lnage 交叉项	无
US×Post×lnage	US、Post 与 lnage 三重交叉项	无
lnnew	企业创新水平	企业新产品产值对数值
Post×lnnew	Post 与 lnnew 交叉项	无
US×Post×lnnew	US、Post 与 lnnew 三重交叉项	无
lnExport	出口值	HS6 位产品或企业－HS6 位产品-国家层面出口对数值
Post×lnNTRgap×lnExport	Post、lnNTRgap 与 lnExport 三重交叉项	无
US × Post × lnNTRgap × lnExport	US、Post、lnNTRgap 与 lnExport 四重交叉项	无

三、典型性事实

由于 2002 年之前，美国不承认中国的市场经济地位，美国国务院对中国的市场经济地位以及是否享有正常贸易关系（NTR）进行年度审核，只有通过投票才能获取正常贸易关系所对应的关税优惠。如果投票未通过，美国从中国的进口将被征收高额的进口关税。事实上，如前所述，在 2001 年之前，美国每年拒绝给予中国 NTR 关税优惠的概率都是很高的。因此当美国授予中国 PNTR 之后，中国出口商之前所面临的潜在关税大幅上升的风险就不复存在了。本章参考皮尔斯和肖特（Pierce and Schott，2016）的做法，采用非正常贸易关系下的关税与正常贸易关系下的关税之间的关税差额(NTR gap)作为中美双边贸易自由化程度改变的衡量指标,检验美国对华贸易自由化对中国出口和企业生产率的影响。NTR 关税差额在不同产品之间存在巨大差异(图 4-2)。1999 年NTR 关税差额大体呈现正态分布,HS6 位产品层面的平均值为 32%,标准差为23%。由此可知,NTR 关税差额在不同产品之间的差异是很大的,这有助于分析贸易自由化对出口和企业生产率的影响。

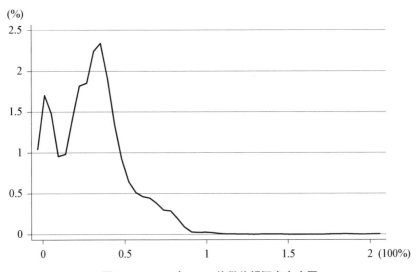

图 4-2　1999 年 NTR 关税差额概率密度图

注:纵轴为概率密度,横轴为 HS6 位层面美国 NTR 进口关税差额。

数据来源:Feenstra et al.,2002。可从美国国民经济研究局(National Bureau of Economic Research,NBER)网站下载。

第四节　贸易自由化与出口

一、基准回归结果

在双重差分模型和三重差分模型中,笔者分别采用 HS6 位产品-年份层面和 HS6 位产品-进口国-年份层面的数据分析 NTR 关税差额对中国出口的影响。由于海关数据库最早只能获得 2000 年的数据,而 PNTR 政策的改变发生在 2001 年底,为了对比更长时期样本结果与本章样本结果是否一致,笔者从 WITS 贸易数据库获取 1997—2006 年的数据,并进行了对比。表 4-4 和表 4-5 分别报告了从 WITS 获取的更长时期范围的回归结果。表 4-4 列(1)仅加入了二重交叉项,列(2)进一步加入中国进口关税,列(3)在列(1)的基础上加入了美国进口关税,列(4)则同时加入了中国和美国进口关税。列(1)显示,NTR 差额对中国对美出口具有显著正向影响,中美建立永久正常关系后,NTR 差额降低 1%,中国对美国出口值增加 0.11%。列(2)—(4)显示,在控制了中国加入 WTO 引致的中国进口关税和美国对华进口关税后,NTR 差额的影响仍然高度显著,而且系数估计值明显变大了(0.143)。值得一提的是,美国进口关税的降低也能够显著提高中国对美国出口值,中国进口关税的影响则不显著,这与既有研究比如埃米蒂(Amiti et al.,2017)的结论有所差异。表 4-5 显示,采用三重差分模型估计后,NTR 差额的影响仍然在 1% 水平上显著,而且影响程度更大了。这意味着,中国在 NTR 差额更大的产品种类上对美国的出口比对加拿大、欧盟、日本、澳大利亚的出口在中美建立 PNTR 后显著更大了。表 4-5 后三列显示,在控制加入 WTO 导致的中国进口关税和贸易伙伴进口关税变化后,NTR 差额的影响仍然高度显著。

表 4-6 和表 4-7 采用海关数据对双重差分模型和三重差分模型进行了重新估计。虽然双重差分模型中对出口值的影响不再在 1% 水平上显著,但在控制了中国和美国进口关税后仍然在 10% 水平上显著。相比之下,三重差分模型估计结果则变化相对较小,不仅仍然在 1% 水平上高度显著,而且估计系数也较为接近。表 4-7 列(2)与表 4-5 列(2)相比,三重差分项的系数更显著了,也更大了。表 4-6 列(2)显示,NTR 关税差额降低 1%,平均会带来对美出口值提高 0.108%,表 4-7 列(2)中这一影响是 0.220%。贸易伙伴进口关税变量的影响仍然显著为负,中国进口关税的影响不显著。这说明,采用海关数据库 2000—2008

年的结果与采用 WITS 更长时期 1997—2006 年的结果本质上是一致的。

由于 WITS 贸易数据库无法获取 HS6 位产品层面出口数量和出口价格数据,笔者采用海关数据库进行分析。回归结果报告在表 4－6 和表 4－7 两个表的后四列,其中两个表列(3)、(4)的被解释变量是出口数量,列(5)、(6)的被解释变量是出口价格。列(3)和(4)显示,NTR 关税差额越大的产品,出口数量显著越多。当加入中国进口关税和贸易伙伴进口关税变量后,NTR 关税差额的影响都在 1%的水平上显著为正。表 4－6 列(4)显示,平均而言,NTR 关税差额降低 1%,会带来中国对美国出口数量提高 0.181%,表 4－7 列(4)显示,NTR 关税差额降低 1%,会带来中国对美国出口数量比对另外四个经济体平均提高 0.262%。表 4－6 和表 4－7 列(5)、(6)显示,贸易自由化会反向影响出口价格。表 4－6 列(6)显示,NTR 差距降低 1%,平均会带来出口价格降低 0.069%,表 4－7 列(6)显示,三重差分中这一影响为 0.039%。这表明,NTR 关税差额越大,中国对美国的出口价格越低。一个可能的解释是,中美贸易自由化促进了中国发挥自身比较优势,更多的出口劳动密集型产品,这些产品具有价格低廉的优势,因此带动了平均出口价格的下降。

因此表 4－4 至表 4－7 的结果表明,总体而言,由 NTR 推动的中美贸易自由化显著促进了中国对美国出口值和出口量的增长,并显著降低了出口价格。在一定程度上说明中美双边贸易自由化促使中国进一步发挥劳动密集型产品出口的比较优势,提升了出口值和出口量,却降低了出口价格。

表 4－4　NTRgap 对出口值的影响(WITS,双重差分)(1997—2006)

	(1)	(2)	(3)	(4)
Post×lnNTRgap	0.111***	0.141***	0.112***	0.143***
	(2.64)	(3.29)	(2.65)	(3.32)
Post×lnExpTariff		−0.039***		−0.042***
		(−4.75)		(−5.04)

续表

	(1)	(2)	(3)	(4)
Post×lnImpTariff			−0.003	0.015
			(−0.22)	(1.15)
HS6 FE	是	是	是	是
年份 FE	是	是	是	是
N	29 661	29 219	29 618	29 176
adj. R^2	0.869	0.869	0.869	0.869

注:Post 为 PNTR 生效时间虚拟变量,即 2002 年及以后对应的 Post 取值为 1,之前年份取值为 0,lnNTRgap 为 NTR 差额对数值,lnExpTariff 为贸易伙伴进口关税对数值,lnImpTariff 为中国进口关税对数值。FE 表示固定效应,N 表示观测值数目,adj. R^2 表示调整后的拟合优度。括号内为基于 HS6 位产品聚类的稳健 t 值。∗∗∗ 表示 1%水平上显著。

数据来源:WITS,本章下表如未说明则数据来自海关数据库和中国工业企业数据库。

表 4 - 5　NTRgap 对出口值的影响(WITS,三重差分)(1997—2006)

	(1)	(2)	(3)	(4)
US×Post×lnNTRgap	0.156∗∗∗	0.155∗∗∗	0.147∗∗∗	0.154∗∗∗
	(3.89)	(3.76)	(3.67)	(3.75)
US×Post×lnExpTariff		0.039∗		0.023
		(1.72)		(0.94)
US×Post×lnImpTariff			0.067∗∗∗	0.052∗∗
			(2.81)	(2.01)
进口国- HS 6 FE	是	是	是	是
年份 FE	是	是	是	是
N	121 645	120 376	121 558	120 289
adj. R^2	0.893	0.893	0.893	0.893

注:US 为进口国是否为美国的虚拟变量,Post 是 PNTR 生效时间虚拟变量,即 2002 年及以后对应的 Post 取值为 1,之前年份取值为 0,lnNTRgap 表示 NTR 差额对数值,lnExpTariff 为贸易伙伴进口关税对数值,lnImpTariff 为中国进口关税对数值。括号内为基于进口国- HS6 位产品聚类的稳健 t 值。∗∗∗、∗∗、∗ 分别表示 1%、5%和 10%水平上显著。

数据来源:WITS。

表 4 - 6   NTRgap 对出口的影响(双重差分)(2000—2008)

	(1)	(2)	(3)	(4)	(5)	(6)
	出口值		出口量		出口价格	
Post×lnNTRgap	0.083	0.108*	0.160**	0.181***	−0.074***	−0.069***
	(1.39)	(1.81)	(2.46)	(2.76)	(−3.17)	(−2.92)
Post×lnExpTariff		−0.034***		−0.026**		−0.008
		(−3.45)		(−2.42)		(−1.61)
Post×lnImpTariff		0.013		0.031*		−0.019*
		(0.91)		(1.95)		(−1.78)
HS6 FE	是	是	是	是	是	是
年份 FE	是	是	是	是	是	是
N	26 154	25 491	26 137	25 475	26 137	25 475
adj. R^2	0.836	0.836	0.880	0.880	0.916	0.915

注:Post 为 PNTR 生效时间虚拟变量,即 2002 年及以后对应的 Post 取值为 1,之前年份取值为 0,lnNTRgap 为 NTR 差额对数值,lnExpTariff 为贸易伙伴进口关税对数值,lnImpTariff 为中国进口关税对数值。括号内为基于 HS6 位产品聚类的稳健 t 值。***、**、* 分别表示 1%、5% 和 10% 水平上显著。

表 4 - 7   NTRgap 对出口的影响(三重差分)(2000—2008)

	(1)	(2)	(3)	(4)	(5)	(6)
	出口值		出口量		出口价格	
US × Post × lnNTRgap	0.138***	0.220***	0.143***	0.262***	−0.003	−0.039***
	(3.49)	(5.08)	(3.39)	(5.60)	(−0.23)	(−2.85)
US × Post × lnExpTariff		−0.275***		−0.355***		0.080***
		(−10.14)		(−12.13)		(6.63)
US × Post × lnImpTariff		−0.002		0.007		−0.008
		(−0.07)		(0.20)		(−0.45)
进口国- HS6 FE	是	是	是	是	是	是
年份 FE	是	是	是	是	是	是
N	87 670	86 321	87 594	86 245	87 594	86 245
adj. R^2	0.712	0.715	0.794	0.797	0.891	0.891

注:US 为进口国是否为美国的虚拟变量,Post 为 PNTR 生效时间虚拟变量,即 2002 年及以后对应的 Post 取值为 1,之前年份取值为 0,lnNTRgap 为 NTR 差额对数值,lnExpTariff 为贸易伙伴进口关税对数值,lnImpTariff 为中国进口关税对数值。括号内为基于进口国- HS6 位产品聚类的稳健 t 值。*** 表示 1% 水平上显著。

二、不同贸易方式回归结果

改革开放以来,我国对外贸易扩张的一大显著特点是以加工贸易和一般贸易并存为特征的对外贸易扩张方式。加工贸易主要包含两种贸易方式,一种是来料加工(pure－assemble,也称纯加工),一种是进料加工(import－assemble,又称进口加工)。在来料加工下,货权不发生转移,供应商仅从事加工或组装任务,不从事中间品的购买或生产。在进料加工下,供应商需要自己购买中间品并进行加工或组装。加工贸易相对于一般贸易,具有两个方面的重要区别,一是税收待遇,二是从事的价值链环节。在税收待遇方面,来料加工和进料加工享有不同的税收优惠,前者概括为"不征不退",后者则是"先征后退"(余淼杰,2011),两者相对于一般贸易都是免税的。在从事的价值链环节方面,加工贸易主要承担加工和组装任务,一般贸易还承担研发、营销等环节(马述忠等,2017)。由于这两个方面的不同,贸易自由化可能对加工贸易和一般贸易存在差异化影响。

笔者通过海关数据库"贸易方式"这一变量筛选出加工贸易和一般贸易,考察 NTR 贸易自由化对二者的影响。一般贸易和加工贸易的回归结果分别显示在表 4－8、表 4－9 以及表 4－10、表 4－11 中。四个表的前两列被解释变量是出口值,中间两列被解释变量是出口量,后两列被解释变量是出口价格。从表 4－8 和表 4－9 可知,NTR 差额对一般贸易的影响在回归系数符号、大小和显著性方面都与基准回归结果相差不大。表 4－8 显示,NTR 降低 1%,会促使一般贸易出口值提高 0.193%,出口量提高 0.283%,出口价格降低 0.088%。与此同时,进口国关税降低对一般贸易出口值和出口量都具有显著正向影响,对出口价格则具有统计上不显著的正向影响。在表 4－9 三重差分回归结果中,NTR 降低 1%,会促使一般贸易出口值提高 0.185%,出口量提高 0.225%,出口价格降低 0.039%。

表 4-8　一般贸易回归结果(双重差分)(2000—2008)

	(1)	(2)	(3)	(4)	(5)	(6)
	出口值		出口量		出口价格	
Post×lnNTRgap	0.155***	0.193***	0.251***	0.283***	−0.093***	−0.088***
	(2.60)	(3.19)	(3.81)	(4.26)	(−3.86)	(−3.59)
Post×lnExpTariff		−0.043***		−0.036***		−0.007
		(−4.39)		(−3.24)		(−1.49)
Post×lnImpTariff		0.010		0.003		0.007
		(0.75)		(0.18)		(0.72)
HS 6 FE	是	是	是	是	是	是
年份 FE	是	是	是	是	是	是
N	25 740	25 086	25 725	25 071	25 725	25 071
adj. R^2	0.818	0.818	0.871	0.871	0.908	0.907

注:同表 4-4。

表 4-9　一般贸易回归结果(三重差分)(2000—2006)

	(1)	(2)	(3)	(4)	(5)	(6)
	出口值		出口量		出口价格	
US × Post × lnNTRgap	0.116***	0.185***	0.116***	0.225***	0.002	−0.039***
	(2.95)	(4.36)	(2.71)	(4.83)	(0.17)	(−2.95)
US×Post× lnExpTariff		−0.249***		−0.333***		0.085***
		(−9.63)		(−11.71)		(7.26)
US×Post× lnImpTariff		0.013		0.009		0.006
		(0.43)		(0.27)		(0.37)
进口国-HS 6 FE	是	是	是	是	是	是
年份 FE	是	是	是	是	是	是
N	85 634	84 334	85 548	84 248	85 548	84 248
adj. R^2	0.702	0.705	0.793	0.796	0.884	0.884

注:同表 4-7。

在表 4-10 和表 4-11 加工贸易回归结果中,NTR 差额对出口值和出口量的影响与基准回归结果相比也没有较大差别,表 4-10 显示,NTR 差额降低1%,会促使加工贸易出口值提高 0.141%,出口量提高 0.208%,表 4-11 的结果分别为 0.235% 和 0.272%。不过 NTR 差额对加工贸易出口价格的影响仅在 10% 水平上显著。与出口价格相比,NTR 差额对加工贸易出口量的影响更显著。这从侧面表明,中国仍然处于全球价值链的低端环节,贸易自由化主要促进加工贸易出口量增长,这也是中国发挥比较优势的结果。加工贸易出口价格中 NTR 差额的回归系数显著性较低可能是由于加工贸易处于一种"出口价格足够低以至于无法继续降低"的尴尬境地。

表 4‐10 加工贸易回归结果(双重差分)(2000—2008)

	(1)	(2)	(3)	(4)	(5)	(6)
	出口值		出口量		出口价格	
Post×lnNTRgap	0.110	0.141*	0.180**	0.208**	−0.068*	−0.064*
	(1.34)	(1.70)	(2.09)	(2.38)	(−1.92)	(−1.81)
Post×lnExpTariff		−0.018		−0.023*		0.005
		(−1.42)		(−1.65)		(0.67)
Post×lnImpTariff		0.001		0.021		−0.021*
		(0.08)		(1.12)		(−1.84)
HS 6 FE	是	是	是	是	是	是
年份 FE	是	是	是	是	是	是
N	19 629	19 068	19 595	19 038	19 595	19 038
adj. R^2	0.786	0.786	0.836	0.836	0.870	0.868

注:Post 为 PNTR 生效时间虚拟变量,即 2002 年及以后对应的 Post 取值为 1,之前年份取值为 0,lnNTRgap 为 NTR 差额对数值,lnExpTariff 为贸易伙伴进口关税对数值,lnImpTariff 为中国进口关税对数值。括号内为基于 HS6 位产品聚类的稳健 t 值。＊＊、＊分别表示 5% 和 10% 水平上显著。

表 4‐11 加工贸易回归结果(三重差分)(2000—2006)

	(1)	(2)	(3)	(4)	(5)	(6)
	出口值		出口量		出口价格	
US×Post×lnNTRgap	0.113**	0.235***	0.142**	0.272***	−0.026	−0.033*
	(2.05)	(3.93)	(2.49)	(4.38)	(−1.50)	(−1.67)

续表

	(1)	(2)	(3)	(4)	(5)	(6)
	出口值		出口量		出口价格	
US×Post× lnExpTariff		−0.335*** (−8.24)		−0.383*** (−8.79)		0.047*** (2.63)
US×Post× lnImpTariff		0.049 (1.05)		0.071 (1.41)		−0.019 (−0.82)
进口国-HS 6 FE	是	是	是	是	是	是
年份 FE	是	是	是	是	是	是
N	54 442	53 775	54 355	53 688	54 355	53 688
adj. R^2	0.627	0.629	0.714	0.716	0.853	0.852

注：US 为进口国是否为美国的虚拟变量，Post 为 PNTR 生效时间虚拟变量，即 2002 年及以后对应的 Post 取值为 1，之前年份取值为 0，lnNTRgap 为 NTR 差额对数值，lnExpTariff 为贸易伙伴进口关税对数值，lnImpTariff 为中国进口关税对数值。括号内为基于进口国-HS6 位产品聚类的稳健 t 值。＊＊＊、＊＊、＊分别表示 1%、5% 和 10% 水平上显著。

三、不同所有制回归结果

本章进一步划分不同所有制（国有企业、私营企业和外资企业）检验 NTR 差额对出口的影响。值得注意的是，本章所述对某一类型企业的影响实质上指对某一类型企业所出口 HS6 位产品出口值、出口量和出口价格的影响。笔者通过海关数据库"企业类型"这一变量筛选不同所有制企业。国有企业、私营企业和外资企业[①]的回归结果分别报告在表 4-12、表 4-13 和表 4-14、表 4-15 以及表 4-16、表 4-17 中。表 4-12 和表 4-13 结果显示，NTR 差额对国有企业（SOE）产品出口值和出口量都没有显著影响，但在双重差分模型设定中会显著降低国有企业产品的出口价格。表 4-12 显示，平均而言，NTR 差额降低 1% 会带来国有企业产品出口价格下降 0.059%。

---

① 外资企业包括外商独资企业、中外合资企业和中外合作企业。

表 4 - 12　国有企业回归结果(双重差分)(2000—2008)

	(1)	(2)	(3)	(4)	(5)	(6)
	出口值		出口量		出口价格	
Post×lnNTRgap	0.012	0.053	0.076	0.115^{*}	-0.062^{***}	-0.059^{**}
	(0.19)	(0.87)	(1.19)	(1.78)	(−2.63)	(−2.50)
Post×lnExpTariff		-0.043^{***}		-0.038^{***}		−0.006
		(−4.05)		(−3.31)		(−1.05)
Post×lnImpTariff		0.015		0.026		−0.011
		(1.06)		(1.56)		(−1.26)
HS6 FE	是	是	是	是	是	是
年份 FE	是	是	是	是	是	是
N	24 361	23 748	24 348	23 735	24 348	23 735
adj. R^2	0.783	0.783	0.848	0.849	0.886	0.886

注:Post 为 PNTR 生效时间虚拟变量,即 2002 年及以后对应的 Post 取值为 1,之前年份取值为 0,lnNTRgap 为 NTR 差额对数值,lnExpTariff 为贸易伙伴进口关税对数值,lnImpTariff 为中国进口关税对数值。括号内为基于 HS6 位产品聚类的稳健 t 值。 $***$、$**$、$*$ 分别表示 1%、5%和 10%水平上显著。

表 4 - 13　国有企业回归结果(三重差分)(2000—2006)

	(1)	(2)	(3)	(4)	(5)	(6)
	出口值		出口量		出口价格	
US×Post× lnNTRgap	0.013	0.000	0.089	0.057	-0.069^{**}	−0.050
	(0.21)	(0.00)	(1.38)	(0.88)	(−2.54)	(−1.61)
US×Post× lnExpTariff		0.031		0.062		−0.028
		(0.74)		(1.35)		(−1.25)
US×Post× lnImpTariff		0.092^{**}		0.096^{**}		−0.003
		(2.27)		(2.35)		(−0.11)
进口国- HS 6 FE	是	是	是	是	是	是
年份 FE	是	是	是	是	是	是
N	52 513	51 859	52 428	51 774	52 428	51 774
adj. R^2	0.844	0.844	0.879	0.879	0.910	0.910

注:US 为进口国是否为美国的虚拟变量,Post 为 PNTR 生效时间虚拟变量,即 2002 年及以后对应的 Post 取值为 1,之前年份取值为 0,lnNTRgap 为 NTR 差额对数值,lnExpTariff 为贸易伙伴进口关税对数值,lnImpTariff 为中国进口关税对数值。括号内为基于进口国- HS6 位产品聚类的稳健 t 值。 $**$ 表示 5%水平上显著。

　　表 4-14 和表 4-15 结果显示,NTR 差额会显著促进私营企业出口值和出口量提高,但对出口价格的影响仅在双重差分模型中在 10% 水平上显著为负,在三重差分模型中不显著。具体而言,表 4-14 显示,NTR 关税差额下降 1%,会带来私营企业出口值提高 0.524%,出口量提高 0.653%,表 4-15 结果分别为 0.228% 和 0.284%。因而,从系数估计值来看,NTR 差额对私营企业出口值和出口量的影响不仅更显著,而且影响程度更大。表 4-16 和表 4-17 结果显示,NTR 差额会显著促进外资企业出口值和出口量扩张,但对出口价格的影响仅在三重差分的结果中是显著为负的。具体而言,NTR 关税差额下降 1%,会带来外资企业出口值提高 0.420%(表 4-16)或 0.267%(表 4-17),出口量提高 0.445%(表 4-16)或 0.318%(表 4-17)。

　　表 4-12 至表 4-17 表明,NTR 差额会促进私营企业和外资企业出口产品的出口值和出口量扩张,对国有企业没有显著影响,但可能会恶化国有企业、私营企业以及外资企业出口产品的出口价格。这背后的原因可能在于,外资企业和私营企业与国有企业相比,具有如下若干显著特点:第一,外资企业和私营企业是独立的市场化主体,经济目标更为突出,即企业利润最大化或股东利益最大化,在市场上自担风险、自负盈亏的经营理念更深刻,因此当新的出口机会到来时,比如当贸易政策由不确定转向确定时,会迅速主动做出反应,一方面这些企业具有更大的能力从事出口行为,另一方面具有更大的意愿进行出口,因而贸易自由化对这些企业的影响更大更显著。相比之下,国有企业则相对保守,而且国有企业的目标相对多元,并不一定是利润最大化,可能是稳定地发展,可能是为国家战略和人民提供服务,或者是为了促进公共就业等,对市场环境的判断不如私营企业和外资企业,因此 NTR 差额对这些企业的影响不显著;第二,外资企业更具有全局视野,对国际形势判断更为准确,行动更为敏捷,同时外资企业往往背靠跨国公司母公司,对信息的获取更为充分和及时,国际出口经验更为丰富。这些因素可能导致了 PNTR 对国有企业出口值和出口量的影

响不显著。

表 4-14　私营企业回归结果(双重差分)(2000—2008)

	(1)	(2)	(3)	(4)	(5)	(6)
Post×lnNTRgap	0.508***	0.524***	0.631***	0.653***	−0.110*	−0.119*
	(3.60)	(3.83)	(3.86)	(4.09)	(−1.79)	(−1.92)
Post×lnExpTariff		−0.058***		−0.057***		−0.001
		(−3.23)		(−2.94)		(−0.09)
Post×lnImpTariff		0.018		0.024		−0.006
		(0.85)		(0.91)		(−0.42)
HS6 FE	是	是	是	是	是	是
年份 FE	是	是	是	是	是	是
N	19 122	18 588	19 099	18 566	19 099	18 566
adj. R^2	0.762	0.763	0.814	0.814	0.863	0.862

注:Post 为 PNTR 生效时间虚拟变量,即 2002 年及以后对应的 Post 取值为 1,之前年份取值为 0,lnNTRgap 为 NTR 差额对数值,lnExpTariff 为贸易伙伴进口关税对数值,lnImpTariff 为中国进口关税对数值。括号内为基于 HS6 位产品聚类的稳健 t 值。*** 、* 分别表示 1% 和 10% 水平上显著。

表 4-15　私营企业回归结果(三重差分)(2000—2006)

	(1)	(2)	(3)	(4)	(5)	(6)
US×Post×lnNTRgap	0.202**	0.228**	0.231**	0.284**	−0.021	−0.047
	(1.98)	(2.05)	(2.09)	(2.28)	(−0.50)	(−0.99)
US×Post×lnExpTariff		−0.070		−0.106		0.032
		(−1.04)		(−1.47)		(0.95)
US×Post×lnImpTariff		−0.038		−0.028		−0.010
		(−0.67)		(−0.44)		(−0.32)
进口国-HS 6 FE	是	是	是	是	是	是
年份 FE	是	是	是	是	是	是
N	53 088	52 430	53 006	52 350	53 006	52 350
adj. R^2	0.802	0.802	0.844	0.844	0.874	0.873

注:同表 4-13。

表 4-16　外资企业回归结果(双重差分)(2000—2008)

	(1)	(2)	(3)	(4)	(5)	(6)
Post×lnNTRgap	0.423***	0.420***	0.459***	0.445***	−0.033	−0.021
	(4.63)	(4.58)	(4.83)	(4.70)	(−0.93)	(−0.61)
Post×lnExpTariff		0.002		0.002		−0.001
		(0.13)		(0.16)		(−0.20)
Post×lnImpTariff		0.053***		0.078***		−0.026**
		(3.01)		(4.18)		(−2.24)
HS6 FE	是	是	是	是	是	是
年份 FE	是	是	是	是	是	是
N	21 911	21 321	21 877	21 288	21 877	21 288
adj. R²	0.780	0.782	0.830	0.832	0.886	0.885

注:Post 为 PNTR 生效时间虚拟变量,即 2002 年及以后对应的 Post 取值为 1,之前年份取值为 0,lnNTRgap 为 NTR 差额对数值,lnExpTariff 为贸易伙伴进口关税对数值,lnImpTariff 为中国进口关税对数值。括号内为基于 HS6 位产品聚类的稳健 t 值。* * *、* * 分别表示 1%、5%水平上显著。

表 4-17　外资企业回归结果(三重差分)(2000—2006)

	(1)	(2)	(3)	(4)	(5)	(6)
US×Post×lnNTRgap	0.165***	0.276***	0.187***	0.318***	−0.017	−0.036**
	(3.37)	(5.06)	(3.52)	(5.35)	(−1.15)	(−2.07)
US×Post×lnExpTariff		−0.299***		−0.373***		0.072***
		(−8.32)		(−9.62)		(4.74)
US×Post×lnImpTariff		0.004		0.041		−0.027
		(0.09)		(0.91)		(−1.19)
进口国-HS6 FE	是	是	是	是	是	是
年份 FE	是	是	是	是	是	是
N	70 869	69 871	70 706	69 708	70 706	69 708
adj. R²	0.635	0.637	0.723	0.726	0.856	0.856

注:US 为进口国是否为美国的虚拟变量,Post 为 PNTR 生效时间虚拟变量,即 2002 年及以后对应的 Post 取值为 1,之前年份取值为 0,lnNTRgap 为 NTR 差额对数值,lnExpTariff 为贸易伙伴进口关税对数值,lnImpTariff 为中国进口关税对数值。括号内为基于进口国-HS6 位产品聚类的稳健 t 值。* * *、* * 分别表示 1%、5%水平上显著。

第五节　贸易自由化与企业生产率

贸易自由化会直接对出口值、出口量和出口价格产生影响,但是否会对更为重要的企业生产率产生影响呢?以及是否会通过出口扩张促进企业生产率的变化呢?本节考察 NTR 差额对企业生产率的影响,分别考察 NTR 差额对企业劳动生产率即人均产出,以及对企业全要素生产率的影响。

一、对企业劳动生产率的影响

本节采用企业人均产出衡量企业的劳动生产率。鉴于企业生产率的影响因素众多,笔者在双重差分模型中控制了企业固定效应、HS6 位产品固定效应以及年份固定效应,在三重差分模型中控制了企业固定效应、进口国×年份固定效应、进口国×HS6 位产品固定效应以及 HS6 位产品×年份固定效应。此外,笔者还控制了固定资产表示的企业规模、企业人均资本强度、企业年龄以及以新产品产值衡量的企业研发水平。回归结果显示在表 4-18 和表 4-19 中。两个表中列(1)是全样本回归结果,列(2)和(6)是国有企业回归结果,列(3)和(7)是私营企业回归结果,列(4)和(8)是外资企业回归结果,列(5)—(8)是加入出口与 NTR 差额交叉项的回归结果。表 4-18 和表 4-19 全样本回归结果显示,总体而言,NTR 差额对出口企业劳动生产率具有正向促进作用,NTR 降低1%,企业劳动生产率平均提升 0.037%[表 4-18 列(1)]或 0.010%[表 4-19 列(1)]。分所有制回归结果显示,NTR 差额对企业劳动生产率提升的作用主要体现在外资企业上,对国有企业生产率的作用不显著,对私营企业生产率的影响仅在三重差分结果中显著。NTR 差额降低 1%,会带来外资企业劳动生产率提高 0.083%(表 4-18)或 0.007%(表 4-19)。上述结果表明,虽然中美建立永久正常贸易关系大大提高了中国对美国的出口值和出口量,但并没有促进全部所有制企业劳动生产率的提高,仅有利于外资企业劳动生产率的提高,对国有企业和私营企业劳动生产率则没有显著稳定的影响。

前面已验证,NTR 差额会显著提高企业出口水平,那么 NTR 差额是否会通过促进出口提高企业劳动生产率呢? 既有研究发现,出口主要通过以下两个方面促进企业生产率的提升:一是竞争效应,当更多企业从事出口以及每个企业出口更多时,相互竞争会促进出口企业的生产率的提升(简泽等,2014);二是学习效应,企业会通过出口过程的不断学习改善已有的生产流程或生产技术,进而促进自身生产率的提升(胡翠等,2015)。因此,本节考察 NTR 差额是否通过出口影响企业生产率的提升。表 4-18 列(5)和(8)显示,NTR 差额会在 1% 的显著性水平上通过推动出口扩张促进全样本和外资企业劳动生产率的提升。这表明中美双边贸易自由化不仅促进企业劳动生产率的提升,而且通过出口的扩张带动企业劳动生产率的提高。

二、对企业全要素生产率的影响

本章第四节采用企业人均单位产出衡量企业生产率,这是一种基于劳动生产率的衡量方法。劳动生产率是非常简化的一种生产率衡量方法,该方法的优点非常明显,即计算简单、定义明确。不过缺点也显而易见,该方法仅仅运用了企业总产出和全部劳动人数两个方面的信息,因而会损失关于生产率的其他重要维度,比如资本、企业年龄、中间投入等信息。为了检验基准结果的稳健性和可靠性,本节进一步选取 OP 半参数三步法估计企业的全要素生产率,剖析贸易自由化是否影响企业全要素生产率。OP 方法相对于其他线性估计方法最突出的优点是,假定企业根据当前企业生产率状况做出投资决策,把当期投资作为生产率冲击的代理变量,避免了线性估计方法可能产生的同时性偏差 (simultaneity bias)问题(鲁晓东和连玉君,2012)。具体而言,OP 方法的估计公式如下:

$$\ln Y_{it} = \beta_0 + \beta_1 \ln K_{it} + \beta_2 \ln L_{it} + \beta_3 \ln Age_{it} + \beta_4 Type_{it} + \delta_i$$
$$+ \delta_t + \delta_j + \delta_r + \varepsilon_{it} \qquad (4-6)$$

其中,i 表示企业,t 和 m 表示年份,n 表示地区,k 表示行业,Y 表示企业

表4-18 NTR关税差额对企业劳动生产率的影响(双重差分结果)(2000—2006)

	(1) 全样本	(2) 国有企业	(3) 私营企业	(4) 外资企业	(5) 全样本	(6) 国有企业	(7) 私营企业	(8) 外资企业
Post×lnNTRgap	0.037***	−0.038	0.003	0.083***	0.028*	−0.063	−0.007	0.074***
	(2.58)	(−0.90)	(0.06)	(4.85)	(1.90)	(−1.47)	(−0.13)	(4.28)
Post×lnNTRgap×lnExport					0.001***	0.003***	0.001	0.001***
					(3.71)	(3.11)	(1.47)	(2.90)
Post×lnExpTariff	0.039***	0.026	0.073**	0.055***	0.039***	0.021	0.073**	0.055***
	(4.96)	(1.03)	(2.14)	(5.87)	(4.92)	(0.85)	(2.13)	(5.86)
Post×lnImpTariff	0.118***	0.006	0.104***	0.150***	0.118***	0.008	0.103***	0.150***
	(9.68)	(0.19)	(2.73)	(10.12)	(9.63)	(0.24)	(2.71)	(10.08)
Post×lnfixed	−0.478***	−0.475***	−0.287***	−0.504***	−0.478***	−0.475***	−0.287***	−0.505***
	(−91.92)	(−34.95)	(−25.70)	(−69.92)	(−92.04)	(−35.04)	(−25.70)	(−70.02)
Post×lnklr	0.624***	0.572***	0.488***	0.637***	0.625***	0.573***	0.488***	0.638***
	(137.05)	(37.62)	(38.99)	(107.70)	(137.17)	(37.69)	(39.00)	(107.72)
Post×lnage	−0.010**	−0.015*	0.023**	0.014**	−0.010**	−0.016*	0.023**	0.014**
	(−2.42)	(−1.73)	(2.01)	(2.19)	(−2.37)	(−1.80)	(2.00)	(2.19)
Post×lnnew	0.430***	0.436***	0.250***	0.462***	0.430***	0.436***	0.249***	0.462***
	(88.44)	(34.56)	(31.48)	(68.69)	(88.43)	(34.56)	(31.45)	(68.72)
企业 FE	是	是	是	是	是	是	是	是
HS6 FE	是	是	是	是	是	是	是	是
年份 FE	是	是	是	是	是	是	是	是
N	78 666	10 031	8 630	50 667	78 663	10 031	8 630	50 664
adj. R²	0.506	0.495	0.537	0.547	0.506	0.496	0.537	0.547

注:被解释变量为采用人均产出衡量的企业劳动生产率。括号内为基于企业聚类的稳健 t 值。***、**、* 分别表示 1%、5% 和 10% 水平上显著。

表4-19 NTR关税差额对企业劳动生产率的影响（三重差分结果）(2000—2006)

	(1)	(2)	(3)	(4)	(5)	(6)	(7)	(8)
	全样本	国有企业	私营企业	外资企业	全样本	国有企业	私营企业	外资企业
US×Post×lnNTRgap	0.010***	0.005	0.009***	0.007**	0.011**	0.001	0.028***	0.001
	(4.28)	(0.82)	(2.85)	(1.99)	(2.13)	(0.10)	(3.17)	(0.12)
US×Post×lnNTRgap×lnExport					0.000	−0.000	0.001**	0.000
					(1.49)	(−0.33)	(2.40)	(1.60)
US×Post×lnExpTariff	0.004**	−0.002	0.001	0.003	0.005	−0.008	0.004	−0.000
	(2.45)	(−0.46)	(0.64)	(1.53)	(1.47)	(−1.41)	(0.78)	(−0.03)
US×Post×lnImpTariff	0.012***	0.004	0.009***	0.012***	0.008**	0.031*	0.021**	0.009*
	(5.99)	(0.85)	(3.02)	(4.51)	(2.08)	(1.96)	(2.50)	(1.74)
US×Post×lnfixed	−0.049***	−0.012***	−0.019***	−0.058***	−0.053***	−0.014	−0.024***	−0.064***
	(−24.17)	(−2.92)	(−7.33)	(−21.35)	(−3.56)	(−1.21)	(−2.65)	(−3.19)
US×Post×lnklr	0.059***	0.015***	0.028***	0.065***	0.066***	0.019**	0.036***	0.075***
	(24.62)	(2.52)	(8.54)	(21.59)	(4.70)	(2.53)	(3.15)	(4.12)
US×Post×lnage	0.003*	−0.004	−0.002	−0.006*	0.004	−0.003	−0.003	−0.006
	(1.75)	(−1.20)	(−0.64)	(−1.80)	(0.61)	(−0.19)	(−0.55)	(−0.65)
US×Post×lnnew	0.036***	0.030***	0.013***	0.036***	0.039***	0.038*	0.016**	0.039**
	(23.07)	(9.13)	(7.29)	(17.13)	(2.57)	(1.93)	(2.37)	(2.53)
企业 FE	是	是	是	是	是	是	是	是
进口国×年份 FE	是	是	是	是	是	是	是	是
进口国×HS6 FE	是	是	是	是	是	是	是	是
HS 6×年份 FE	是	是	是	是	是	是	是	是
N	301690	33104	29728	201771	299976	31050	27787	200016
adj. R²	0.944	0.952	0.962	0.944	0.943	0.948	0.958	0.943

注：被解释变量为采用人均产出衡量的企业劳动生产率。括号内为基于进口国-HS 6位产品聚类的稳健 t 值。*** , ** , * 分别表示1%、5%和10%水平上显著。

工业增加值,K 和 L 分别表示企业固定资产和企业从业人员规模,Age_{it} 表示企业年龄,$Type_{it}$ 表示企业性质(国有、私营、外资)的虚拟变量,控制了企业(δ_i)、年份(δ_t)、行业(δ_j)和地区(δ_r)固定效应。状态变量(state)为 $\ln K_{it}$、$\ln L_{it}$ 和 $\ln Age_{it}$,控制变量(cvars)为 $Type_{it}$,代理变量为企业的投资 $\ln I_{it}$,其他变量都为自由变量,退出变量为 exit,采用公司股权、业务等是否发生实质转移作为标准,实际操作中以公司简称和所处行业为基准,如果两者同时发生变化则认为原有的公司退出了市场。

采用 OP 方法衡量全要素生产率的回归结果显示在表 4-20 和表 4-21中。表 4-20 和表 4-21 除了回归系数大小略微有差异外,NTR 差额交叉项的系数符号和显著性都与表 4-11 基本一致。总体而言,NTR 差额对出口企业的 OP 法全要素生产率具有正向促进作用,NTR 差额降低 1%,企业全要素生产率平均提升 0.011%(表 4-20)或 0.001%(表 4-21)。分所有制回归结果显示,NTR 差额对企业生产率提升的作用主要体现在外资企业上,对国有企业和私营企业全要素生产率的作用不显著,NTR 差额降低 1% 会带来外资企业全要素生产率提高 0.083%(表 4-20)或 0.001%(表 4-21)。表 4-20 和表 4-21 列(5)和(8)显示,出口越多,NTR 差额对全样本和外资企业全要素生产率的正向影响越大。采用 ACF 方法(Ackerberg et al.,2015)测算全要素生产率的双重差分和三重差分回归结果分别显示在表 4-22 和表 4-23 中,其中 NTR 对全样本和外资企业全要素生产率的影响都非常显著,NTR 与出口的交叉项也显著为正。因此,由 NTR 主导的中美贸易自由化显著提升了外资企业的生产率增长。

第六节　结论性评述:外贸质量升级是努力方向

本章以美国于 2001 年底授予中国的永久正常贸易关系作为自然实验,采

表4-20 NTR关税差额对企业全要素生产率(OP方法)的影响(双重差分结果)(2000—2006)

	(1)	(2)	(3)	(4)	(5)	(6)	(7)	(8)
	全样本	国有企业	私营企业	外资企业	全样本	国有企业	私营企业	外资企业
Post×lnNTRgap	0.011***	0.012**	0.003	0.083***	0.010***	0.011*	−0.007	0.074***
	(5.50)	(2.04)	(0.06)	(4.85)	(5.31)	(1.92)	(−0.13)	(4.28)
Post×lnNTRgap×lnExport					0.000	0.000	0.001	0.001***
					(0.89)	(0.53)	(1.47)	(2.90)
Post×lnExpTariff	−0.005***	−0.005	0.073**	0.055***	−0.005***	−0.005	0.073**	0.055***
	(−4.75)	(−1.39)	(2.14)	(5.87)	(−4.76)	(−1.40)	(2.13)	(5.86)
Post×lnImpTariff	0.005***	0.004	0.104***	0.150***	0.005***	0.004	0.103***	0.150***
	(3.28)	(0.80)	(2.73)	(10.12)	(3.28)	(0.81)	(2.71)	(10.08)
Post×lnfixed	0.028***	0.025***	−0.287***	−0.504***	0.028***	0.025***	−0.287***	−0.505***
	(49.64)	(16.28)	(−25.70)	(−69.92)	(49.63)	(16.28)	(−25.70)	(−70.02)
Post×lnklr	−0.031***	−0.035***	0.488***	0.637***	−0.031***	−0.035***	0.488***	0.638***
	(−61.50)	(−19.67)	(38.99)	(107.70)	(−61.50)	(−19.68)	(39.00)	(107.72)
Post×lnage	0.009***	0.013***	0.023**	0.014**	0.009***	0.013***	0.023**	0.014**
	(20.23)	(11.67)	(2.01)	(2.19)	(20.24)	(11.66)	(2.00)	(2.19)
Post×lnnew	0.045***	0.046***	0.250***	0.462***	0.045***	0.046***	0.249***	0.462***
	(85.50)	(30.07)	(31.48)	(68.69)	(85.49)	(30.08)	(31.45)	(68.72)
企业 FE	是	是	是	是	是	是	是	是
HS6 FE	是	是	是	是	是	是	是	是
年份 FE	是	是	是	是	是	是	是	是
N	78 666	10 031	8 630	50 667	78 663	10 031	8 630	50 664
adj. R²	0.568	0.535	0.537	0.547	0.568	0.535	0.537	0.547

注:被解释变量为OP法计算的企业全要素生产率。括号内为基于HS6位产品聚类的稳健t值。***、**、*分别表示1%、5%和10%水平上显著。

表4-21　NTR关税差额对企业全要素生产率(OP方法)的影响(三重差分结果)(2000—2006)

	(1) 全样本	(2) 国有企业	(3) 私营企业	(4) 外资企业	(5) 全样本	(6) 国有企业	(7) 私营企业	(8) 外资企业
US×Post×lnNTRgap	0.001*** (3.84)	0.000 (0.24)	0.001* (1.84)	0.001*** (3.21)	0.001** (2.19)	-0.000 (-0.39)	0.000 (0.64)	0.001** (2.17)
US×Post×lnNTRgap×lnExport					0.000** (2.29)	0.000 (0.91)	0.000* (1.83)	0.000** (2.16)
US×Post×lnExpTariff	0.000 (1.14)	-0.001 (-1.64)	0.000 (0.54)	0.000 (0.95)	0.000 (0.11)	-0.002*** (-3.24)	0.001 (1.30)	-0.000 (-0.52)
US×Post×lnImpTariff	-0.000 (-0.68)	-0.001 (-1.38)	-0.000 (-0.62)	0.000 (0.16)	-0.000 (-0.14)	0.001 (0.42)	-0.000 (-0.10)	0.000 (0.66)
US×Post×lnfixed	-0.002*** (-11.06)	0.000 (0.30)	-0.000 (-0.43)	-0.002*** (-8.15)	-0.002* (-1.96)	0.000 (0.36)	0.000 (0.27)	-0.002 (-1.36)
US×Post×lnklr	-0.001*** (-3.73)	-0.004*** (-5.57)	-0.001*** (-3.24)	-0.000* (-1.85)	-0.001 (-1.13)	-0.005** (-2.30)	-0.002* (-1.88)	-0.001 (-0.49)
US×Post×lnage	-0.002*** (-6.91)	0.000 (0.85)	0.000 (0.53)	-0.004*** (-10.45)	-0.002 (-1.46)	0.000 (0.34)	0.000 (0.33)	-0.004* (-1.90)
US×Post×lnnew	0.004*** (24.44)	0.004*** (11.26)	0.002*** (8.32)	0.004*** (17.65)	0.005*** (2.65)	0.005** (2.14)	0.002** (2.49)	0.004** (2.40)
企业 FE	是	是	是	是	是	是	是	是
进口国×年份 FE	是	是	是	是	是	是	是	是
进口国×HS6 FE	是	是	是	是	是	是	是	是
HS6×年份 FE	是	是	是	是	是	是	是	是
N	301690	33115	29749	201797	299976	31062	27809	200042
adj. R²	0.965	0.966	0.975	0.964	0.965	0.964	0.973	0.963

注:被解释变量为OP法计算的企业全要素生产率。括号内为基于进口国-HS6位产品聚类的稳健t值。***、**、*分别表示1%、5%和10%水平上显著。

表 4 - 22　NTR 关税差额对企业全要素生产率（ACF 方法）的影响（双重差分结果）（2000—2006）

	(1)	(2)	(3)	(4)	(5)	(6)	(7)	(8)
	全样本	国有企业	私营企业	外资企业	全样本	国有企业	私营企业	外资企业
Post×lnNTRgap	0.034***	−0.007	0.089***	0.036***	0.028***	−0.017	0.075***	0.030***
	(5.26)	(−0.41)	(5.36)	(4.99)	(4.13)	(−0.92)	(4.37)	(4.07)
Post×lnNTRgap×lnExport					0.001*	0.001*	0.002**	0.001**
					(2.62)	(1.89)	(2.49)	(2.14)
Post×lnExpTariff	0.014***	−0.009	0.042**	0.023***	0.014**	−0.011	0.040**	0.023***
	(3.00)	(−0.77)	(2.25)	(4.49)	(2.95)	(−0.89)	(2.17)	(4.43)
Post×lnImpTariff	−0.087***	−0.036*	−0.147***	−0.080***	−0.088***	−0.035*	−0.146***	−0.080***
	(−9.24)	(−1.83)	(−6.99)	(−7.18)	(−9.22)	(−1.90)	(−6.94)	(−7.16)
Post×lnfixed	−0.021***	−0.009	−0.002	−0.028***	−0.022***	−0.010	−0.003	−0.028***
	(−9.02)	(−1.09)	(−0.32)	(−9.85)	(−9.23)	(−1.25)	(−0.43)	(−10.13)
Post×lnklr	0.014***	−0.030***	0.002	0.015***	0.014***	−0.029***	0.003	0.016***
	(4.49)	(−2.67)	(0.26)	(4.53)	(4.59)	(−2.73)	(0.30)	(4.62)
Post×lnage	0.015***	0.020***	0.018**	0.012***	0.015***	0.020***	0.018**	0.012***
	(5.10)	(2.96)	(2.38)	(2.94)	(5.16)	(3.09)	(2.38)	(2.93)
Post×lnnew	0.024***	0.050***	0.004	0.026***	0.024***	0.050***	0.004	0.026***
	(13.85)	(7.88)	(0.94)	(11.89)	(13.84)	(8.71)	(0.90)	(11.95)
企业 FE	是	是	是	是	是	是	是	是
HS6 FE	是	是	是	是	是	是	是	是
年份 FE	是	是	是	是	是	是	是	是
N	76 243	9 558	8 140	49 603	76 240	9 558	8 140	49 600
adj. R²	0.325	0.456	0.347	0.316	0.325	0.456	0.348	0.316

注：被解释变量为 ACF 法计算的企业全要素生产率。括号内为基于 HS6 位产品聚类的稳健 t 值。***、**、* 分别表示 1%、5% 和 10% 水平上显著。

表4-23 NTR关税差额对企业全要素生产率(ACF方法)的影响(三重差分结果)(2000—2006)

	(1)	(2)	(3)	(4)	(5)	(6)	(7)	(8)
	全样本	国有企业	私营企业	外资企业	全样本	国有企业	私营企业	外资企业
US×Post×lnNTRgap	0.034***	-0.002	0.002**	0.035***	0.028***	-0.009**	0.002	0.030***
	(5.27)	(-0.70)	(2.03)	(4.97)	(4.15)	(-2.29)	(1.56)	(4.07)
US×Post×lnNTRgap×lnExport					0.001**	0.001***	0.000	0.001**
					(2.59)	(3.27)	(1.04)	(2.10)
US×Post×lnExpTariff	0.014***	0.002	0.000	0.023***	0.014***	0.001	0.000	0.023***
	(3.02)	(0.74)	(0.21)	(4.49)	(2.96)	(0.40)	(0.19)	(4.43)
US×Post×lnImpTariff	-0.088***	-0.021***	-0.012***	-0.080***	-0.088***	-0.021***	-0.012***	-0.080***
	(-9.22)	(-4.95)	(-6.72)	(-7.15)	(-9.19)	(-4.74)	(-6.72)	(-7.14)
US×Post×lnfixed	-0.021***	0.020***	0.007***	-0.027***	-0.022***	0.019***	0.007***	-0.028***
	(-8.92)	(7.42)	(9.29)	(-9.70)	(-9.12)	(7.30)	(9.26)	(-9.98)
US×Post×lnklr	0.014***	-0.017***	-0.005***	0.015***	0.014***	-0.017***	-0.004***	0.016***
	(4.47)	(-4.31)	(-5.24)	(4.49)	(4.57)	(-4.24)	(-5.20)	(4.58)
US×Post×lnage	0.015***	0.014***	0.017***	0.012***	0.015***	0.014***	0.017***	0.012***
	(5.11)	(6.20)	(16.25)	(2.95)	(5.16)	(6.12)	(16.25)	(2.94)
US×Post×lnnew	0.024***	-0.009***	-0.004***	0.026***	0.024***	-0.009***	-0.004***	0.026***
	(13.70)	(-5.10)	(-7.51)	(11.71)	(13.68)	(-5.17)	(-7.51)	(11.77)
企业 FE	是	是	是	是	是	是	是	是
进口国×年份 FE	是	是	是	是	是	是	是	是
进口国×HS6 FE	是	是	是	是	是	是	是	是
HS6×年份 FE	是	是	是	是	是	是	是	是
N	298189	34293	296076	201212	298186	34293	296073	201209
adj. R^2	0.920	0.931	0.933	0.911	0.920	0.931	0.933	0.311

注:被解释变量为ACF法计算的企业全要素生产率。括号内为基于进口国-HS6位产品聚类的稳健t值。***、**、*分别表示1%、5%水平上显著。

95

用三重差分估计方法研究了中美双边贸易自由化对中国对美国出口和企业生产率的影响。研究发现，双边贸易自由化显著提升了中国对美国的出口值和出口量，但显著降低了出口价格。进一步分析发现，在出口值和出口量方面，NTR差额对一般贸易和加工贸易都具有显著正向影响，但在出口价格方面，对一般贸易具有显著负向影响，对加工贸易出口价格的影响弱显著，这可能源自加工贸易出口价格处于一种"足够低以至于无法继续降低"的尴尬境地。不同所有制回归结果显示，NTR差额主要影响私营企业和外资企业的出口增长，对国有企业没有显著影响，但是PNTR不仅会导致对私营企业和外资企业出口价格降低，也会导致国有企业出口价格出现恶化。最后，NTR差额显著提升了外资企业的劳动生产率和全要素生产率，而且出口越大，对生产率的影响越大。

本章结论表明，我国出口扩张主要体现在量的增长上，并没有体现出价格的提高，出口价格反而出现了下降。该结论与现有文献的研究结论基本一致，比如施炳展(2010)通过分解中国出口增长的三元边际发现中国出口增长主要来自数量增长和广度增长，价格增长几乎没有贡献，再比如张杰等(2014)发现中国出口产品质量总体上表现出轻微下降趋势，并呈 U 型变化态势。本章结论的潜在含义可能是，中美永久正常贸易关系建立后，跨国公司大举进入中国市场，依托中国廉价劳动力的比较优势，成功塑造了中国"世界工厂"的地位，生产的产品大量销往美国市场，这推动了全球价值链格局的重构。与此同时，中国由于存在大量贸易顺差，经常受到国际社会的指责，本章研究揭示 PNTR 可能有助于加深我们对中国贸易顺差本质的理解。本章研究结论还启示我们，我国今后的对外贸易扩张不仅应该注重数量的扩张，更应该注重价格或贸易条件的改善，早日实现总出口的量价齐升。同时，国有企业受贸易自由化的影响不明显，不仅出口增长不敏感，而且出口价格出现了恶化，相比之下，私营企业和外资企业则表现较好。贸易自由化对不同所有制的差异性影响应该引起关注。

第五章　融资约束对中国外贸转型升级的影响研究
——基于全球价值链视角

第一节　引言

改革开放以来,加工贸易长期占据我国对外贸易的半壁江山,对促进我国对外贸易发展起了决定性的推动作用。然而,以加工贸易参与全球价值链(GVC),这一方式带来两方面的问题:一是缺乏自主品牌与核心技术,加工贸易过于依赖外部需求,容易遭受外部冲击,引发进出口额的大幅波动;二是创新能力不足以及价值获取能力低下,在全球产业链中陷入低端锁定和比较优势陷阱的风险大(杨高举和黄先海,2013)。

在开放型经济的大背景下,如何实现加工贸易在全球价值链中的地位提升,关系到我国对外贸易和整体产业的转型升级,是一项亟待破解的重大课题。加工贸易主要分为来料加工和进料加工。在来料加工下,国内企业仅从事加工组装任务,不进行中间品购买。在进料加工下,企业需要自主购买中间品并进行加工组装,是相对前者较高的全球价值链环节。产业链升级更为现实的路径是,如何实现从来料加工到进料加工的升级,以及从加工贸易到一般贸易的升级。由于缺乏微观层面的数据和对中国现实的深入了解,长期以来这些问题并没有得到很好的回答。

早期的研究认为,产业链环节需要借助国际产业转移的契机进行升级(Bernhofen,1999)。从21世纪起,大量研究的重点聚焦于通过外资的技术外溢促进国内产业升级(Kandogan,2003)。由于缺乏详细的微观数据,这些研究无法对加工贸易进行深入剖析。跨国公司不会将核心技术外包给发展中国家，而是往往对其实行技术封锁。事实上，对于像中国这样处于转型过程中的发展中国家而言，一蹴而就地实现加工贸易的转型升级是极其困难的，也是不现实的。国内学者对加工贸易转型升级的看法见仁见智。有学者指出，应该促进深加工结转，使加工贸易"落地生根"(裴长洪和彭磊，2006)。也有学者建议，从引进先进技术、培育自创品牌等层面，推进加工贸易转型升级(张燕生，2004)。

以上研究对我国加工贸易的阶段性发展提供了有益参考。然而，研究我国加工贸易的转型升级离不开全球价值链的大背景。加工贸易的转型升级是在与全球价值链各参与主体的互动中明确、推动和实现的。既有研究(Humphrey and Schmitz，2002)提出了以企业为中心的流程、产品、功能和部门四层次升级路径。得益于投入产出技术的不断成熟，采用贸易附加值衡量全球价值链地位的研究日益增多(Koopman et al.，2014)。随着我国加工贸易的不断发展和参与国际生产分工程度的日益加深，相关研究开始关注加工贸易的政策调整，如建议从改革户籍制度和调整收入分配方面，促进加工贸易的转型升级及减轻经济转型中的阵痛(刘晴和徐蕾，2013)，或强化加工贸易在国内相关产业的纵向关联，并设计更为灵活的贸易政策，以促进一般出口产品的技术结构升级(唐东波，2012)。

但上述研究尚未考虑金融发展在一国经济特定阶段的驱动作用。已有研究基于法国跨国公司的数据，发现金融发展为发达国家提供了生产复杂和特定投入品的比较优势(Carluccio and Fally，2012)。而且，出口企业承担更大的固定成本投资(Melitz，2003)；那些承担更大生产成本的潜在出口商，需要更大的外部融资支持(Costinot，2009)。还有学者研究了融资约束限制企业从事国内生产的选择效应、对进入出口市场的选择效应，以及对出口水平的约束效应(Manova，2013)。对于现阶段的中国经济发展而言，金融市场的融资约束是一个十分重要的议题，其对企业参与全球价值链分工势必产生重要影响。然而，现有研究鲜有考虑融资约束的作用。事实上，从事全球价值链不同环节的企业,不仅获取的附加值和利润是不同的,所要求的营运资金和先期投入成本也是不同的,融资约束限制了企业进入更高的全球价值链环节(Manova and Yu,2016)。微观企业层面海关数据的获取与应用,为研究上述问题提供了必要的量化分析基础。

本章将来料加工和进料加工纳入理论模型,探讨我国加工贸易企业的融资约束与其全球价值链地位提升的关系,并借鉴企业附加值的最新衡量方法,基于2000—2006年中国工业企业数据和海关数据进行了经验检验。理论分析发现,高生产率企业从事进料加工,低生产率企业从事来料加工,这也印证了进料加工是相对于来料加工较高的全球价值链环节。而且相对于来料加工,企业从事进料加工更可能面临融资约束困境,因而融资约束更小的企业位于较高的全球价值链环节。实证分析证实了上述结论,融资约束低和生产率高的企业位于较高的全球价值链环节,二者相互促进共同发挥作用。低融资约束和高生产率的相对优势,会提高从来料加工转向进料加工,以及从加工贸易转向一般贸易的概率。

本章将来料加工和进料加工的本质差别,设定为能否自主购买中间品,研究处于全球价值链不同环节企业的生产率状况和面临的融资约束状况;内生化供应商的贸易方式决策,并通过引入供应商的生产率异质性,考察生产率和融资约束对加工贸易企业从事不同价值链环节活动的作用。在此基础上,本章基于我国工业企业数据与海关数据,采用企业层面附加值最新衡量方法,提供融资约束影响企业全球价值链地位提升的微观实证证据。

本章余下部分的结构安排为:第二部分作理论分析,主要考察不完全契约和不完全资本市场下加工贸易企业的融资约束;第三部分介绍数据和实证模型;第四部分进行实证检验;第五部分为稳健性分析;第六部分讨论融资约束和生产率的内生性问题、融资约束对贸易方式转换的动态影响,以及融资约束与生产率对各自发挥作用的可能影响;最后是结论性评述。

第二节 理论分析

参考已有研究的理论模型(Carluccio and Fally,2012),考虑位于全球价值链上下游的两个企业:从事加工贸易的上游国内供应商(记为 S)和下游国外跨国公司(记为 M)。供应商从事组装任务,是否从事中间品购买任务由贸易方式(来料加工或进料加工)决定。中间品购买分为基础中间品购买和复杂中间品购买。跨国公司从供应商处获取组装后的投入品,生产并销售最终产品。本章理论部分的贡献体现在两个方面:第一,引入组装任务以刻画加工贸易,进而把细分的进料加工和来料加工引入模型,将二者的本质差别设定为能否自主购买中间品[1],主要体现为从事不同的全球价值链环节活动,在此基础上研究处于价值链不同环节之企业的生产率状况和融资约束状况。第二,内生化供应商的贸易方式决策,并通过引入供应商的生产率异质性,考察生产率和融资约束对加工贸易企业从事不同贸易方式的作用,以及融资约束和生产率对各自发挥作用的可能影响。

参照已有研究(Fernandes and Tang,2012)的做法,将加工贸易划分为两种方式,一种是来料加工,一种是进料加工。在来料加工下,供应商仅从事加工组装任务,不进行中间品购买。在进料加工下,供应商需要自主购买中间品并进行加工组装。跨国公司面临如下市场需求函数:

$$Q = AP^{-1/(1-\rho)}, 0 < \rho < 1 \qquad (5-1)$$

其中,P 和 Q 分别表示最终产品的市场价格和数量,A 是对差异化产品的市场需求,ρ 是需求参数。通过计算可知,最终产品的需求价格弹性为 $-1/(1-\rho)$,替代弹性为 $1/(1-\rho)$。销售最终产品的总收益等于 $Y = A^{1-\rho}Q^\rho$。

---

[1] 来料加工仅从事加工组装任务,而进料加工除了加工组装,还从事中间品购买任务,因此来料加工和进料加工合约的不同,隐性决定了两种贸易方式所处价值链环节的不同。

最终产品的生产需要完成中间品加工和组装任务。其中,基础中间品和复杂中间品的加工,分别由相同单位的基础任务和复杂任务完成。来料加工下,组装任务由供应商完成,中间品加工任务由跨国公司完成。进料加工下,组装任务、基础中间品加工任务和复杂中间品加工任务都由供应商完成。其中,基础中间品加工任务可以通过合约完美规定,而复杂中间品加工任务是特定的,不能在合约中精确描述,也无法被第三方主体证实。由于信息不对称,组装任务也无法在合约中完美描述。假定组装任务的比例为 λ,复杂中间品加工任务的比例为 θ,基础中间品加工任务的比例为 $(1-\lambda-\theta)$。

每个任务 i 需要的努力水平为 x_i。每个中间品的单位成本为常数 c[①]。生产技术是 CES 函数形式的,任务是不完全替代的。具体而言,产量等于:

$$Q = \left[\int_1 (\phi x_i)^{\rho^r} di\right]^{1/\rho^r} \tag{5-2}$$

其中,ϕ 表示供应商生产率。I 是任务集,不失一般性将其标准化为 $[0,1]$。$1/(1-\rho^r)$ 表示任务的替代弹性。用 b 表示组装任务的努力水平,e 表示复杂任务的努力水平,q 表示基础任务的努力水平。为了便于讨论,假设任务替代弹性等于产品替代弹性(即 $\rho^r=\rho$)[②],可以得到总收益关于任务水平的以下线性表达式。

跨国公司和供应商的联合收益为:

$$Y = A^{1-\rho}\phi^{\rho}[\lambda b^{\rho} + \theta e^{\rho} + (1-\lambda-\theta)q^{\rho}] \tag{5-3}$$

生产成本为:

$$C = \lambda cb + \theta ce + (1-\lambda-\theta)cq + f_S^{XZ} + f_M^{XZ} \tag{5-4}$$

其中,f_S^{XZ}、f_M^{XZ} 分别表示供应商和跨国公司在贸易方式 $X \in \{N,S\}$(N 表示

① c 可以看作国外和国内中间品的单位相对成本。如果将国外中间品单位成本设定为 cN,国内中间品单位成本设定为 cS,可以证明基本结论不会发生改变。
② 假设任务替代弹性等于产品替代弹性,只是为了结果报告的简便和直观。更一般的处理是,将任务替代弹性标准化为 1,产品替代弹性等于 ρ/ρ',所得结论是一致的。

来料加工,S 表示进料加工)和组织形式 Z∈{O,I}(O 表示外包,I 表示一体化)
下面临的固定成本。

一、基准模型

对于基础中间品加工任务,不存在合约不完全问题,跨国公司可以同供应
商达成协议,对其努力水平进行准确规定。然而,协议无法对组装任务的努力
水平 b 和复杂任务的努力水平 e 进行规定,只能事后对组装任务和复杂任务所
带来的联合收益进行议价。由于在协议达成之前,供应商需要根据利润最大化
准则决定组装任务、基础任务和复杂任务的努力水平,所以将会按照预先达成
的协议,确定组装任务和基础任务的努力水平。

在议价阶段,跨国公司和供应商的议价能力取决于其外部选择权。外部选
择权取决于组织形式。外部选择权取决于上下游企业采用的组织形式,即一体
化还是外包(Grossman and Hart,1986;Hart and Moore,1990)。一体化给予
跨国公司更大的议价能力,而外包则给予供应商更大的激励程度。本章采用均
衡份额的纳什议价解,对议价博弈进行分析(Antràs and Helpman,2004)。这
意味着,跨国公司和供应商对不能达成合约的最终产品收益,获取相同的议价
份额。[①] 组织形式由拥有投入品所有权的主体决定。本章假定复杂任务的努力
是特定和专用型的,即复杂任务的努力是沉没成本,不管贸易方式和组织形式
是什么,供应商的外部选择权都是 0,即表 5-1 中的第二列。

根据跨国公司的联合收益函数,可推出跨国公司的外部选择权。在外包条
件下,跨国公司的外部选择权是其所生产的投入品所引致的最终产品收益。对
于来料加工和进料加工的外包,跨国公司的外部选择权分别由表 5-1 中的第
(1)行和第(3)行的第三列表示。在一体化条件下,跨国公司的外部选择权除了
外包下所得到的,还有对无法达成协议的收益部分议价得到的份额。因为在这
种情况下,跨国公司拥有解雇供应商并雇用他人替换的权利。这构成了一个事

---

① 当跨国公司和供应商的议价份额不相同时,结论不发生改变。

后谈判的威胁点。如果讨价还价失败,跨国公司可以把投入品交给另外的供应商加工组装,面临的问题是新聘任的供应商不如原来的供应商熟悉生产流程,可能因此面临效率损失(Antràs and Helpman,2006)。以失去部分复杂任务或组装任务的价值表示效率损失,比例以 $\delta < 1$ 表示。表 5-1 中的第(2)行和第(4)行的第三列,表示跨国公司一体化下的外部选择权。

表 5-1　供应商和跨国公司的外部选择权

外部选择权	S	M
(1) 来料加工外包(NO)	0	$A^{1-\rho}\phi^{\rho}\theta e^{\rho}+A^{1-\rho}\phi^{\rho}(1-\lambda-\theta)q^{\rho}$
(2) 来料加工一体化(NI)	0	$A^{1-\rho}\phi^{\rho}(1-\delta)\lambda b^{\rho}+A^{1-\rho}\phi^{\rho}\theta e^{\rho}+A^{1-\rho}\phi^{\rho}(1-\lambda-\theta)q^{\rho}$
(3) 进料加工外包(SO)	0	$A^{1-\rho}\phi^{\rho}(1-\lambda-\theta)q^{\rho}$
(4) 进料加工一体化(SI)	0	$A^{1-\rho}\phi^{\rho}(1-\delta)(\theta e^{\rho}+\lambda b^{\rho})+A^{1-\rho}\phi^{\rho}(1-\lambda-\theta)q^{\rho}$

二、包含融资约束的拓展模型

将供应商的融资约束引入基准模型,即供应商从事加工贸易受到资金限制。在全球价值链上从事更多生产阶段的供应商,需要更多营运资本,因为需要承担更大的先期投入成本(Manova,2013)。而跨国公司则不面临这方面的约束。有限的可用资金降低了供应商进行初始投资的能力。具体而言,融资约束对供应商的生产成本 C 和跨国公司要求的预付资金 T 之和施加了约束。T是供应商对跨国公司进行的一种初始转移,代表了参与费,如使用跨国公司技术所需支付的许可费和保密费(Carluccio and Fally,2012)。

假定供应商可获得的初始资金由两部分组成:一部分是自有的高流动性资产持有量,由参数 W 表示;一部分是供应商可以从当地银行获得的贷款 L,取决于融资约束和供应商的预期收入。供应商的支出方面,除了承担生产成本,还需要进行两类初始转移,对跨国公司的初始转移,以及对供应商自身的初始转移。[1] 初

---

[1]　一种更令人信服的解释是,将两部分初始转移理解为供应商仅将收益扣除成本后的一部分转移给跨国公司。

始转移 T 和生产成本 C 面临以下流动性约束:2T＋C≤W＋L2T＋C≤W＋L。其中,数字 2 表示初始转移划分为等量的两部分。供应商可以从当地银行获取贷款的数额 L,取决于融资约束水平和供应商的未来收益,分别由参数 k∈[0,1]和 Y_s 表示,则有 L≤kY_sL≤kY_s,也就是说,k 是可承兑收入与预期总收入的比例,取值越大表示企业面临的外部融资约束越小。k＝1 表示供应商不存在融资约束,可以通过资本市场将未来收入贴现至当期;k＝0 表示供应商面临绝对的融资约束,无法将任何未来收入贴现至当期使用。

模型设定为五阶段博弈,时序如下:

第一阶段:供应商选择贸易方式 X(来料加工或进料加工)。

第二阶段:在来料加工条件下,跨国公司对供应商提出合约(Z、T、q 和 e),供应商决定是否接受。在进料加工条件下,跨国公司对供应商提出合约(Z、T 和 q),供应商决定是否接受。其中,Z 表示组织形式,T 为从 S 到 M 的预付转移,q 和 e 分别为基础和复杂中间品加工任务的努力水平。预付资金 T 受到供应商初始流动性水平(外部贷款和初始资本)的限制。

第三阶段:初始转移 T 得到执行。

第四阶段:在来料加工条件下,供应商在支出不超过可得资本的约束下,决定组装任务努力水平 b,从跨国公司那里获取投入品并组装。在进料加工条件下,供应商决定组装任务努力水平 b 和复杂中间品购买任务努力水平 e。

第五阶段:跨国公司和供应商根据联合收益和外部债务偿还的纳什议价获取收益。

三、模型求解

下面采用逆向归纳法,求解子博弈精炼纳什均衡。跨国公司最大化总利润的合约受到三个约束:供应商非负总利润的参与约束,前面提到的融资约束,以及供应商对复杂任务和组装任务的特定努力水平的激励相容约束。

在来料加工条件下,跨国公司决定基础任务努力水平 q 和复杂任务努力水平 e,供应商选择加工任务努力水平 b、组织方式 Z(外包、一体化)和贸易方式 X

（来料加工、进料加工）。在进料加工条件下，跨国公司决定基础中间品任务努力水平 q；供应商决定加工任务努力水平 b、复杂中间品购买任务努力水平 e、组织方式 Z 和贸易方式 X。

在第一阶段，供应商比较来料加工和进料加工的利润水平，选择贸易方式。从第二阶段开始，给定供应商最优选择，跨国公司求解如下受限最优化问题：

跨国公司目标函数：

来料加工：

$$q, e = \mathrm{argmax}\{Y_M^{NZ} + T - \theta ce - (1 - \lambda - \theta)cq - f_M^{NZ}\} \qquad (5-5)$$

进料加工：

$$q = \mathrm{argmax}\{Y_M^{SZ} + T - (1 - \lambda - \theta)cq - f_M^{SZ}\} \qquad (5-6)$$

供应商目标函数：

$$Z = \mathrm{argmax}\{Y_S^{XZ} - T - C_X - f_S^{XZ}\} \qquad (5-7)$$

约束条件：

$$2T \leqslant Y_S^{XZ} - C_X \qquad (5-8)$$

$$2T \leqslant W + kY_S^{XZ} - C_X \qquad (5-9)$$

来料加工：

$$b = \mathrm{argmax}\{Y_S^{NZ} - C_N\} \qquad (5-10)$$

来料加工：

$$b, e = \mathrm{argmax}\{Y_S^{SZ} - C_S\} \qquad (5-11)$$

其中，$Z \in \{O, I\}$，$X \in \{N, S\}$，$C_N = \lambda cb$，$C_S = \lambda cb + \theta ce$，$\{Y_M^{XZ}, Y_S^{XZ}\}$ 是议价后的收益。事后收益为 b、e、q、Z 的函数。公式（5-8）为参与约束（PC），公式（5-9）为融资约束（FC），公式（5-10）和（5-11）为激励相容约束（IC）。

（一）事后收益

来料加工的外包，供应商仅从事组装任务，跨国公司从事中间品购买任务。因为在发生分歧时涉及组装任务的收益会损失掉，跨国公司的外部选择权等于与中间品购买任务相关的收益。进料加工的外包,因为在发生分歧时涉及组装任务和复杂任务的收益都会损失掉,跨国公司的外部选择权等于与基础任务相关的收益。给定对称的议价能力,在来料加工和进料加工条件下,跨国公司和供应商事后的收益分别为:

$$Y_M^{NO} = \frac{1}{2} A^{1-\rho} \phi^\rho \lambda b^\rho + A^{1-\rho} \phi^\rho \theta e^\rho + A^{1-\rho} \phi^\rho (1-\lambda-\theta) q^\rho \quad (5-12)$$

$$Y_M^{SO} = \frac{1}{2} (A^{1-\rho} \phi^\rho \lambda b^\rho + A^{1-\rho} \phi^\rho \theta e^\rho) + A^{1-\rho} \phi^\rho (1-\lambda-\theta) q^\rho \quad (5-13)$$

$$Y_S^{NO} = \frac{1}{2} A^{1-\rho} \phi^\rho \lambda b^\rho \quad (5-14)$$

$$Y_S^{SO} = \frac{1}{2} (A^{1-\rho} \phi^\rho \lambda b^\rho + A^{1-\rho} \phi^\rho \theta e^\rho) \quad (5-15)$$

在一体化的组织形式下,跨国公司和供应商事后的收益,将随着剩余索取权的重新配置发生变化。跨国公司和供应商之间就跨国公司因更换供应商损失的收益进行议价。给定组装任务、复杂任务和基础任务的努力水平,跨国公司在一体化下得到更大比例的事后收益,供应商得到更小的收益,即:

$$Y_M^{NI} = \left(1-\frac{\delta}{2}\right) A^{1-\rho} \phi^\rho \lambda b^\rho + A^{1-\rho} \phi^\rho \theta e^\rho + A^{1-\rho} \phi^\rho (1-\lambda-\theta) q^\rho \quad (5-16)$$

$$Y_M^{SI} = \left(1-\frac{\delta}{2}\right) (A^{1-\rho} \phi^\rho \lambda b^\rho + A^{1-\rho} \phi^\rho \theta e^\rho) + A^{1-\rho} \phi^\rho (1-\lambda-\theta) q^\rho \quad (5-17)$$

$$Y_S^{NI} = \frac{\delta}{2} A^{1-\rho} \phi^\rho \lambda b^\rho \quad (5-18)$$

$$Y_S^{SI} = \frac{\delta}{2} (A^{1-\rho} \phi^\rho \lambda b^\rho + A^{1-\rho} \phi^\rho \theta e^\rho) \quad (5-19)$$

(二) 组装任务和中间品购买任务

在该框架下,特定任务的投资由贸易方式和组织形式决定。在激励相容约束(IC)下,供应商对组装任务的努力水平将最大化其事后收益 Y_S^{NZ} 减去成本 C 之差。在外包下,供应商的努力水平为:

$$b^{XO}(c) = A\phi^{\sigma-1}(2c)^{-\sigma}\rho^{\sigma} \qquad (5-20)$$

$$e^{NO}(c) = A\phi^{\sigma-1}(c)^{-\sigma}\rho^{\sigma} \qquad (5-21)$$

$$e^{SO}(c) = A\phi^{\sigma-1}(2c)^{-\sigma}\rho^{\sigma} \qquad (5-22)$$

供应商议价能力严格小于 1 的事实意味着,不能获得其投资的全部收益。因此,即使在没有融资约束的情况下,由于组装任务无法达成契约,导致其努力水平也是低于最优的。另外由公式(5-20)和(5-23)可知,供应商生产率越高,组装任务的努力水平越大。

在一体化的组织形式下,供应商在议价阶段仅获取 $\delta/2$ 份额的事后收益。给定这个份额,组装任务的最优努力水平是单位努力成本的函数,即:

$$b^{XI}(c) = \delta^{\rho}A\phi^{\sigma-1}(2c)^{-\sigma}\rho^{\sigma} \qquad (5-23)$$

$$e^{NI}(c) = A\phi^{\sigma-1}(c)^{-\sigma}\rho^{\sigma} \qquad (5-24)$$

$$e^{SI}(c) = \delta^{\rho}A\phi^{\sigma-1}(2c)^{-\sigma}\rho^{\sigma} \qquad (5-25)$$

对比可知,公式(5-23)<(5-20),一体化下的供应商组装任务的努力水平低于外包下的努力水平,一体化提高了跨国公司事后剩余索取权的议价份额,但导致供应商更低的激励努力。投资不足问题加剧了,因为供应商获取了事后收益的更小份额。在来料加工下,与组装任务相比,基础任务和复杂任务的努力水平完全由跨国公司决定,容易证明,最优水平与组织形式无关,其中 $q^{XZ}(c) = A\phi^{\sigma-1}(c)^{-\sigma}\rho^{\sigma}$。

给定努力水平的这些表达式,可以计算跨国公司和供应商的事后收益。供应商在一体化下的事后收益严格低于外包下的事后收益。这是因为在议价阶段供应商获取了更低的收益份额和更低的生产总值(一体化下的努力更低)。然而,跨国公司在一体化下的事后收益不一定更低,因为跨国公司可以获取更大的收益份额。

(三) 供应商利润与融资约束

在最优规划的约束条件中,T 由参与约束 PC 和融资约束 FC 决定。当不存在融资约束时,供应商的预付资金直接由参与约束 PC 决定。供应商的利润等于供应商的事后收益扣除所有任务的生产成本和预付资金 T,可以表示为边际成本 c 和复杂度 θ 的函数。外包和一体化的组织形式下,供应商的利润分别为:

$$\bar{\Pi}_S^{NO} = \frac{1-\rho}{4}\lambda A \phi^{\sigma-1}(2c)^{1-\sigma}\rho^{\sigma-1} - f_S^{NO} \tag{5-26}$$

$$\bar{\Pi}_S^{SO} = \frac{1-\rho}{4}(\lambda+\theta) A \phi^{\sigma-1}(2c)^{1-\sigma}\rho^{\sigma-1} - f_S^{SO} \tag{5-27}$$

$$\bar{\Pi}_S^{NI} = \delta^\sigma \frac{1-\rho}{4}\lambda A \phi^{\sigma-1}(2c)^{1-\sigma}\rho^{\sigma-1} - f_S^{NI} \tag{5-28}$$

$$\bar{\Pi}_S^{NI} = \delta^\sigma \frac{1-\rho}{4}(\lambda+\theta) A \phi^{\sigma-1}(2c)^{1-\sigma}\rho^{\sigma-1} - f_S^{SI} \tag{5-29}$$

可以看出,供应商的利润是组装任务份额的增函数。供应商从事的组装任务越多,获取的利润越大。而且,外包下的边际利润大于一体化下的边际利润。这是因为在外包条件下,供应商对组装任务拥有剩余索取权,具有更大的激励,努力程度更高,获取的边际利润也更大。在一体化的组织形式下,跨国公司对组装任务拥有剩余索取权,这样可以避免产生供应商的"敲竹杠"(hold-up)问题,但却会带来激励不足问题,降低供应商的努力程度,供应商获取的边际利润相应更小。

在外包和一体化组织形式下,面临融资约束和不面临融资约束的现金门槛为:

$$\bar{W}^{NO} = \frac{1-k}{2}\lambda A \phi^{\sigma-1}(2c)^{1-\sigma}\rho^{\sigma-1} \tag{5-30}$$

$$\overline{W}^{SO} = \frac{1-k}{2}(\lambda+\theta)A\phi^{\sigma-1}(2c)^{1-\sigma}\rho^{\sigma-1} \qquad (5-31)$$

$$\overline{W}^{NI} = \delta^{\sigma}\frac{1-k}{2}\lambda A\phi^{\sigma-1}(2c)^{1-\sigma}\rho^{\sigma-1} \qquad (5-32)$$

$$\overline{W}^{SI} = \delta^{\sigma}\frac{1-k}{2}(\lambda+\theta)A\phi^{\sigma-1}(2c)^{1-\sigma}\rho^{\sigma-1} \qquad (5-33)$$

现金门槛越大，表示供应商面临融资约束的可能性越大。当供应商的现金门槛大于零时，表示具有面临融资约束的可能性。当不存在外部融资约束即 $k=1$ 时，$\overline{W}^{NO}=\overline{W}^{NI}=0$，说明只要手中持有流动资产即 $W>0$，就不会面临融资约束。当存在融资约束 $k<1$ 时，需要持有一定的流动资产即 $W>\overline{W}>0$，才不会面临融资约束。由上面的公式(5-30)至(5-33)可知：

$$\frac{\partial \overline{W}^{KZ}}{\partial k}<0, \frac{\partial^{2}\overline{W}^{XZ}}{\partial k \partial \theta}<0 \qquad (5-34)$$

其中，$X=N$、S，$Z=O$、I。这意味着，外部融资约束越小，面临融资约束的可能性越小。生产更多复杂的投入品时，外部融资约束水平对现金门槛的影响越大，即：

$$\overline{W}^{NZ}<\overline{W}^{SZ}, \overline{W}^{XO}>\overline{W}^{XI} \qquad (5-35)$$

其中，$X=N$、S，$Z=O$、I。公式(5-35)说明，不管外包还是一体化，供应商在进料加工时，比在来料加工时面临融资约束的可能性更大，因为进料加工承担更多的任务环节，不仅承担加工任务，而且承担中间品购买任务。同时公式(5-35)意味着，供应商在一体化下面临融资约束的可能性小于外包。跨国公司对供应商收取预付费用，决定了供应商在外包和一体化下面临不同的融资约束可能性。当供应商面临融资约束时，在一体化情况下，跨国公司可以通过减少事前转移 T，降低供应商的融资约束；对于外包，跨国公司则没有这么做的动机。

（四）贸易方式选择

相对于来料加工,进料加工需要承担更多的固定成本。在进料加工条件下,供应商负责进口原材料,必须建立购销渠道,还需要配备相对完善的采购人员和物流体系,所需的厂房设备也更多,同时需承担更大的管理费用。因此,假定进料加工的固定成本大于来料加工的固定成本,即 $f_S^{SZ} > f_S^{NZ}$。关于外包和一体化不同条件下的固定成本大小是存在争议的。对于跨国公司而言,一方面,一体化可能带来管理活动的范围经济,进而降低固定成本;另一方面,一体化可能带来管理成本的上升,进而提高固定成本(Antràs and Helpman,2004)。因此,对跨国公司而言,一体化和外包两种情况下的固定成本大小,取决于"范围经济"和"管理成本上升"哪个占据主导地位。对供应商来说,前者能显著降低其固定成本,后者则很微弱。一体化后,中间品的剩余索取权归跨国公司所有,供应商的监管活动因此减少,进而降低固定成本。而且,供应商在一体化下的激励程度降低了,有可能产生机会主义行为,所以供应商在一体化下的固定成本反而降低了。基于此,假定 $f_S^{NO} > f_S^{NI}$。综合而言,有如下关系:

$$f_S^{SO} > f_S^{SI} > f_S^{NO} > f_S^{NI} \tag{5-36}$$

当存在融资约束时,外包和一体化不同条件下的供应商利润分别为:

$$\Pi_S^{NO} = \frac{W}{2} + \frac{k-\rho}{4}\lambda A\phi^{\sigma-1}(2c)^{1-\rho}\rho^{\sigma-1} - \frac{1}{2}A\phi^{\sigma-1}(1-\lambda)c^{1-\sigma}\rho^{\sigma} - f_S^{NO}$$

$$\tag{5-37}$$

$$\Pi_S^{SO} = \frac{W}{2} + \frac{k-\rho}{4}(\lambda+\theta)A\phi^{\sigma-1}(2c)^{1-\rho}\rho^{\sigma-1} - \frac{1}{2}A\phi^{\sigma-1}(1-\lambda-\theta)c^{1-\sigma}\rho^{\sigma} - f_S^{SO}$$

$$\tag{5-38}$$

$$\Pi_S^{NI} = \frac{W}{2} + \delta^{\sigma}\frac{k-\rho}{4}\lambda A\phi^{\sigma-1}(2c)^{1-\rho}\rho^{\sigma-1} - \frac{1}{2}A\phi^{\sigma-1}(1-\lambda)c^{1-\sigma}\rho^{\sigma} - f_S^{NI}$$

$$\tag{5-39}$$

$$\Pi_S^{SI} = \frac{W}{2} + \delta^\sigma \frac{k-\rho}{4} (\lambda+\theta) A\phi^{\sigma-1} (2c)^{1-\rho} \rho^{\sigma-1} - \frac{1}{2} A\phi^{\sigma-1} (1-\lambda-\theta) c^{1-\sigma} \rho^\sigma - f_S^{SI}$$

$$(5-40)$$

当 $W = f_S^{NO} = 0$ 时,为了保证企业不退出市场,假定 $k > \rho$。这意味着,如果融资约束非常严重,即 k 非常小时,加工贸易企业将退出市场。因此,有如下不等式成立:

$$\Pi_S^{NZ} < \Pi_S^{SZ}, \frac{\partial \Pi_S^{SZ}}{\partial k} > 0 \qquad\qquad (5-41)$$

其中,$X = N、S,Z = O、I$。由公式$(5-35)$和$(5-41)$得到命题 1。

命题 1:进料加工贸易面临融资约束的可能性大于来料加工贸易,但所获取的利润水平也更大。随着企业面临融资约束的增大,即 k 变小时,加工贸易企业的利润水平逐渐下降。因此,从事进料加工的企业面临更大融资约束可能性和更大获利能力的权衡取舍。

命题 1 与已有研究(Manova and Yu,2016)的实证结论不谋而合,也是本章最基本的理论结论之一。命题 1 揭示,对同一个企业而言,从事进料加工贸易比从事来料加工贸易更可能面临融资约束,即从事更高价值链环节的贸易更可能面临融资约束。在其他条件相同的情况下,当企业自身的融资约束较大时,选择从事来料加工而不是进料加工是一个更加合理的决策。命题 1 还指出,进料加工相对于来料加工,能获取更高的利润水平。因此,从事更高全球价值链环节的活动,面临更大融资约束可能性和更高获利能力的权衡取舍。

现将供应商在不同贸易方式和组织形式下的利润函数,与生产率之间的关系表示在图 5-1 中。图 5-1 揭示了供应商生产率和所从事的贸易方式与组织形式之间的关系。可以发现,生产率最低的供应商,由于经济利润为负而选择退出市场。当生产率达到一定水平时,供应商选择从事来料加工,并倾向于选择一体化的组织形式。当生产率进一步提高时,供应商选择来料加工下外包的组织形式。来料加工和进料加工之间存在一个临界值(cutoff),当供应商生产率超过这个临界值时,则从事进料加工。在从事进料加工的企业中,生产率相对较低的供应商,倾向于接受与跨国公司一体化的组织形式;生产率较高的供应商则选择承接外包的组织形式。因此,有命题2如下。

命题2:生产率高的加工贸易企业从事进料加工,生产率低的加工贸易企业从事来料加工,生产率最低的加工贸易企业退出出口市场。在同一种加工贸易方式下,生产率高的企业选择承接外包的组织形式,生产率低的企业选择接受被一体化的组织形式。

同样,根据供应商在不同贸易方式和组织形式下利润函数与融资约束之间的关系,即公式(5-37)至(5-40),可以得到命题3。

命题3:融资约束小的企业从事进料加工,融资约束大的企业从事来料加工,融资约束最大的企业退出出口市场。在同一种加工贸易方式下,融资约束小的企业选择承接外包的组织形式,融资约束大的企业选择接受被一体化的组织形式。

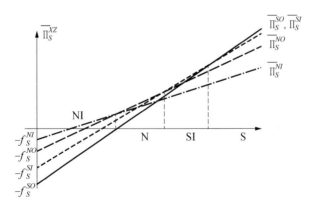

图5-1 供应商的生产率和利润函数关系

注:$\overline{\Pi}_S^{XZ}$表示供应商S在贸易方式X和组织形式Z下的利润函数,f_S^{XZ}表示固定成本,$\phi^{\sigma-1}$表示生产率,其中,N表示来料加工,S表示进料加工,O表示外包,I表示一体化。

图 5-2 刻画了供应商在不同贸易方式和组织形式下的融资约束门槛。融资约束门槛指企业从事不同贸易方式和不同组织形式的融资约束临界值。当企业的融资约束比较严重时,只能退出出口市场;当企业的融资约束水平大于一定门槛时,只能从事来料加工;当企业的融资约束水平低于一定临界值时,可以从事进料加工。需要指出的是,融资约束门槛无法表示企业实际的融资约束大小,原因在于理论模型没有考虑企业在某个时点上所具备的现金流情况和融资能力,以及所需要的资金情况。

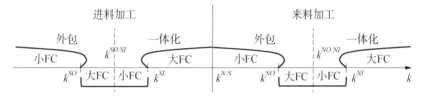

图 5-2　融资约束门槛、贸易方式与组织形式

注:FC 表示融资约束,k^{XZ}(X=N,S;Z=O,I)表示贸易方式 X(来料加工 N 和进料加工 S)和组织形式 Z(外包 O 和一体化 I)下的外部融资约束门槛。

图 5-2 表明,在来料加工条件下,自身融资约束较大的供应商从事一体化的组织形式,因为一体化可以降低加工贸易企业面临的融资约束可能性。而且,在从事一体化的供应商中也分为存在融资约束和不存在融资约束的企业。在来料加工条件下,资金水平较高的供应商从事外包的组织形式,而且在选择外包的供应商中,根据资金水平不同,也可以划分为存在融资约束和不存在融资约束的企业。在进料加工条件下,供应商面临类似的选择。当采取一体化组织形式时,跨国公司可以为面临更大融资约束的企业进行内部贷款或联合融资(co-financing),供应商可以得到资金支持之"取",但同样面临利润下降之"舍"。这种权衡取舍决定了当供应商流动性水平较高时,选择外包的组织形式;流动性低时,选择一体化的组织形式。

由命题 2 和命题 3 得到如下推论。

推论:在其他条件相同的情况下,融资约束大的企业从事低价值链环节的贸易(来料加工),融资约束小的企业从事较高价值链环节的贸易(进料加工),即融资约束会限制企业从事更高全球价值链环节的贸易。相反地,生产率高的企业位于较高的全球价值链环节,生产率低的企业位于低价值链环节,即生产率会促进企业从事更高的全球价值链环节活动。

上述理论命题和推论指出,企业从事更高的全球价值链环节具有两个效应:一是生产率效应,即通过从事更多的价值链环节活动获取更高的收益和利润;二是融资约束效应,即位于较高价值链环节的企业,面临更大的融资约束,进而降低利润。无融资约束时,只有生产率效应发挥作用。有融资约束时,生产率效应和融资约束效应同时发挥作用。因此,当企业面临融资约束时,一方面生产率效应促使企业追求更高的全球价值链环节活动,另一方面融资约束效应限制企业这么做。结果,只有融资约束小和生产率大的企业才得以从事更高全球价值链环节的贸易,获取更高的收益和利润;融资约束大和生产率低的企业不得不位于低价值链环节。

理论模型没有对生产率和融资约束之间的直接关系进行深入刻画,只能得到生产率如何影响从来料加工转向进料加工的融资约束门槛,以及融资约束如何影响生产率门槛。如公式(5-42)所证明的,更高的生产率有助于降低加工贸易企业从事进料加工的融资约束门槛,即生产率更高的加工贸易企业,在融资约束更大时也可以从事进料加工。公式(5-43)显示更高的融资约束会提高生产率门槛。

$$\Pi_S^{NZ}(k^{N/S}) = \Pi_S^{SZ}(k^{N/S}) \Rightarrow \frac{\partial k^{N/S}}{\delta\phi} < 0 \qquad (5-42)$$

$\phi^{N/S}$ 表示有融资约束时,从来料加工转向进料加工的生产率门槛,则有:

$$\Pi_S^{NZ}(\phi^{N/S}) = \Pi_S^{SZ}(\phi^{N/S}) \Rightarrow \frac{\partial \phi^{N/S}}{\partial k} < 0 \qquad (5-43)$$

第三节　数据和模型

一、数据处理

本章数据来自 2000—2006 年中国工业企业数据和海关数据[①],处理过程如下。首先,借鉴已有研究(Ahn et al.,2011)的方法采用企业名称蕴含的关键字进行识别,剔除海关数据中的贸易中间商,共剔除 51 950 个中间商,占所有出口企业数的 16.8%,其贸易额占中国对外贸易总额的 20.9%。[②] 其次,对工业企业数据进行重新编码,以解决同一企业在不同年份代码不统一的问题。第三,使用企业名称以及电话号码后 7 位与 6 位邮政编码组成的 13 位代码,分别作为识别变量对两套数据进行匹配,只要企业名称和 13 位代码有一个变量完全识别就算匹配成功。第四,剔除加工贸易出口和进口都为零的观测值。第五,为了提高数据质量,匹配后的数据同时剔除了工业总产值、固定资产合计、全部职工等一些重要经济指标数值为 0 或负的样本,最后得到 38 472 个企业,共计111 977 条观测记录。所有数据均剔除了价格因素和汇率因素的影响(以 2000年为基期),相应的价格指数与汇率数据,取自中国国家统计局。对所有变量进行缩尾处理,以剔除极端值的影响。

二、计量设定

为了验证理论部分得到的推论,构建如下实证方程:

$$\ln GVC_{it} = \beta_0 + \beta_1 \ln FC_{it} + \beta_2 \ln TFP_{it} + \beta_3 \ln Aset_{it} + \beta_4 \ln Age_{it} + \beta_5 \ln KpL_{it} + \Sigma \psi_i firm_i + \Sigma \delta_m year_m + \Sigma \zeta_k ind_k + \Sigma \varphi_p prov_p + \epsilon_{it}$$

(5-44)

---

① 中国工业企业数据来自国家统计局,海关数据来自中国海关总署。
② 这些关键字包括"进出口""经贸""贸易""科贸""外经"等。已有研究(Ahn et al.,2011)共剔除 29 982 个中间商,贸易额占中国对外贸易总额的 22.3%。

其中，i 表示企业，t 表示年份，GVC_{it} 为企业所处的全球价值链地位，FC_{it} 为企业的融资约束，TFP_{it} 为全要素生产率，$Aset_{it}$ 为企业总资产，Age_{it} 为企业年龄，KpL_{it} 为企业的人均资本强度，$firm_i$ 为企业虚拟变量，$year_m$ 为年份虚拟变量，ind_k 为行业虚拟变量，$prov_p$ 为省份虚拟变量，ε_{it} 为扰动项。各个变量的衡量方法说明如下：

（1）全球价值链地位 GVC_{it}。为力求准确合理，采用以下两种方法衡量加工贸易企业的全球价值链地位。在基准回归部分，采用已有研究（Kee and Tang，2016）新近提出的企业附加值（DVA）方法。在稳健性分析部分，采用进料加工占加工贸易总额的比重（IAR）。进料加工和来料加工在全球价值链中从事不同的生产环节活动，从侧面反映其不同的全球价值链地位。同时，企业针对不同贸易方式的选择即是对全球价值链地位的隐性选择（Manova and Yu，2016）。

（2）融资约束 FC_{it}。探究加工贸易企业的融资约束问题，面临经验上难以识别的困难。鉴于其复杂性和非统一性，选取学术界新近发展起来的 SA 指数和传统的流动比率指标进行全面分析。SA 指数能够有效反映企业的融资约束（Hadlock and Pierce，2010）。SA 指数取值为负，绝对值越大表示面临的融资约束越大，因此对原始值取负，然后再取自然对数，则 lnSA 取值越大，表示融资约束越大。在稳健性分析部分，选取流动比率即流动资产与流动负债的差额/总资产（CAR）作为稳健性检验。

（3）全要素生产率 TFP_{it}。采用 OP 半参数三步法，估计加工贸易企业的全要素生产率。在进一步分析中，将融资约束与全要素生产率的交叉项纳入计量模型，考察融资约束和生产率如何相互影响各自对全球价值链地位提升的作用效果。

（4）其他控制变量。$Aset_{it}$ 为企业总资产表示的企业规模，企业规模越大，所处的价值链地位越高，因此预期符号为正。Age_{it} 为企业年龄，企业年龄是企业经验的外在表现，越大表示企业经验越丰富，所处的价值链地位越高，因此预期符号也为正。KpL_{it} 为企业人均资本强度，采用人均固定资产表示。对所有变量都进行取自然对数处理。

三、描述性统计

表5-2中列出不同贸易方式下，企业国内附加值和附加值比率的描述性统计结果，并报告三个样本。样本1表示从事某种贸易方式，完全不考虑从事多贸易方式企业的影响。样本2剔除从事另外一种加工贸易方式的企业。样本3同时剔除从事另外一种加工贸易方式和一般贸易的企业。结果显示，无论采用企业国内附加值还是附加值比率作为衡量指标，进料加工企业都显著高于来料加工企业，该结论不受是否考虑多贸易方式企业的影响。这说明进料加工企业相对于来料加工企业，位于较高的全球价值链地位。因此，采用国内附加值和进料加工比率，衡量加工贸易企业的全球价值链地位具有内在一致性。

表5-2　全球价值链地位描述性统计

样本	贸易方式	变量	均值	标准差	最小值	中位数	最大值	观测值
样本1	来料加工	lnDVA	13.062	1.927	8.110	13.323	17.892	23 161
		DVAR	0.501	0.259	0.000	0.478	1.000	23 161
	进料加工	lnDVA	13.486	1.892	8.110	13.574	17.892	76 206
		DVAR	0.605	0.273	0.000	0.621	1.000	76 206
样本2	来料加工	lnDVA	12.614	2.04	8.110	12.951	17.892	10 403
		DVAR	0.507	0.274	0.000	0.475	1.000	10 403
	进料加工	lnDVA	13.498	1.92	8.110	13.577	17.892	63 448
		DVAR	0.627	0.273	0.000	0.652	1.000	63 448
样本3	来料加工	lnDVA	12.859	1.92	8.110	13.166	17.892	2 132
		DVAR	0.506	0.283	0.000	0.467	1.000	2 132
	进料加工	lnDVA	13.568	1.737	8.110	13.639	17.892	15 504
		DVAR	0.568	0.277	0.000	0.563	1.000	15 504

注：从样本1到样本3表示逐渐剔除多贸易方式企业的过程。lnDVAR表示企业国内附加值比率对数值，即对国内附加值/加工贸易总出口取对数。lnDVA表示企业国内附加值对数值。

从表5-3可知，进料加工的lnSA(SA指数取负并取自然对数)显著低于来料加工，说明来料加工企业的融资约束更大。同时，进料加工的生产率、总资产、企业年龄、人均资本强度都高于来料加工，说明进料加工企业的生产经营状况更好,也从侧面说明进料加工相对于来料加工是较高的全球价值链环节活动。

表 5-3　主要解释变量描述性统计

	变量	均值	标准差	最小值	中位数	最大值	观测值
来料加工	lnSA	1.235	0.080	0.959	1.228	1.575	19 395
	lnCAR	−1.691	1.054	−5.419	−1.466	−0.196	15 350
	lnTFP	1.085	0.316	−0.118	1.123	1.718	18 851
	lnAset	10.027	1.320	7.733	9.868	14.444	24 139
	lnAge	2.016	0.642	0.000	2.079	3.829	24 159
	lnKpL	3.184	1.344	0.059	3.165	6.864	24 038
进料加工	lnSA	1.228	0.081	0.959	1.227	1.575	68 219
	lnCAR	−1.714	1.044	−5.419	−1.494	−0.196	56 971
	lnTFP	1.104	0.318	−0.118	1.144	1.718	66 391
	lnAset	10.528	1.383	7.733	10.356	14.444	84 797
	lnAge	2.040	0.631	0.000	2.079	3.829	84 897
	lnKpL	3.536	1.371	0.059	3.543	6.864	84 572

注:报告的结果为样本1的结果,样本2和样本3的结果与此类似,限于篇幅未予以显示。lnSA 表示 SA 指数取负对数值,lnCAR 表示流动比率即流动资产与流动负债的差额/总资产的对数值,lnTFP 表示企业全要素生产率对数值,lnAset 表示企业总资产对数值,lnAge 表示企业年龄对数值,lnKpL 表示企业人均资本强度对数值。

第四节　实证检验

一、不同贸易方式下企业的生产率差异

命题 1 在已有研究(Manova and Yu,2016)中得到支持,本章不再重复验证。本章对命题 2 进行经验检验。由于无法得到供应商采用外包还是一体化的详细数据,本章主要对进料加工和来料加工企业的全要素生产率差异进行细致考察。为了控制同时性偏差和样本选择偏差,借鉴奥利和派克斯以及鲁晓东和连玉君的做法(Olley and Pakes,1996;鲁晓东和连玉君,2012),采用 OP 半参数三步法估计加工贸易企业的全要素生产率。经过计算得到:以出口为划分依

据,进料加工企业和来料加工企业的 TFP 均值分别为 3.14 和 3.00;以进口为划分依据,进料加工企业和来料加工企业的 TFP 均值分别为 3.15 和 3.00;以进出口总额为划分依据,进料加工企业和来料加工企业的 TFP 均值分别为 3.15 和 3.00。上述进料加工企业与来料加工企业的 TFP 差异均在 1% 的水平上通过了检验。总体来看,加工贸易企业的 TFP 普遍低于鲁晓东和连玉君所得出的一般贸易企业的 TFP。

二、融资约束影响全球价值链提升的基准回归

下面以 SA 指数作为融资约束的代理变量,讨论加工贸易企业融资约束与其全球价值链地位提升的关系。基准回归结果显示在表 5-4 中。表 5-4 中的列(1)和(2)控制了企业和年份固定效应,列(3)和(4)进一步控制了行业固定效应,列(5)和(6)更进一步控制了省份固定效应。由结果可知,不管采用何种设定形式,核心解释变量的符号与显著性都与预期一致,而且融资约束、全要素生产率、企业规模、企业年龄的估计系数都通过了显著性检验。平均而言,融资约束增大 1 个百分点,加工贸易企业以企业国内附加值衡量的全球价值链地位下降 2.8 个百分点。生产率提高 1 个百分点,全球价值链地位提升 0.42 个百分点。这与理论模型预测结果一致。表 5-4 列(1)至(6)都显示:企业规模越大,所处的全球价值链地位越高,而且统计上高度显著;企业年龄越大,所处的全球价值链地位越高,而且都通过了显著性检验;加工贸易企业的人均资本强度越大,所处的价值链环节越低,统计上也是高度显著。因此,加工贸易企业面临的融资约束,对其全球价值链地位具有显著抑制作用,生产率则具有显著促进作用。

表 5-4 基准回归结果

因变量: lnDVA	(1)	(2)	(3)	(4)	(5)	(6)
lnSA	−1.811***	−2.767***	−1.825***	−2.775***	−1.822***	−2.777***
	(−9.94)	(−12.54)	(−10.05)	(−12.62)	(−10.02)	(−12.61)

因变量： lnDVA	(1)	(2)	(3)	(4)	(5)	(6)
lnTFP	—	0.419***	—	0.420***	—	0.420***
		(17.42)		(17.45)		(17.44)
lnAset	—	0.367***	—	0.368***	—	0.367***
		(21.06)		(21.14)		(21.10)
lnAge	—	0.361***	—	0.359***	—	0.361***
		(11.22)		(11.17)		(11.21)
lnKpL	—	−0.060***	—	−0.060***	—	−0.060***
		(−5.71)		(−5.67)		(−5.72)
常数项	15.412***	11.964***	11.289***	8.008***	11.370***	8.129***
	(70.50)	(38.01)	(49.61)	(25.12)	(42.30)	(23.18)
观测值	69 653	67 784	69 653	67 784	69 653	67 784
组间 R^2	0.038	0.082	0.040	0.083	0.040	0.083

注：括号内是 t 统计值，基于针对企业的聚类标准差得出。＊＊＊表示 1%水平上显著。lnDVA 表示企业国内附加值对数值，lnSA 表示 SA 指数取负对数值，lnTFP 表示企业全要素生产率对数值，lnAset 表示企业总资产对数值，lnAge 表示企业年龄对数值，lnKpL 表示企业人均资本强度对数值。

第五节　稳健性分析

一、融资约束影响全球价值链提升的所有制差异

将全样本划分为国有企业、私营企业和外资企业分别进行研究的结果，报告在表 5－5 前三列。其基本结论是一致的，加工贸易企业融资约束越大，所处的全球价值链地位越低，这一关系通过了 10%的显著性检验。同时，企业 TFP 越大，所处的全球价值链地位越高，这一关系在所有方程中都通过了 1%的显著性检验。

二、融资约束影响全球价值链提升的地区差异

将全样本划分为东部地区、中部地区和西部地区分别进行研究的结果，报

告在表 5-5 后三列。对东部地区和西部地区而言,融资约束对加工贸易企业全球价值链地位提升的影响保持稳健,低融资约束和高生产率都表现出对价值链地位提升的显著促进作用。中部地区的融资约束影响不显著,不过符号仍然为负。不显著的原因可能与中部地区样本量过少有关,不及西部地区样本的一半。这说明基准回归结果是大体稳健的。

表 5-5　不同所有制和不同地区的回归结果

因变量: lnDVA	不同所有制			不同地区		
	国有企业	私营企业	外资企业	东部地区	中部地区	西部地区
	(1)	(2)	(3)	(4)	(5)	(6)
lnSA	−2.226***	−2.367*	−2.706***	−2.793***	−0.672	−2.984***
	(−2.67)	(−1.71)	(−11.57)	(−11.55)	(−0.55)	(−4.88)
lnTFP	0.570***	0.622***	0.413***	0.408***	0.479***	0.502***
	(3.62)	(3.38)	(16.94)	(15.29)	(3.26)	(8.73)
lnAset	0.381***	0.625***	0.351***	0.381***	0.469***	0.253***
	(3.82)	(6.33)	(19.80)	(19.78)	(4.87)	(5.97)
lnAge	0.280**	0.213	0.391***	0.356***	0.235	0.421***
	(2.17)	(1.17)	(11.40)	(10.27)	(1.38)	(3.85)
lnKpL	−0.050	−0.123**	−0.063***	−0.063***	−0.003	−0.066**
	(−0.93)	(−2.06)	(−5.84)	(−5.56)	(−0.04)	(−2.10)
常数项	12.556***	5.373***	8.303***	11.625***	7.472***	15.166***
	(7.72)	(2.81)	(22.81)	(25.74)	(3.44)	(17.82)
观测值	4 986	4 141	58 657	57 543	3 046	7 195
组间 R²	0.070	0.148	0.084	0.082	0.098	0.113

注:括号内是 t 统计值,基于针对企业的聚类标准差得出。列(1)—(6)都控制了企业、年份、行业和省份固定效应。*、**、***分别表示 10%、5%、1%水平上显著。lnDVA 表示企业国内附加值对数值,lnSA 表示 SA 指数取负对数值,lnTFP 表示企业全要素生产率对数值,lnAset 表示企业总资产对数值,lnAge 表示企业年龄对数值,lnKpL 表示企业人均资本强度对数值。

三、融资约束影响全球价值链提升的指标敏感性

(一) 全球价值链地位衡量指标的敏感性

如前所述,进料加工相对于来料加工承担更多的全球价值链环节活动,体

现了更高的全球价值链地位。基于此,采用进料加工比例(IAR),即进料加工出口占加工贸易出口的比值以及进料加工进出口占加工贸易进出口的比值,作为加工贸易企业全球价值链地位的另一个衡量指标,两者的数值越大,表示所处的全球价值链环节越高。回归结果分别显示在表5-6前两列。结果与基准回归大体一致。融资约束提高1个百分比,会带来以出口和进出口衡量的进料加工比例都降低0.08个单位。生产率提高1个百分比,带来以出口和进出口衡量的进料加工比例都提高0.02个单位。

(二) 企业融资约束衡量指标的敏感性

采用流动比率(CAR)即(流动资产－流动负债)/总资产,作为融资约束的另一个衡量指标。该比率越大,表示企业的财务状况越健康,自身融资约束越小。表5-6第(3)列的回归结果显示,企业的流动性比率越大,即融资约束越小,所处的全球价值链地位越高,对应的系数通过了1%的显著性检验。这与基准回归得到的结论本质上是一致的。平均而言,流动性比率提高1个百分点,会带来企业国内附加值表示的全球价值链地位提高0.02个百分点。生产率提高1个百分点,会带来企业附加值提高0.42个百分点。

四、剔除多贸易方式企业的影响

基准回归没有考虑同时从事多种贸易方式的企业样本对回归结果的可能影响。多贸易方式企业的行为特征,可能不同于单贸易方式企业。为了提高结果的可信度,本章的稳健性分析剔除多贸易方式企业后,对基准回归进行重新分析,得到了一致的结果,如表5-6第(4)列所示。从结果可知,基准回归所得到的主要结论并没有发生本质改变。融资约束对加工贸易企业处于较高全球价值链地位的抑制作用,仍然是高度显著的;生产率对企业全球价值链地位提升的促进作用也是显著的。

表 5-6 指标敏感性和单一贸易方式回归结果

因变量	IAR_出口	IAR_进出口	lnDVA	lnDVA
	lnFC=lnSA	lnFC=lnSA	lnFC=lnCAR	lnFC=lnSA
	(1)	(2)	(3)	(4)
lnFC	−0.076***	−0.081***	0.024***	−3.354***
	(−2.91)	(−3.29)	(2.67)	(−6.29)
lnTFP	0.020***	0.019***	0.416***	0.416***
	(5.67)	(5.89)	(13.60)	(8.81)
lnAset	0.007***	0.007***	0.415***	0.179***
	(3.52)	(3.49)	(18.05)	(6.33)
lnAge	0.014***	0.012***	0.167***	0.466***
	(3.25)	(2.95)	(4.22)	(5.94)
lnKpL	−0.001	−0.002	−0.059***	−0.048**
	(−0.49)	(−1.03)	(−4.40)	(−2.43)
常数项	0.807***	0.790***	8.570***	13.869***
	(18.22)	(18.18)	(26.19)	(13.89)
观测值	79 776	86 981	45 731	13 503
组间 R^2	0.005	0.004	0.070	0.085

注:括号内是 t 统计值,基于针对企业的聚类标准差得出。列(1)采用出口表示进料加工比例,列(2)采用进出口表示进料加工比例,列(3)以流动比率衡量融资约束,列(4)是单一贸易方式的结果。方程都控制了企业、年份、行业和省份固定效应。**、***分别表示 5%、1%水平上显著。IAR 表示进料加工比率即进料加工/加工贸易,lnDVA 表示企业国内附加值对数值,lnFC 表示融资约束对数值,lnSA 表示 SA 指数取负对数值,lnCAR 表示流动比率对数值,lnTFP 表示企业全要素生产率对数值,lnAset 表示企业总资产对数值,lnAge 表示企业年龄对数值,lnKpL 表示企业人均资本强度对数值。

第六节　进一步分析

一、融资约束和生产率的内生性

融资约束和生产率都可能是内生的,即 FC 或 TFP 与扰动项相关。为了解决这一问题,本章运用面板固定效应工具变量估计法(xtivreg2)进行内生性检验,结果报告在表 5-7 中。工具变量在理论上需满足两个条件:一是必须与内生变量相关,二是与扰动项不相关。参考已有研究(Fisman and Svensson, 2007)构建分组平均值作为工具变量的思路,采用行业-年份均值作为内生变量的工具变量。以融资约束为例,将融资约束的行业-年份均值作为 FC 的工具变量。因此 FC 可以分解为两部分:$FC_{it} = FC_{itavg} + FC_{itspc}$,其中 FC_{itavg} 表示企业所在行业-年份的融资约束均值,FC_{itspc} 表示企业融资约束与行业-年份均值的差异。这种分解方法使得企业非观测因素的影响只与 FC_{itspc} 有关,同时,FC_{itavg} 与 FC 相关但与扰动项不相关,所以将融资约束行业-年份均值作为工具变量满足逻辑上的条件,是恰当的工具变量。按照相同思路选取生产率的行业-年份均值作为生产率的工具变量。在实际操作层面,检验工具变量是否可靠依据两个标准。一个是弱工具变量检验准则,原假设为"工具变量与内生变量存在微弱的相关性",如果拒绝原假设,则满足该准则,说明工具变量与内生变量相关。另一个是内生性检验,原假设为"不存在内生性",接受原假设,说明工具变量在技术上消除了内生性问题。表 5-7 中关于工具变量的检验结果说明,工具变量选择得当且效果较好。回归结果显示,基本结论与基准回归结果一致。特别地,融资约束更大的企业,所获取的附加值显著更小。因此,本章关于融资约束抑制企业从事较高全球价值链地位,生产率促进企业从事较高全球价值链地位的结论,都是稳健和可靠的。

表 5-7　内生性检验结果

因变量: lnDVA	融资约束内生性		生产率内生性		二者都控制	
	(1)	(2)	(3)	(4)	(5)	(6)
lnSA	−7.438***	−8.112***	−2.635***	−2.572***	−7.443***	−8.088***
	(−2.79)	(−3.11)	(−10.22)	(−10.01)	(−2.76)	(−3.06)
lnTFP	0.351***	0.342***	0.556***	0.630***	0.342	0.383*
	(7.91)	(7.80)	(2.80)	(3.21)	(1.57)	(1.77)
lnAset	0.285***	0.274***	0.360***	0.357***	0.286***	0.272***
	(5.85)	(5.77)	(21.14)	(20.99)	(6.10)	(5.94)

因变量: lnDVA	融资约束内生性		生产率内生性		二者都控制	
	(1)	(2)	(3)	(4)	(5)	(6)
lnAge	0.749***	0.804***	0.346***	0.337***	0.750***	0.800***
	(3.36)	(3.70)	(10.38)	(10.17)	(3.30)	(3.60)
lnKpL	−0.061***	−0.062***	−0.050***	−0.045***	−0.062***	−0.059***
	(−6.79)	(−6.80)	(−3.05)	(−2.76)	(−3.62)	(−3.45)
内生性检验 p值	0.0765	0.0379	0.4892	0.2815	0.1852	0.0816
N	57304	57304	57304	57304	57304	57304

注:括号内是 t 统计值,基于针对企业的聚类标准差得出。弱工具变量检验为 Cragg-Donald Wold F 统计值,限于篇幅,未予以报告。内生性检验 p 值为内生性检验统计值对应的 p 值。列(1)、(3)、(5)控制了企业和年份固定效应,列(2)、(4)、(6)进一步控制了行业和省份固定效应。*、*** 分别表示 10%、1%水平上显著。lnDVA 表示企业国内附加值对数值,lnSA 表示 SA 指数取负对数值,lnTFP 表示企业全要素生产率对数值,lnAset 表示企业总资产对数值,lnAge 表示企业年龄对数值,lnKpL 表示企业人均资本强度对数值。

二、融资约束对贸易方式选择的动态影响

前面分析没有考虑贸易方式的动态变化。下面以是否发生贸易方式转变作为虚拟变量,考虑两种贸易方式转变,一是从单纯的来料加工转向进料加工,二是从单纯的加工贸易转向一般贸易。当从 t 期到 t+1 期发生目标贸易方式转变时,虚拟变量在 t 期取值为 1,否则取值为 0。从来料加工转向进料加工以及从加工贸易转向一般贸易的描述性统计结果显示在表 5-8 中。在所有当期从事来料加工但不从事进料加工的观测值中,在下一期转向进料加工和不转向(仍不从事进料加工)的观测值大约各占 50%。在所有当期从事加工贸易但不从事一般贸易的观测值中,在下一期转向一般贸易和不转向(仍不从事一般贸易)的观测值也大约各占 50%。采用面板 probit 方法估计回归方程,回归结果汇报在表 5-9 中。列(1)至(3)是从来料加工转向进料加工的回归结果,列(4)至(6)是从加工贸易转向一般贸易的回归结果。结果显示,融资约束越大,从低层次价值链环节转向高层次价值链环节的概率显著降低;生产率越高,转换的

概率越高。因此,融资约束不仅限制企业在全球价值链中获取更高的附加值,而且会降低企业向高价值链环节转换的概率。

表 5 - 8　贸易方式转换描述性统计

是否发生转换	从来料加工到进料加工		从加工贸易到一般贸易	
	观测值	占比(%)	观测值	占比(%)
1	6 521	48.94	12 919	49.33
0	6 250	51.06	13 271	50.67
合计	12 771	100	26 190	100

注:"是否发生转换"取值 1 表示"是",0 表示"否"。

表 5 - 9　融资约束对贸易方式转换的动态影响

因变量: 是否转换	来料加工转向进料加工			加工贸易转向一般贸易		
	(1)	(2)	(3)	(4)	(5)	(6)
lnSA	−0.864***	−1.015***	−1.196***	1.086***	−0.420	−0.546*
	(−2.72)	(−3.17)	(−3.77)	(4.49)	(−1.42)	(−1.86)
lnTFP	−0.020	−0.033	−0.057	0.300***	0.068**	0.066**
	(−0.41)	(−0.69)	(−1.18)	(10.97)	(2.10)	(2.02)
lnAset	0.009	0.009	0.009	0.020**	−0.029***	−0.020*
	(0.60)	(0.57)	(0.58)	(2.15)	(−2.60)	(−1.81)
lnAge	0.169***	0.180***	0.203***	−0.108***	0.132***	0.133***
	(4.06)	(4.30)	(4.82)	(−4.15)	(4.12)	(4.17)
lnKpL	0.057***	0.044***	0.018	0.013	0.045***	0.045***
	(4.44)	(3.14)	(1.22)	(1.63)	(5.03)	(4.59)
常数项	0.061	0.373	1.359**	−1.644***	−0.094	0.612
	(0.16)	(0.73)	(2.35)	(−5.39)	(−0.25)	(1.10)
观测值	7 458	7 455	7 452	19 918	15 788	15 783

注:括号内是 t 统计值,基于针对企业的聚类标准差得出。列(1)和(4)控制了企业和年份固定效应,列(2)和(5)进一步控制了行业固定效应,列(3)和(6)更进一步控制了省份固定效应。* 、* * 、* * * 分别表示 10%、5%、1% 水平上显著。lnSA 表示 SA 指数取负对数值,lnTFP 表示企业全要素生产率对数值,lnAset 表示企业总资产对数值,lnAge 表示企业年龄对数值,lnKpL 表示企业人均资本强度对数值。

三、生产率与融资约束对各自作用的可能影响

本章将生产率与融资约束的交叉项纳入回归方程,以考察生产率和融资约束对各自发挥作用的可能影响。表 5-10 报告了回归结果,列(1)至(3)中包含融资约束以及融资约束与生产率的交叉项,列(4)至(6)中包含生产率以及融资约束与生产率的交叉项。在列(1)至(3)中,融资约束对全球价值链地位提升的影响(对 lnSA 求偏导)为:$\beta_{lnSA}+\beta_{lnSA\times lnTFP}\times lnTFP$,lnSA 的估计系数为 -3.2,lnSA×lnTFP 的估计系数为 0.35,很明显,随着生产率的增大,融资约束对全球价值链地位提升的抑制作用在不断下降。在列(4)至(6)中,生产率对全球价值链地位提升的影响(对 lnTFP 求偏导)为:$\beta_{lnTFP}+\beta_{lnSA\times lnTFP}\times lnSA$,lnTFP 的估计系数为 2.4,lnSA×lnTFP 的估计系数为 -1.6,说明随着融资约束的增大,生产率对全球价值链地位提升的促进作用在逐渐减弱。可见,更高的生产率可以削弱融资约束对全球价值链地位提升的抑制作用;更大的融资约束也可以减弱生产率对全球价值链地位提升的促进作用。这启示我们,致力于提高企业生产率和为企业提供外部融资支持,这两个举措的搭配使用有助于更好地促进企业全球价值链地位的提升。

表 5-10 生产率与融资约束对各自作用的可能影响

因变量:lnDVA	(1)	(2)	(3)	(4)	(5)	(6)
lnSA	-2.401^{***} (-12.57)	-3.211^{***} (-14.57)	-3.221^{***} (-14.66)	—	—	—
lnTFP	—	—	—	2.136^{***} (12.03)	2.359^{***} (12.15)	2.367^{***} (12.23)
lnSA×lnTFP	0.421^{***} (21.23)	0.345^{***} (17.48)	0.345^{***} (17.50)	-1.327^{***} (-9.15)	-1.581^{***} (-9.93)	-1.587^{***} (-10.00)
lnAset	—	0.367^{***} (21.05)	0.367^{***} (21.09)	—	0.381^{***} (21.78)	0.381^{***} (21.82)
lnAge	—	0.366^{***} (11.38)	0.366^{***} (11.38)	—	0.275^{***} (9.11)	0.274^{***} (9.09)

续表

因变量: lnDVA	(1)	(2)	(3)	(4)	(5)	(6)
lnKpL	—	-0.060^{***}	-0.060^{***}	—	-0.061^{***}	-0.061^{***}
		(-5.68)	(-5.69)		(-5.76)	(-5.77)
常数项	11.404^{***}	12.496^{***}	8.665^{***}	8.468^{***}	8.600^{***}	4.726^{***}
	(41.03)	(39.90)	(24.87)	(51.22)	(48.33)	(20.34)
观测值	67 784	67 784	67 784	67 784	67 784	67 784
组间 R^2	0.056	0.082	0.083	0.056	0.080	0.081

注:括号内是 t 统计值,基于针对企业的聚类标准差得出。列(1)和(4)控制了企业和年份固定效应,列(2)和(5)进一步控制了行业固定效应,列(3)和(6)进一步控制了省份固定效应。***表示 1%水平上显著。lnDVA 表示企业国内附加值对数值,lnSA 表示 SA 指数取负对数值,lnTFP 表示企业全要素生产率对数值,lnAset 表示企业总资产对数值,lnAge 表示企业年龄对数值,lnKpL 表示企业人均资本强度对数值。

第七节 结论性评述:技术创新和金融改革是全球价值链升级的关键

加工贸易在我国对外贸易发展的历史进程中发挥了重要作用,但在开放型经济新时期加工贸易的转型升级也是我国整体产业转型升级和全球价值链地位提升需要重点解决的问题。既有研究鲜有从融资约束的视角对此展开分析。本章将加工贸易中的来料加工和进料加工纳入理论模型,运用企业附加值最新测算方法,对中国加工贸易企业的融资约束与其全球价值链地位提升的关系进行了研究。

理论研究发现:第一,高生产率企业从事进料加工,低生产率企业从事来料加工,这也印证了进料加工是相对于来料加工更高的价值链环节。第二,加工贸易企业从事的全球价值链环节越高,面临融资约束的可能性越大,因而融资约束小的企业位于更高的全球价值链地位。这意味着,较小的融资约束为加工贸易企业全球价值链地位的提升,提供了一种潜在的比较优势。

　　基于 2000—2006 年中国工业企业数据和海关数据,本章对上述命题和推论进行了经验检验。采用 OP 半参数估计法对加工贸易企业全要素生产率进行测算发现,进料加工企业的全要素生产率显著高于来料加工企业。基准回归结果显示,融资约束对企业全球价值链地位的提升存在显著的抑制作用,其生产率提高则有显著促进作用。本章区分所有制差异、地区差异,采用替代性指标,剔除多贸易方式企业,对基准回归结果进行了稳健性分析,发现基本结论是相当稳健的。采用行业-年份均值控制融资约束和生产率的内生性后,发现结论仍然成立。进一步考察融资约束对贸易方式转变的动态影响后发现,融资约束大的企业从来料加工转向进料加工,或从加工贸易转向一般贸易的概率都显著更低。本章最后考察了融资约束和生产率对各自发挥作用的可能影响,发现生产率的提高会降低融资约束对全球价值链地位提升的抑制作用,而融资约束的增大会削弱生产率对全球价值链地位提升的促进作用。

　　党的十八大报告明确要求,坚持出口和进口并重,强化贸易政策和产业政策协调,形成以技术、品牌、质量、服务为核心的出口竞争优势,促进加工贸易转型升级。本章研究结论指出,在全球价值链升级过程中,生产率高的企业位于高价值链环节,融资约束大的企业位于低价值链环节。因此,本章直观的政策启示是:第一,促进加工贸易企业生产率的提高,有助于提高企业的全球价值链地位;第二,为加工贸易企业提供直接的外部融资支持,以促进其全球价值链地位的提升;第三,将提高企业生产率的举措与提供外部融资支持的举措搭配使用,二者的相互促进会共同作用于全球价值链地位的提高,因而“双措并举”效果更佳。

第六章　集群商业信用、融资约束与中国外贸转型升级
——基于企业出口扩张视角

第一节　引言

改革开放以来,我国取得了举世瞩目的巨大经济成就,过去三十年完成了西方国家两百年才实现的工业化进程(Summers,2007)。事实上,我国经济高速增长主要依靠出口带动。三十多年来,我国实现了出口快速扩张,由改革开放之初的进口替代型经济体成长为名副其实的出口导向型经济体,"中国制造"在世界范围内随处可见。早期研究发现,运行良好的金融体系是经济发展的关键要件(Goldsmith,1969;Mckinnon,1973;Rajan and Zingales,1998),大多数国家在经济快速发展过程中都拥有发达的资本市场。然而,我国的经济增长和出口扩张却是在极其落后的金融体制下实现的。众多研究表明,中国的金融市场颇为落后,长期处于被抑制的状态(Long and Zhang,2011;Song et al.,2011;Chan et al.,2012)。那么,我国是如何在金融市场不发达的背景下实现了引人注目的高速经济增长和出口扩张奇迹呢?

既有研究发现,不同于依赖正规金融,经济发展过程中依赖非正规金融,比如从家族、亲戚和朋友那里借款,是支撑中国经济增长的主要方式(Allen et al.,2005)。不过,改革开放之初的中国拥有大量农村人口,而这些人挣扎在贫困线上,可提供的资金极为有限(Ravallion and Chen,2007)。另外一种非正规金融是商业信用,特别是集群内部各个企业之间相互提供的商业信用。中国企业之间商业信用的发展水平非常突出(王永进和盛丹,2013)。而且中国

经济增长伴随着典型的"集群式工业化"(cluster-based industrialization)特征
(Long and Zhang,2011),特别是东部沿海地区,集群的崛起带动了经济高速
增长。大量相互关联的专业化供应商、生产商和贸易商集聚在一起,集群内部
通过相互之间提供商业信用,降低了集群内部新创企业的资本进入壁垒,这很
好地解释了新创企业如何在缺乏初始资金的情况下克服资本进入壁垒得以成
立,集群内部专业化供应商和生产商的相互竞争进一步提高了企业的生产率。

与经济增长相类似,出口活动也需要大量外部融资支持。众多理论和实证
研究证实,出口企业与内销企业相比,不仅需要承担大量前期固定成本投资,而
且需要付出更大的可变成本,其中固定成本包括市场开拓成本、营销成本等,可
变成本包括运输成本、保险费用、关税成本等,这些成本不同程度地对企业出口
行为产生影响(Melitz,2003;Carluccio and Fally,2012;罗长远和陈琳,2012)。
此外,出口收益的实现周期也显著长于内销。跨境运输和配送通常比完成国内
订单的时间多花30～90天(Djankov et al.,2010)。因而,只有融资约束小的企
业才能克服高昂的前期投入成本进入出口市场。外部资金支持在出口中发挥
重要作用在经验上获得了众多证据支持(Chaney,2013)。卡卢西奥和法利
(Carluccio and Fally,2012)基于法国跨国公司的数据发现,金融发展为发达国
家提供了生产复杂和特定投入品的比较优势,跨国公司倾向于通过收购或兼并
金融落后国家的供应商(后向一体化)为其融资,特别是相互之间的贸易涉及复
杂和特定投入品时,这种倾向更为明显。考斯蒂诺(Costinot,2009)的研究表
明,外部融资支持有助于那些承担更大生产成本的潜在出口商从事出口行为。
进一步地,马纳瓦(Manova,2013)深入分析了融资约束限制企业从事国际贸
易的三个渠道,即对异质性企业从事国内生产的选择效应,对异质性企业进入
出口市场的选择效应以及对异质性企业出口水平的约束效应。贝克尔
(Becker et al.,2013)发现金融发展更能促进固定成本更高行业的企业出口,
同时金融发展还会影响企业出口动态。其他一些学者发现,金融发展主要影
响企业的扩展边际,对集约边际的作用较微弱,这源于扩展边际相对于集约边

际需要更多的固定成本投资,比如产品研发、市场进入、营销网络的建立等(Greenaway et al.,2007;Bellone et al.,2010;Minetti and Zhu,2011;Manova,2013)。

那么,作为非正规金融的集群商业信用是否会通过缓解企业融资约束促进我国企业出口扩张呢?关于商业信用的既有研究,并没有针对这一问题给出明确的答案,而是主要集中于商业信用的产生动机以及所带来的影响。早期研究认为,由于商业信用提供者在集群内部商业关系中具有信息优势,对商业伙伴更加了解,能够克服导致金融机构不贷款给私营企业的信息不对称问题(Mian and Smith,1992)。供应商之间的隐性借贷可以为企业提供外部资金支持,在美国,与银行等金融机构没有较好借贷关系的企业通常持有很高的应付账款(Petersen and Rajan,1997),在货币收缩时期更是如此(Nilsen,2002)。这在一定程度上类似于商业信用的替代性融资属性(陆正飞和杨德明,2011),并揭示了供应商和生产商之间的商业信用为面临融资约束的企业提供外部资金支持的可能性。在此基础上,后续研究验证了商业信用在金融中介不活跃的地方发挥更大的作用(Fisman and Love,2003)。这说明,供应商之间的商业信用替代了正规融资。不过银行信贷与商业信用之间的互动关系会受到货币政策的影响(饶品贵和姜国华,2013)。进一步的证据表明,商业信用相比于银行信贷期限更短,而且大企业的应付账款是逆周期的(Burkart and Ellingsen,2004;Mateut et al.,2006)。不过上述研究并没有考虑信任对商业信用的影响。社会信任程度更高的地区商业信用更为活跃(Wu et al.,2014)。在商业信用所带来的影响方面,一些学者发现,商业信用会提高企业进入概率和存活率(Barrot,2015);一些学者发现,商业信用通过缓解融资约束促进企业效率提高(石晓军和张顺明,2010)。

然而,供应商之间的商业信用作为一种取代正规金融的资金来源,在企业出口中发挥怎样的作用却鲜有文献对此展开研究,特别是如何影响企业进入和出口增长,这对于理解中国的出口扩张奇迹至关重要。理论上而言,商业信用是基于密切商业关系相互提供资金支持的一种行为,集群恰好为商业信用提供了肥沃的土壤,集群内部大量企业集聚在一起,基于经常性的商业联系建立可靠的信任关系,彼此提供商业信用,有助于缓解出口中的融资约束问题。集群商业信用对企业出口的影响可能存在明显的企业异质性。考虑到中国特殊的经济体制安排,相对于国有企业拥有国家信用背书,进而能够轻易从正规融资渠道获取资金支持,以及外资企业可以从母国或跨国公司母公司获取资金支持,私营企业则难以从正规渠道获得融资支持(Claessens and Tzioumis,2006;Héricourt and Poncet,2009;Poncet et al.,2010;李志远和余淼杰,2013)。因此,集群内部的商业信用为私营企业提供了活水之源,对其出口影响可能更大,而对国有企业和外资企业的影响可能微不足道。因此,有理由预期,集群内部的商业信用不仅有助于提高出口企业的出口水平,而且主要影响私营企业出口扩张,对国有企业和外资企业的影响程度较小或不显著。同时,考虑到不出口企业从不出口转向出口是出口扩展边际的重要表现形式,也有理由认为集群商业信用会通过缓解融资约束显著作用于企业的出口决策。

不过由于商业信用存在较为严重的内生性问题,识别商业信用对企业出口的作用并不容易。一方面,商业信用可能受企业出口的影响,企业出口越多,从事的商业信用活动可能也越多,进而难以分辨商业信用影响出口还是出口影响商业信用。另一方面,商业信用和企业出口可能同时受到第三方面因素的影响,比如地方集群程度。地方集群程度越高,企业之间的互动关系越突出,这不仅有利于企业之间商业信用的发展,而且可能通过集群内部的劳动市场蓄水池效应、技术外溢效应和规模经济效应促进企业出口水平的提高,因此商业信用和企业出口之间的关系变得扑朔迷离,难以辨别孰为因果。

本章以集群商业信用作为解释变量,较好地解决了第一个方面的问题。由于集群商业信用是集群内部所有企业商业信用的加总,受单个企业出口水平影响的可能性较小,因而可以解决反向因果关系。但集群商业信用在相当程度上可以衡量地区经济规模,或与地方经济规模严格正相关。为解决这一问题,我们纳入总产出衡量的县级集群经济规模,以控制地区经济规模对商业信用的影响。对于第二个方面的问题,即为了排除遗漏重要解释变量对回归结果可能造成的干扰,笔者将集群因素纳入回归方程,对结果进行了检验。最为重要的,为了更科学地解决集群商业信用内生性可能带来的识别困境,本章借鉴已有研究(Nunn and Qian,2011;王永进和盛丹,2013;Lu et al.,2014)的研究思路,根据企业是否变更经营地点构造处理组和对照组,并采用双重差分估计方法较好地规避了商业信用的内生性问题。该方法的基本思想为,不同集群的商业信用水平是不同的,一个集群的商业信用对不在该集群内的企业来说是外生的,因此当企业从一个集群单位转向另一个集群单位时,可视为该企业所面临的集群商业信用发生了外生变化,将这些更改经营地的企业看作处理组,与那些没有发生经营地改变的企业(对照组)相对比,就可以识别出集群商业信用对企业出口的影响。当然使用该方法的前提是企业变更经营地的决策与企业出口及目的地集群商业信用水平无关。如果企业变更经营地的决策与企业出口或目的地集群商业信用水平相关,换言之,如果企业变更经营地点是为了提高出口水平,经营地变更决策可能是内生的,该方法的有效性可能受到影响。通过考察企业变更经营地前后所在集群的商业信用和企业出口水平发现,迁移至商业信用水平更高和更低集群的企业数基本相当,而且迁移后出口提高和出口降低的企业数也基本相当。这说明企业经营地变更决策与所在集群的商业信用水平之间不存在系统关系,可以认为企业的经营地变更决策对商业信用和出口来说是外生的。为了提高匹配精度,本章另外采用非参数倾向得分匹配(non-parametric propensity score matching,NPSM)方法筛选与处理组更为接近的控制组,并通过引入企业固定效应和年份固定效应控制处理组和控制组不可观测的个体效应。

集群商业信用存在两种形式,一种是该区域内,企业之间彼此互相提供商业信用,另一种是由于行业或产业结构问题,企业从区域外接收的商业信用。

限于数据可得性,很难区分第一种商业信用。[1] 作为一种弥补,笔者区分了集群从外部获取的商业信用净额。[2] 具体而言,本章采用中国工业企业数据库1999—2007年的数据,将县级单位看作集群单位,研究了集群商业信用对企业出口扩张的影响;检验了集群商业信用是否通过融资约束影响企业出口扩张以及可能存在的两个渠道,即对企业出口决策和出口水平的作用机制。集群内部各企业之间的相互关联和商业上的往来使得相互之间的商业信用非常普遍。研究发现,作为正规融资方式的一种替代,商业信用显著促进了企业出口扩张,该结论与主流文献所揭示的结论是一致的(Long and Zhang,2011)。进一步分析发现,集群商业信用对企业出口的促进作用主要是通过影响私营企业实现的,对国有企业和外资企业的影响程度较小或不显著,而且主要影响东部地区的企业出口。基本结论在考虑变换指标衡量方法、矫正极端值影响、改变模型设定形式以及采用企业-企业层面的数据后保持稳健。机制分析发现,集群商业信用显著缓解了企业融资约束,并借以提高了企业进入概率和出口水平。将集群因素纳入回归方程,以避免由于遗漏重要解释变量产生的潜在内生性问题,结论不发生改变。为了更彻底地解决内生性问题,本章根据企业是否变更经营地点构造处理组和对照组并采用双重差分方法估计回归方程,结论仍然是一致的。由于加工贸易相对于一般贸易涉及更少的出口成本,因此笔者采用加工贸易作为安慰剂检验,发现集群商业信用对加工贸易没有显著影响,这从侧面佐证了本章的结论。本章经验证据表明,集群商业信用不仅影响企业出口水平,而且作用于企业出口决策。

与现有文献相比,本章在如下两个方面有所拓展:第一,本章研究发现集群商业信用通过缓解企业融资约束,不仅能够提高企业出口水平,而且可以提高集群内部企业从不出口转向出口的概率,即作用于企业进入决策。考虑到出口

---

[1] 区分集群内部企业之间互相提供商业信用需要用到企业网络矩阵数据,而据笔者所知尚没有统计渠道可以获取该数据。

[2] 本书后文提供了区分方法的严格证明。

决策是出口扩展边际的重要表现形式,根据新新贸易理论的预测,扩展边际的扩张需要更高的固定成本,对外部融资成本更为迫切和敏感,因此集群商业信用不仅影响企业出口水平,而且作用于企业出口决策。本章基于集群商业信用的视角从一定程度上解释了改革开放以来,中国为何在金融市场长期不发达的情况下依然取得了举世瞩目的出口扩张奇迹。第二,本章证实了集群商业信用对企业出口的影响随企业所有制的不同而产生差异。由于国有企业主要依靠正规融资渠道获取资金,具备国家信用的国有企业可以更容易地从银行获取贷款,外资企业主要依靠母国或母公司获得金融支持,而私营企业难以获取正规融资,因此集群商业信用主要影响私营企业的出口,而对国有企业和外资企业的影响程度较小或不显著。这可以解释在中国市场化改革进程中私营企业虽然相对于国有企业和外资企业更难以从正规融资渠道获取资金,但依然实现了出口快速扩张。

本章其余部分安排如下:第二部分是数据与模型,包括数据处理、模型设定、集群商业信用度量与描述性统计;第三部分是实证检验,包括基准分析和稳健性分析;第四部分是机制检验,包括集群商业信用对企业融资约束的影响以及借以影响出口的两个渠道;第五部分是内生性分析,包括纳入集群因素和根据企业是否变更经营地构造拟自然实验;第六部分是进一步分析,采用企业-企业层面的数据对回归结果进行重新检验,并采用加工贸易作为安慰剂检验;第七部分是总结性评论。

第二节　数据与模型

一、数据处理

本章数据主要来自国家统计局中国工业企业数据库1999—2007年的数据。[1]

---

① 本章没有采用更为新近年份的数据是由于2008年发生的金融危机作为一个外生冲击并不是直接作用于解释变量(商业信用),而是直接作用于被解释变量(出口),这无益于更清晰地识别二者的关系。

处理过程如下:首先,剔除出口企业中承担连接国内生产商(采购商)和国外采购商(生产商)的贸易中间商①,由于数据库没有明确标示哪些企业是贸易中间商,本章借鉴已有研究(Ahn et al.,2011)的方法采用企业名称蕴含的关键字进行识别②,共剔除 5 075 个中间商,占所有出口企业数的 1.1%,其出口值占所有企业出口总额的 0.15%。③ 其次,对工业企业数据库进行重新编码,以解决同一企业在不同年份代码不统一的问题。同时由于行政区划代码和行业代码在样本期间经历数次变动,本章根据国家统计局历年"最新县及县以上行政区划代码"将县级代码统一为样本首年即 1999 年的代码(GB/T 2260—1999),并根据《国民经济行业分类》国家标准(GB/T 4754—2002)将2002 年以后的行业代码统一为样本首年表示的行业代码(GB/T 4754—1994),1994 年的行业代码一直沿用到 2002 年。第三,为了提高数据质量,剔除了工业总产值、固定资产、全部职工数、研发费用、新产品产值、中间投入等一些重要经济指标数值为负的样本,最终得到 586 739 个企业,共计 2 046 443个观测值,其中包含 155 227 个出口企业和 479 193 个出口企业观测值。所有数据均剔除了价格因素和汇率因素的影响(以 1999 年为基期),相应的价格指数与汇率数据取自国家统计局。有必要指出,本章采用省地县编码表示县级代码,将县级单位看作集群单位,采用县级集群内部所有规模以上企业的商业信用表示县级商业信用,以反映集群商业信用的思想④。另外,由于中国

---

① 剔除贸易中间商的理由在于贸易中间商仅从事进出口贸易的中间连接人作用,并不从事实质性的进出口业务,因此他们的进出口决策与最终产品生产商是不一致的。

② 这些关键字包括"进出口""经贸""贸易""科贸""外经"等。安等人(Ahn et al.,2011)共剔除 29 982 个中间商,贸易额占中国对外贸易总额的 22.3%。

③ 剔除中间商的不利结果是可能产生新的样本选择偏差。不过笔者认为,由于中间商在工业企业数据库中的比例很低,这并不是一个大问题。为了稳健起见,笔者对比了不剔除中间商的结果,发现结论不发生改变。

④ 由于应付账款数据在大部分年份(1999—2003)缺失,所以笔者以应收账款作为衡量商业信用的主要指标,并将应付账款作为稳健性检验。笔者计算了县级应收账款和应付账款的分年份相关系数。结果显示,二者高度相关,年度相关系数高达 0.97。

工业企业数据库中 2004 年出口交货值的数据缺失,本章采用海关数据予以合并补足。[①] 合并方法详见余淼杰(2010)、马述忠等(2016a,2016b)。参考现有文献的处理方法(Faleye et al.,2014;Fang et al.,2014),如果研发费用数据缺失,则用 0 代替。同样的逻辑,如果新产品产值数据缺失,也用 0 代替。

二、模型设定

为了考察集群商业信用对企业出口扩张的影响,本章将县级单位看作集群单位,并将县级单位内所有企业的商业信用总额用来衡量县级集群商业信用。这样做不仅能够估计集群商业信用对企业出口的作用,而且能够避免反向因果对回归结果的干扰。不过这可能产生的一个问题是,集群商业信用在相当程度上可以衡量地区经济规模,或与经济规模严格正相关。为了解决这一问题,笔者在经验方程中控制了采用总产出衡量的地区经济规模。后文还采用商业信用与总产出的比率衡量集群商业信用,结论是一致的。具体而言,回归公式设定为如下形式:

$$\ln exp_{i,c,t} = \alpha + \beta_1 \ln credit_{c,t} + \beta_2 \ln toutp_{c,t} + \beta_3 \ln fixed_{i,t} + \beta_4 \ln prod_{i,t} +$$

$$\beta_5 \ln age_{i,t} + \beta_6 \ln klr_{i,t} + \beta_7 \ln int_{i,t} + \beta_8 \ln ino_{i,t} + \sum D_i firm_i +$$

$$\sum D_t year_t + \sum D_c county_c + \sum D_{pt} prov_p \times year_t + \varepsilon_{i,t}$$

$$(6-1)$$

其中 i 表示企业,t 表示年份,c 表示县级集群,$exp_{i,c,t}$ 表示 c 县企业 i 在 t 年的出口值,$credit_{c,t}$ 表示 c 县在 t 年的集群商业信用,具体度量方法见下文。$toutp_{c,t}$ 为采用总产出衡量的县级经济规模,$fixed_{i,t}$ 表示采用固定资产衡量的企业 i 在 t 年的规模,$prod_{i,t}$ 是企业 i 在 t 年的劳动生产率,采用总产出/全部职工数衡量,$age_{i,t}$ 是企业 i 在 t 年的年龄,采用 t 年减去企业成立年份加 1 衡量,

---

[①] 2004 年海关出口数据的单位为美元,本章根据国家统计局当年人民币兑美元汇率均价将其换算为人民币。

$klr_{i,t}$是企业 i 在 t 年的人均资本强度,用来表示资本密集程度,$int_{i,t}$是企业 i 在 t 年的中间投入,$ino_{i,t}$表示企业 i 在 t 年的创新水平,分别采用企业研发费用和新产品产值衡量。由于不同企业的出口情况存在着不随时间变化的个体差异以及时间差异,公式通过控制企业固定效应和年份固定效应反映这些差异。$firm_i$是企业固定效应,$year_t$是年份固定效应。由于集群商业信用是县级层面的变量,因而随时间变化的县级特征会干扰回归结果,但公式(6-1)无法控制县×年份固定效应,笔者通过加入县级固定效应 $county_c$ 或省份×年份固定效应 $prov_p×year_t$,以尽可能控制这些因素。$\varepsilon_{c,t}$是随机扰动项。因此系数 β_1 表示县级集群商业信用对企业出口的影响程度,是本章考察的核心变量。与主流文献一致,对主要变量进行取自然对数处理。将主要变量说明显示在表 6-1 中。

表 6-1　本章主要变量说明

变量类型	变量符号	变量含义	变量定义
被解释变量	exp	企业出口值	企业出口交货值
解释变量	crecv	县级集群商业信用	县级应收账款总额
	crecvcpay	县级集群商业信用	县级应收应付账款总额
	netcpay	集群外部接收的商业信用	县级应付应收账款差额
	toutp	县级集群经济规模	县级总产出
	fixed	企业规模	企业固定资产
	prod	企业劳动生产率	企业总产出/全部职工
	age	企业年龄	当年－成立年份＋1
	klr	企业人均资本强度	企业固定资产/全部职工
	int	企业中间投入	企业工业中间投入
	rd	企业创新能力	研发费用
	new	企业创新能力	新产品产值

三、集群商业信用度量

本章采用四种方法测度一个集群的商业信用水平,应收账款总额、应收应付账款总额、应付应收账款差额以及应收账款比率。前两个指标都是加总层面的商业信用,既包含了从集群内部获取的商业信用,也包含了从集群外部获取的商业信用。第三个是集群从外部获取的商业信用净额。限于数据可得性,无法得到从集群内部获取的商业信用数据,不过可以证明,从集群外部获取的商业信用净额等于应付应收账款差额,如公式(6-2)至(6-4)所示。第四个是集群应收账款比率,等于集群应收账款与集群总产出衡量的经济规模的比率。

$$Pay_i - Recv_i = (Pay_i^d + Pay_i^f) - (Recv_i^d + Recv_i^f) \qquad (6-2)$$

$$= (Pay_i^d - Recv_i^d) + (Pay_i^f - Recv_i^f) \qquad (6-3)$$

$$= Pay_i^f - Recv_i^f \qquad (6-4)$$

其中,Pay_i 表示集群 i 接收到的商业信用,不仅包括从集群内部还包括从外部接收到的商业信用,即 $Pay_i = Pay_i^d + Pay_i^f$,$Pay_i^d$ 表示集群 i 从内部接收到的商业信用,Pay_i^f 表示集群 i 从外部接收到的商业信用。同理,$Recv_i$ 表示集群 i 对内和对外提供的商业信用,即 $Recv_i = Recv_i^d + Recv_i^f$。因此公式(6-2)成立,通过移项得到公式(6-3)。由于理论上集群 i 从自身接收的商业信用等于集群 i 对自身提供的商业信用,即 $Pay_i^d = Recv_i^d$,因而得到公式(6-4)。公式(6-4)的含义是集群 i 从外部接收的商业信用净额,在数值上等于集群 i 接收到的商业信用总额 Pay_i 减去提供的商业信用总额 $Recv_i$。直觉上,如果一个集群从外部接收到更多的商业信用,那么越有利于该集群内部企业的出口扩张。

四、描述性统计

表 6-2 显示了主要变量的描述性统计结果。由于 2004 年以前的应付账款数据缺失,因此采用应收应付账款总额和应付应收账款差额衡量的集群商业信用相对于其他变量的观测值大幅减少。另外如前所述,参考现有文献的做法(Faleye et al.,2014;Fang et al.,2014),将缺失的研发费用数据和新产品产值数据用 0 代替。

表 6 – 2　描述性统计

变量	均值	标准差	最小值	中位数	最大值	观测值
lnexp	9.403	1.750	−4.794	9.482	19.014	478 790
lncrecv	14.860	1.665	2.197	14.898	18.490	478 790
lncrecvcpay	15.904	1.695	7.576	15.917	19.324	272 078
lnnetcpay	13.817	2.081	2.944	13.840	17.294	121 354
lntoutp	16.929	1.546	6.908	16.988	20.277	439 654
lnfixed	8.797	1.831	0.000	8.674	18.507	477 026
lnprod	5.185	1.051	−6.560	5.136	13.520	388 568
lnage	2.052	0.785	0.000	2.079	6.693	478 789
lnklr	3.519	1.401	−6.774	3.562	14.224	426 375
lnint	10.165	1.413	0.000	9.982	18.969	478 164
lnrd	0.532	1.844	0.000	0.000	15.782	478 790
lnnew	1.321	3.364	0.000	0.000	18.516	478 790

注:各变量取对数或比值前的单位都为千元人民币。

　　为了进一步观察企业出口和集群商业信用的变化趋势,表 6 – 3 显示了这两类变量的分年度描述性统计结果,限于篇幅不含其他变量的分年度描述性统计。由表 6 – 3 可知,企业出口和集群商业信用在样本期间都表现出了明显的增长趋势,其中企业出口对数平均值从 1999 年的 9.144 增加至 2007 年的 9.783,水平值①增长了 89%,集群商业信用的对数平均值从 1999 年的 14.144 增加至 2007 年的 15.483,水平值增长了 282%。虽然,采用应收应付账款总额衡量的集群商业信用在 2005 年有所下降,但在 2004—2007 年的整体趋势仍然是增加的。采用应付应收账款差额衡量的集群从外部获取的商业信用也是逐年增加的。与此同时,虽然未在文中体现,企业规模(采用固定资产衡量)、劳动生产率、人均资本强度、中间投入、研发费用、新产品产值等变量也经历了类似的显著增长。

———————————

① 水平值即原始值,未取对数前的数值。

表 6‑3 企业出口和集群商业信用分年度描述性统计(1999—2007)

年份	变量	均值	标准差	最小值	中位数	最大值	观测值
1999	lnexp	9.144	1.674	0.000	9.247	16.228	34 122
	lnrecv	14.144	1.461	4.927	14.209	17.297	34 122
	lnrecvcpay			—			
	lnnetcpay			—			
2000	lnexp	9.255	1.692	0.000	9.363	16.054	36 741
	lnrecv	14.192	1.553	2.197	14.291	17.424	36 741
	lnrecvcpay			—			
	lnnetcpay			—			
2001	lnexp	9.258	1.655	0.000	9.330	16.661	40 152
	lnrecv	14.318	1.469	6.019	14.390	17.465	40 152
	lnrecvcpay			—			
	lnnetcpay			—			
2002	lnexp	9.286	1.677	0.000	9.370	17.444	44 957
	lnrecv	14.466	1.476	6.541	14.513	17.491	44 957
	lnrecvcpay			—			
	lnnetcpay			—			
2003	lnexp	9.419	1.665	0.000	9.479	17.798	50 740
	lnrecv	14.649	1.558	4.963	14.644	17.773	50 740
	lnrecvcpay			—			
	lnnetcpay			—			
2004	lnexp	8.914	2.034	−4.794	9.145	18.051	39 157
	lnrecv	15.165	1.591	6.438	15.200	17.850	39 157
	lnrecvcpay	15.862	1.619	7.847	15.893	18.694	39 157
	lnnetcpay	13.710	2.011	4.466	13.702	16.999	19 626
2005	lnexp	9.419	1.730	0.000	9.494	17.683	75 311
	lnrecv	15.011	1.745	6.047	14.978	18.083	75 311
	lnrecvcpay	15.693	1.769	8.507	15.668	18.943	75 311
	lnnetcpay	13.753	2.227	2.944	13.934	17.069	33 023
2006	lnexp	9.565	1.733	0.000	9.613	18.839	78 945
	lnrecv	15.201	1.738	6.254	15.234	18.259	78 945
	lnrecvcpay	15.876	1.754	7.576	15.884	19.102	78 945
	lnnetcpay	13.810	2.136	5.130	13.701	17.132	35 348

年份	变量	均值	标准差	最小值	中位数	最大值	观测值
2007	lnexp	9.783	1.735	0.000	9.831	19.014	78 665
	lncrecv	15.483	1.560	6.444	15.497	18.490	78 665
	lncrecvcpay	16.154	1.564	7.764	16.193	19.324	78 665
	lnnetcpay	13.949	1.898	5.743	14.134	17.294	33 357

注:变量取对数前的单位都为千元人民币。由于 1999—2003 年应付账款数据缺失,所以变量 cpaya、lncrecvcpay、lnnetcpay 仅报告了 2004—2007 年的数据。"—"代表数据缺失。

第三节　实证检验

一、基准分析

表 6-4 显示了基准回归结果,采用应收账款总额衡量集群商业信用。列(1)和(2)控制了企业固定效应,列(3)和(4)在前两列的基础上进一步控制了县级固定效应,列(5)和(6)在前两列的基础上进一步控制了省份×年份固定效应。列(1)、(3)、(5)与(2)、(4)、(6)的区别是创新水平的衡量方法,前三列采用研发费用衡量,后三列采用新产品产值衡量。从表 6-4 中可以看出,集群商业信用对企业的出口扩张具有正向促进作用,其影响相当显著和稳定,在列(1)—(6)中都通过了 5%的显著性检验,而且不管采用何种方法衡量企业创新水平,集群商业信用的估计系数并没有较大变化。列(3)显示,平均而言,集群商业信用提高 10%,会促使企业出口水平提高 0.16%[列(4)中这一数字为 0.15%]。县级经济规模对企业出口未表现出显著影响。其他控制变量的符号也基本与理论预期相一致,而且是高度显著的。具体而言,固定资产表示的企业规模越大,企业出口越多,影响高度显著,这与现有文献相一致,规模越大的企业出口越多。企业劳动生产率越高,企业出口越多,其影响也是高度显著的,这也与新新贸易理论一致,生产率高的企业出口水平更高。企业年龄越大,出口越多,并

在5%水平上显著。工业企业中间投入越多,出口越多,也通过了5%的显著性检验。此外,研发费用和新产品产值也都对企业出口水平具有正向促进作用,并且都是高度显著的。令人意外的是,人均资本强度对企业出口水平的影响显著为负。一个可能的解释是,目前我国出口扩张仍然是依靠比较优势推进的,更多地出口劳动密集型产品,劳动扩张对出口的拉动作用更大,而资本扩张对出口尚未发挥显著促进作用或发挥的作用尚不足以与劳动的作用相比较。作为一个对比,已有研究(Minetti and Zhu,2011)发现人均资本强度对意大利企业出口具有正向促进作用,意大利是发达国家,主要出口资本密集型产品,因此资本在出口中发挥更大的作用。基准回归中集群商业信用对企业出口扩张的推动作用与主流文献的结论是一致的,集群内部各企业之间的相互关联与商业上的往来使得相互之间的商业信用非常普遍,作为正规融资方式的一种替代,集群商业信用显著提高了企业的出口绩效。这在一定程度上解释了改革开放以来,中国为何在金融市场长期不发达的情况下依然取得了举世瞩目的出口扩张奇迹。

表6-4 基准回归结果

	(1)	(2)	(3)	(4)	(5)	(6)
lncrecv	0.014***	0.013***	0.016**	0.015**	0.019***	0.017***
	(3.05)	(2.71)	(2.15)	(2.03)	(3.01)	(2.71)
lntoutp	−0.006	−0.005	−0.008	−0.002	−0.008	−0.003
	(−1.41)	(−1.19)	(−1.22)	(−0.38)	(−1.41)	(−0.56)
lnfixed	0.952***	0.955***	0.960***	0.964***	0.957***	0.961***
	(154.80)	(155.21)	(115.75)	(116.07)	(116.29)	(116.71)
lnprod	0.861***	0.863***	0.869***	0.872***	0.865***	0.870***
	(151.18)	(151.49)	(112.26)	(112.45)	(113.66)	(113.97)
lnage	0.021***	0.016***	0.026***	0.025***	0.024***	0.024***
	(4.86)	(3.71)	(4.35)	(4.07)	(4.34)	(4.30)
lnklr	−0.943***	−0.945***	−0.949***	−0.951***	−0.946***	−0.949***
	(−153.63)	(−153.85)	(−115.45)	(−115.62)	(−116.04)	(−116.31)

	(1)	(2)	(3)	(4)	(5)	(6)
lnint	0.044***	0.045***	0.042***	0.043***	0.044***	0.045***
	(9.03)	(9.37)	(6.81)	(7.00)	(7.15)	(7.33)
lnrd	0.020***	—	0.019***	—	0.020***	—
	(22.72)		(14.56)		(15.06)	
lnnew	—	0.007***	—	0.008***	—	0.008***
		(12.85)		(9.56)		(9.75)
企业 FE	是	是	是	是	是	是
年份 FE	是	是	是	是	是	是
县级 FE	否	否	是	是	否	否
省份×年份 FE	否	否	否	否	是	是
N	341 530	341 530	341 174	341 174	341 530	341 530
adj. R^2	0.851	0.851	0.851	0.851	0.851	0.851

注:被解释变量为企业出口。lncrecv 是采用应收账款衡量的集群商业信用,lntoutp 是采用总产出衡量的县级经济规模,lnfixed 是采用固定资产衡量的企业规模,lnprod 是采用人均产出衡量的企业生产率,lnage 是企业年龄,lnklr 是企业人均资本强度,lnint 是企业中间投入,lnrd 和 lnnew 是企业研发水平和新产品产值。括号内为 t 统计值,在县级层面上进行聚类。***、**分别表示 1%、5%水平上显著。

二、稳健性分析

(一) 集群商业信用影响企业出口的所有制差异

不同所有制企业获取外部融资的渠道不同,比如对于国有企业而言,从银行等大型金融机构获取贷款是补充其外部资金的主要方式,对于外资企业而言,从母国或母公司获取融资支持更为容易。而对于私营企业而言,非正规融资方式发挥着更为重要的作用(Allen et al.,2005)。倘若如此,集群商业信用对国有企业、私营企业和外资企业的影响应该是不同的。本章区分企业不同的所有制类型,对基准回归结果进行稳健性分析。本章采用中国工业企业数据库中的"登记注册类型"这一变量识别不同所有制的企业类型,有关企业登记注册类型与代码的对应表来自国家统计局①,根据"登记注册类型"将企业划分为国有企业、私营企业和外资企业②。

不同所有制企业的回归结果显示在表6-5中。从表6-5可以看出,在国有企业的回归结果中,集群商业信用的估计系数虽然符号仍然为正,但与基准回归结果相比,不仅数值更小,而且没有通过显著性检验。这说明集群商业信用对国有企业出口扩张的影响相对于基准回归结果不仅影响程度更小,而且不显著。相比而言,其他控制变量的估计系数与基准回归结果相比,企业年龄对国有企业出口扩张的影响不显著。在外资企业的回归结果中,集群商业信用的估计系数仍然显著,不过从外部获取的商业信用的估计系数没有通过显著性检验。相对于国有企业,外资企业集群商业信用估计系数的显著性得到了明显提高,但外部商业信用的估计系数变得不稳定了。由此可知,集群商业信用对国有企业的影响非常不显著,对外资企业的影响不稳定。

表6-5　不同所有制回归结果

	国有企业	私营企业	外资企业	国有企业	私营企业	外资企业
	(1)	(2)	(3)	(4)	(5)	(6)
lncrecv	0.012	0.034**	0.021**	—	—	—
	(0.64)	(2.47)	(2.08)			
lnnetcpay	—	—	—	0.007	0.018***	−0.006
				(0.44)	(2.64)	(−1.21)
lntoutp	−0.047*	−0.079***	−0.070***	−0.204**	−0.095**	−0.001
	(−1.96)	(−4.67)	(−6.07)	(−2.06)	(−2.16)	(−0.05)
lnfixed	0.907***	0.947***	0.962***	0.855***	0.820***	0.917***
	(45.23)	(80.75)	(121.06)	(12.19)	(26.54)	(55.67)
lnprod	0.829***	0.868***	0.873***	0.773***	0.776***	0.847***
	(46.64)	(78.69)	(119.78)	(13.43)	(28.91)	(60.64)

① http://www.stats.gov.cn/tjsj/tjbz/200610/t20061018_8657.html。

② 外资企业包括中外合资、中外合作和外商独资企业,港澳台企业也算作外资企业。

	国有企业	私营企业	外资企业	国有企业	私营企业	外资企业
	(1)	(2)	(3)	(4)	(5)	(6)
lnage	0.015	0.006	0.066***	−0.030	0.060**	0.089***
	(1.08)	(0.88)	(7.72)	(−0.38)	(1.99)	(4.43)
lnklr	−0.899***	−0.958***	−0.945***	−0.822***	−0.848***	−0.915***
	(−45.44)	(−81.52)	(−119.98)	(−12.20)	(−28.01)	(−58.05)
lnint	0.027*	0.052***	0.042***	0.047	0.043**	0.037***
	(1.76)	(5.74)	(6.76)	(1.28)	(2.07)	(3.32)
lnrd	0.019***	0.018***	0.016***	−0.001	0.000	−0.000
	(7.10)	(11.58)	(12.56)	(−0.06)	(0.04)	(−0.12)
企业 FE	是	是	是	是	是	是
年份 FE	是	是	是	是	是	是
县级 FE	是	是	是	是	是	是
省份×年份 FE	是	是	是	是	是	是
N	44 847	121 089	166 793	3 661	22 993	48 126
adj. R^2	0.851	0.831	0.866	0.920	0.868	0.912

注:被解释变量为企业出口。列(1)—(6)都控制了企业、年份、县级和省份×年份固定效应。lncrecv 是采用应收账款衡量的集群商业信用,lnnetcpay 是应付应收账款差额衡量的集群从外部接收的商业信用,lntoutp 是采用总产出衡量的县级经济规模,lnfixed 是采用固定资产衡量的企业规模,lnprod 是采用人均产出衡量的企业生产率,lnage 是企业年龄,lnklr 是企业人均资本强度,lnint 是企业中间投入,lnrd 是企业研发水平。括号内为 t 统计值,在县级层面上进行聚类。***、**、*分别表示1%、5%、10%水平上显著。

相比于国有企业和外资企业,私营企业的回归结果则大不相同。由表6-5中的列(2)和(5)可知,集群商业信用和外部商业信用对私营企业出口扩张的影响符号为正,而且都通过了5%的显著性检验,列(5)甚至在1%水平显著。更为重要的是,集群商业信用对私营企业出口的影响程度不仅远远大于对国有企业和外资企业的影响,而且也远远高于基准回归的估计系数所揭示的影响程度。平均而言,集群商业信用提高10%,会促使私营企业出口水平提高0.34%[列(2)]或0.18%[列(5)],高于国有企业的0.12%或0.07%、外资企业的0.21%或−0.06%以及基准回归中的0.16%或0.17%。因此,集群商业信用对中国企业出口扩张的促进作用主要是通过影响私营企业发挥作用的,对国有企业的影响程度最小而且最不显著,对外资企业的影响程度也较小而且不稳定。采用应收应付账款总额衡量集群商业信用所得结果也是一致的。

（二） 集群商业信用影响企业出口的地区差异

中国的经济发展存在着较为突出的地区差异性。改革开放肇始于东部沿海地区,经历了三十多年的高速发展,东部地区无论是经济发展水平、市场化程度,还是金融经济体制都处于较高的水平,相比之下,中西部地区则较为落后。因此区分不同地区考察集群商业信用影响企业出口扩张的地区异质性是有意义的。表6-6显示了区分东部地区、中部地区和西部地区的回归结果。

与不同所有制回归结果一致,表6-6中的列(1)—(6)都控制了企业、年份、县级和省份×年份固定效应。结果显示,不同地区的回归结果存在着非常明显的差异。在东部地区回归结果中,集群商业信用和从外部获取的集群商业信用的估计系数都为正,而且前者通过了1%的显著性检验,后者通过了10%的显著性检验。在中西部地区回归结果中,不仅集群商业信用的系数不稳定,而且没有通过显著性检验。这说明集群商业信用对企业出口扩张的影响主要在东部地区发挥作用,在中西部地区的影响不显著。此外其他解释变量的系数符号、影响程度和显著性都与基准回归基本一致。采用应收应付账款总额衡量集群商业信用所得结果也是一致的。

表6-6　不同地区回归结果

	东部地区	中部地区	西部地区	东部地区	中部地区	西部地区
	(1)	(2)	(3)	(4)	(5)	(6)
lncrecv	0.022***	0.027	−0.012	—	—	—
	(2.71)	(1.38)	(−0.36)			
lnnetcpay	—	—	—	0.005*	0.010	0.010
				(1.76)	(1.07)	(0.56)

	东部地区	中部地区	西部地区	东部地区	中部地区	西部地区
	(1)	(2)	(3)	(4)	(5)	(6)
lntoutp	−0.072***	−0.046*	0.006	—	—	—
	(−7.57)	(−1.76)	(0.15)			
lnfixed	0.952***	0.937***	0.893***	0.885***	0.855***	0.860***
	(137.63)	(43.85)	(17.87)	(56.85)	(19.84)	(8.02)
lnprod	0.872***	0.817***	0.711***	0.831***	0.757***	0.675***
	(133.62)	(48.11)	(15.99)	(62.32)	(23.24)	(7.72)
lnage	0.019***	0.010	0.037	0.054***	0.124**	0.018
	(3.99)	(0.64)	(1.57)	(4.26)	(2.55)	(0.24)
lnklr	−0.946***	−0.912***	−0.900***	−0.891***	−0.849***	−0.855***
	(−137.35)	(−41.96)	(−18.02)	(−59.36)	(−19.89)	(−8.20)
lnint	0.049***	0.024**	0.070*	0.042***	0.022	0.092
	(8.63)	(2.39)	(1.70)	(3.76)	(1.11)	(1.25)
lnrd	0.017***	0.018***	0.031***	0.002	−0.006	0.000
	(18.32)	(5.48)	(6.47)	(0.79)	(−0.91)	(0.00)
企业 FE	是	是	是	是	是	是
年份 FE	是	是	是	是	是	是
县级 FE	是	是	是	是	是	是
省份×年份 FE	是	是	是	是	是	是
N	299 683	28 924	12 558	65 832	7 798	2 852
adj. R^2	0.852	0.841	0.807	0.901	0.897	0.864

注:被解释变量为企业出口。lncrecv 是采用应收账款衡量的集群商业信用,lnnetcpay 是应付应收差额衡量的集群从外部接收的商业信用,lntoutp 是采用总产出衡量的县级经济规模,lnfixed 是采用固定资产衡量的企业规模,lnprod 是采用人均产出衡量的企业生产率,lnage 是企业年龄,lnklr 是企业人均资本强度,lnint 是企业中间投入,lnrd 是企业研发水平。括号内为 t 统计值,在县级层面上进行聚类。***、**、* 分别表示 1%、5%、10%水平上显著。

(三) 变换变量衡量方法的回归结果

以县级内部所有企业的应收应付账款之和作为集群商业信用的衡量指标,对基准回归进行重新检验(表 6-7)。由结果可知,以应收应付账款总额衡量的集群商业信用对企业出口的影响仍然显著为正,而且系数大小与基准回归结果也非常接近。企业规模、生产率、企业年龄、人均资本强度、中间投入、研发费用和新产品产值的系数符号、影响程度和显著性也与基准回归一致。

表 6‑7　以应收应付账款总额衡量集群商业信用

	(1)	(2)	(3)	(4)	(5)	(6)
lncrecvcpay	0.044***	0.026**	0.040***	0.044***	0.025**	0.041***
	(3.93)	(2.10)	(3.41)	(3.89)	(2.06)	(3.43)
lntoutp	−0.039***	−0.053***	−0.035***	−0.038***	−0.052***	−0.035***
	(−3.50)	(−4.31)	(−2.94)	(−3.45)	(−4.25)	(−2.95)
lnfixed	0.952***	0.956***	0.947***	0.952***	0.956***	0.948***
	(114.94)	(114.49)	(113.43)	(114.98)	(114.52)	(113.54)
lnprod	0.868***	0.872***	0.865***	0.867***	0.872***	0.865***
	(123.55)	(122.07)	(120.83)	(123.52)	(122.03)	(120.84)
lnage	0.044***	0.064***	0.048***	0.044***	0.064***	0.049***
	(5.47)	(6.77)	(4.90)	(5.49)	(6.77)	(4.91)
lnklr	−0.941***	−0.944***	−0.939***	−0.941***	−0.944***	−0.939***
	(−116.89)	(−116.50)	(−115.94)	(−116.92)	(−116.52)	(−116.01)
lnint	0.033***	0.033***	0.038***	0.034***	0.033***	0.038***
	(6.26)	(6.11)	(7.09)	(6.32)	(6.17)	(7.12)
lnrd	0.006***	0.006***	0.006***			
	(5.03)	(5.16)	(4.84)			
lnnew	—	—	—	0.004***	0.004***	0.003***
				(4.72)	(4.82)	(3.97)
企业 FE	是	是	是	是	是	是
年份 FE	是	是	是	是	是	是
县级 FE	否	是	否	否	是	否
省份×年份 FE	否	否	是	否	否	是
N	199 108	199 084	199 105	199 108	199 084	199 105
adj. R^2	0.894	0.894	0.894	0.894	0.894	0.894

注:被解释变量为企业出口。列(1)和(4)控制了企业和年份固定效应,列(2)和(5)控制了企业、年份和县级固定效应,列(3)和(6)控制了企业、年份和省份×年份固定效应。lncrecvcpay 是采用应收应付账款总额衡量的集群商业信用,lntoutp 是采用总产出衡量的县级经济规模,lnfixed 是采用固定资产衡量的企业规模,lnprod 是采用人均产出衡量的企业生产率,lnage 是企业年龄,lnklr 是企业人均资本强度,lnint 是企业中间投入,lnrd 和 lnnew 是企业研发水平和新产品产值。括号内为 t 统计值,在县级层面上进行聚类。＊＊＊、＊＊分别表示 1%、5%水平上显著。

（四） 剔除极端观测值的回归结果

不同行业受融资约束的影响是不同的，比如已有研究（Fisman and Love，2003）指出纺织业受到商业信用的影响最大。本章在前文的分析中将企业固定效应纳入回归方程可以反映企业的行业异质性，然而回归结果仍然有可能受到行业极端值的影响，比如商业信用对纺织业的影响可能拉高对整体出口的影响。因此本章将受商业信用影响最大的纺织产品①去掉，以检验基准回归结果的稳健性。同时为了检验回归结果是否受样本极端值的干扰，本章对主要变量进行了缩尾处理，分别采用1%和99%的分位数替代1%～99%以外的观测值，得到缩尾处理后的回归结果（表6-8）。表6-8的前三列是剔除纺织业的回归结果，后三列是缩尾处理后的回归结果，与基准回归结果较为相似。剔除纺织业后，集群商业信用对企业出口的影响虽然作用程度出现明显降低，但仍然在5%的水平上显著。缩尾处理后，集群商业信用对企业出口扩张仍然具有正向影响，并且在统计上是显著的。其他控制变量的系数符号、影响程度和显著性也没有明显变化。

表6-8　剔除极端值回归结果

	剔除纺织业			缩尾处理		
	(1)	(2)	(3)	(4)	(5)	(6)
lncrecv	0.014***	0.019**	0.019***	0.008*	0.013*	0.011*
	(2.80)	(2.44)	(2.80)	(1.70)	(1.79)	(1.71)
lntoutp	−0.005	−0.003	−0.004	−0.002	−0.001	−0.000
	(−1.14)	(−0.48)	(−0.58)	(−0.44)	(−0.08)	(−0.00)
lnfixed	0.948***	0.957***	0.954***	0.769***	0.777***	0.774***
	(146.85)	(109.48)	(110.03)	(120.69)	(80.30)	(80.52)
lnprod	0.857***	0.866***	0.865***	0.713***	0.720***	0.719***
	(143.72)	(106.75)	(108.25)	(116.52)	(78.26)	(78.83)

① 在国民经济行业分类中，纺织业的前两位代码为"17"。

	剔除纺织业			缩尾处理		
	(1)	(2)	(3)	(4)	(5)	(6)
lnage	0.021***	0.031***	0.031***	0.025***	0.031***	0.031***
	(4.55)	(4.76)	(5.20)	(5.87)	(5.22)	(5.69)
lnklr	−0.937***	−0.944***	−0.942***	−0.765***	−0.771***	−0.769***
	(−145.55)	(−109.20)	(−109.81)	(−120.03)	(−80.59)	(−80.77)
lnint	0.044***	0.042***	0.044***	0.190***	0.189***	0.190***
	(8.74)	(6.54)	(6.80)	(34.71)	(23.31)	(23.45)
lnrd	0.020***	0.019***	0.020***	0.018***	0.017***	0.018***
	(22.34)	(14.57)	(15.11)	(21.00)	(13.75)	(14.37)
企业 FE	是	是	是	是	是	是
年份 FE	是	是	是	是	是	是
县级 FE	否	是	否	否	是	否
省份×年份 FE	否	否	是	否	否	是
N	303 670	303 333	303 670	341 530	341 174	341 530
adj. R^2	0.855	0.855	0.855	0.850	0.850	0.850

注:被解释变量为企业出口。列(1)和(4)控制了企业和年份固定效应,列(2)和(5)控制了企业、年份和县级固定效应,列(3)和(6)控制了企业、年份和省份×年份固定效应。lncrecv 是采用应收账款总额衡量的集群商业信用,lntoutp 是采用总产出衡量的县级经济规模,lnfixed 是采用固定资产衡量的企业规模,lnprod 是采用人均产出衡量的企业生产率,lnage 是企业年龄,lnklr 是企业人均资本强度,lnint 是企业中间投入,lnrd 是企业研发水平。括号内为 t 统计值,在县级层面上进行聚类。＊＊＊、＊＊、＊分别表示 1%、5%、10%水平上显著。

(五) 其他稳健性分析

除了上述稳健性分析,本章选取控制变量的替代性衡量方法、改变模型设定形式、引入滞后项对基准回归进行了进一步检验,以考察基准结果的稳健性。具体而言,本章还做了以下稳健性检验:第一,分别采用企业总资产、总产出和总就业人数表示企业规模,对基准方程进行重新回归;第二,改变模型设定形式,加入被解释变量滞后项,并采用 GMM 估计方法;第三,在回归方程中纳入解释变量滞后项,而不是当期项,对基准方程进行重新回归。这些稳健性分析都得到了和基准回归极为相似的结果。

第四节　机制检验

参考已有研究(Manova,2013)关于金融约束限制企业从事国际贸易的思路,即对异质性企业从事国内生产的选择效应、对异质性企业进入出口市场的选择效应以及对异质性企业出口水平的约束效应,本章识别集群商业信用通过融资约束影响企业出口的两个渠道。第一个是集群商业信用通过缓解企业融资约束提高了内销企业进入出口市场的概率,第二个是集群商业信用通过缓解企业融资约束促进了已出口企业出口水平的提高。

探究企业的融资约束问题面临经验上难以识别的困难。学术界对融资约束的认识经历了从投资-现金流敏感度到现金-现金流敏感度的转变。已有研究(Almeida et al.,2004;于蔚等,2012)都认为现金-现金流敏感度指标用来衡量企业融资约束更为可靠。然而这种方式仍然面临能否有效衡量企业融资约束的质疑。而且计算现金-现金流敏感度指标需要股利支付以及托宾 Q 等数据,主要针对上市公司,对于非上市公司的工业企业并不适用。因此,本节选取学术界近期发展起来的 SA 指数测度工业企业融资约束。SA 指数能够有效反映企业的融资约束(Hadlock and Pierce,2009)。相较于 KZ 指数和 WW 指数,SA 指数包含更少的内生性金融变量,仅需规模和年龄两个企业特征就可以测算出来。SA 指数的计算公式为: $-0.737 \times Size + 0.043 \times Size2 - 0.04 \times Age$ (Hadlock and Pierce,2009;鞠晓生等,2013)。由于 SA 指数取值为负,绝对值越大表示面临的融资约束越大,为了能取自然对数,笔者对原始值取负,然后再取自然对数,那么 lnSA 取值越大表示融资约束越大。

在检验一个变量对另一个变量的作用机制方面,既有研究比如于蔚等(2012)、毛日昇(2013)的普遍做法是,首先检验核心解释变量是否作用于中间变量,然后通过引入中间变量与核心解释变量的交叉项检验核心解释变量的作用机制。参考既有研究的做法,本节的基本思路是:第一步,检验集群商业信用是否缓解企业融资约束;第二步,检验集群商业信用通过融资约束影响企业出口的两个机制,即对企业进入决策的影响机制和对企业出口水平的作用机制。

一、集群商业信用与企业融资约束

本节采用如下经验模型检验集群商业信用是否降低了出口企业的融资约束:

$$\ln FC_{i,c,t} = \alpha + \kappa \ln credit_{c,t} + \delta \ln toutp_{c,t} + \sum D_i firm_i + \sum D_t year_t +$$
$$\sum D_c county_c + \sum D_{pt} province_p \times year_t + \varepsilon_{i,t}$$

$$(6-5)$$

其中,$\ln FC_{i,c,t}$ 表示集群 c 出口企业 i 在时期 t 年的融资约束,实际操作中采用 lnSA 指数作为代理变量,$\ln credit_{c,t}$ 表示集群 c 在时期 t 年的集群商业信用或从外部接收到的商业信用水平,前者采用该集群应收账款总额 lncrecv 和应收应付账款总额 lncrecvcpay 衡量,后者则采用应付应收账款差额 lnnetcpay 衡量,公式(6-5)控制了总产出 lntoutp 衡量的县级集群经济规模,还控制了企业固定效应、年份固定效应、县级固定效应或省份×年份固定效应。κ 是笔者关注的核心变量系数,如果显著为负,则表明集群商业信用有助于降低出口企业融资约束。

回归结果报告在表6-9中。其中列(1)—(3)采用应收账款总额衡量集群商业信用,列(4)—(6)采用应付应收账款差额衡量集群从外部接收到的商业信用,列(7)—(9)采用应收应付账款总额衡量集群商业信用。表6-9结果显示,集群商业信用的回归系数取值为负,并且都通过了5%的显著性检验,即便在1%的显著性水平,列(1)—(3)和(7)—(9)的结果也是显著的。这表明,无论自身集群商业信用,还是从外部接收到的商业信用,都有助于缓解出口企业的融资约束。

表 6 - 9　集群商业信用与企业融资约束

	(1)	(2)	(3)	(4)	(5)	(6)	(7)	(8)	(9)
lncrecv	-0.003***	-0.004***	-0.003***						
	(-12.10)	(-15.97)	(-12.61)						
lnnetcpay				-0.005**	-0.005**	-0.005**			
				(-2.08)	(-2.00)	(-2.09)			
lncrecvcpay							-0.004***	-0.005***	-0.005***
							(-6.13)	(-6.75)	(-7.17)
lntoutp	0.001***	-0.002***	0.001***	-0.002***	-0.001	-0.002**	0.002***	0.002*	0.004***
	(3.04)	(-6.64)	(5.39)	(-4.52)	(-0.99)	(-4.52)	(3.31)	(1.79)	(5.50)
企业 FE	是	是	是	是	是	是	是	是	是
年份 FE	是	是	是	是	是	是	是	是	是
县级 FE	否	是	否	否	是	否	否	是	否
省份×年份 FE	否	否	是	否	否	是	否	否	是
N	392 618	392 256	392 614	76 559	76 516	76 559	199 332	199 308	199 329
adj. R²	0.937	0.938	0.938	0.957	0.957	0.957	0.961	0.962	0.962

注：被解释变量为 lnSA 衡量的企业融资约束。列(1)、(4)和(7)控制了企业和年份固定效应，列(2)、(5)和(8)控制了企业、年份和县级固定效应，列(3)、(6)和(9)控制了企业、年份和省份×年份固定效应。lncrecv、lnnetpay、lncrecvcpay 分别是采用应收账款、应付应收账款差额、应收应付账款净额衡量的集群商业信用。lntoutp 是县级总产出衡量的县级经济规模。***、**、* 分别表示 1%、5%、10% 水平上显著。标准差在县级层面上进行聚类。

二、集群商业信用的作用机制

本节采用如下经验模型识别集群商业信用通过融资约束影响企业出口的作用机制，即是否通过融资约束影响企业出口决策和出口水平。

$$Entry_{i,c,t}/\ln Exp_{i,c,t} = \alpha + \kappa_1 \ln credit_{c,t} \times \ln FC_{i,c,t} + \kappa_2 \ln FC_{i,c,t} + \delta \ln tout p_{c,t} + X\beta$$

$$\sum D_f firm_i + \sum D_t year_t + \sum D_c county_c + \sum D_{pt} province_p * year_t + \varepsilon_{i,t}$$

$$(6-6)$$

其中，$Entry_{i,c,t}$ 表示企业出口决策，出口取值为 1，不出口则取值为 0，$\ln Exp_{i,c,t}$ 表示企业出口水平，$\ln credit_{c,t} \times \ln FC_{i,c,t}$ 表示集群商业信用或从外部接收到的商业信用与企业融资约束的交叉项，这是本章关注的核心变量。如果取值为正，则表明集群商业信用会削弱融资约束对企业出口的抑制效应，因而通过缓解企业融资约束促进了企业出口扩张。为了控制融资约束对企业出口的影响，公式(6-5)纳入了企业融资约束水平项 $\ln FC_{i,c,t}$，由于融资约束会抑制企业出口，预期相应的系数符号为负。和公式(6-4)一致，公式(6-5)控制了总产出衡量的集群经济规模。X 表示企业控制变量向量，包括企业规模、企业生产率、企业年龄、企业人均资本强度、企业中间投入和企业研发水平。公式(6-5)还控制了企业固定效应、年份固定效应、县级固定效应或省份×年份固定效应。

（一）集群商业信用、融资约束与企业进入决策

本节采用公式(6-6)检验集群商业信用通过融资约束影响企业进入出口市场的机制。本节所言企业进入是指从不出口转向出口的过程，是一种动态变化。本节以非出口企业是否发生从不出口到出口的转变作为虚拟变量，考察集群商业信用是否通过缓解融资约束提高企业从不出口转向出口的概率。当企业在 t 期不出口，而在 t+1 期出口时，虚拟变量在 t 期取值为 1。当企业在 t 期和 t+1 期都不出口时，虚拟变量在 t 期取值为 0。从不出口转向出口的描述性统计结果显示在表 6-10 中。

表 6-10　出口决策转换描述性统计

是否从不出口转向出口	观测值	占比(%)
是	77 340	7.24
否	991 495	92.76
合计	1 068 835	100

在所有当期不从事出口行为的观测值中,在下一期转向从事出口行为的观测值占 7.24%,不发生转变的观测值占 92.76%。本章采用线性概率模型进行估计,表 6-11 显示了集群商业信用通过融资约束影响企业进入决策的回归结果。表 6-11 前三列显示了应收账款衡量集群商业信用的结果,后三列是集群外部商业信用的结果。与基准回归一致,方程同时控制了企业、年份、县级或省份×年份固定效应。结果显示,与预期一致,融资约束对企业出口决策具有显著负向影响,而集群商业信用会降低融资约束对企业出口决策的抑制作用。企业所在县级单位的集群商业信用越大,该企业从不出口转向出口的概率越高,并且这一效应在表 6-11 前三列都通过了 5% 的显著性显著。平均而言,集群商业信用提高 10%,会通过减弱融资约束的抑制作用,使得企业从不出口转向出口的概率提高 3%。此外,企业规模越大、中间投入越多、创新能力越突出,企业从不出口转向出口的概率越高。不过,令人意外的是,表 6-11 后三列显示从外部获取的集群商业信用对企业进入决策的影响并不显著。这说明集群商业信用通过缓解企业融资约束提高了企业进入出口市场的概率。这与采用应收应付账款总额衡量集群商业信用的回归结果保持一致。

表 6-11　集群商业信用、融资约束与企业进入决策回归结果

	(1)	(2)	(3)	(4)	(5)	(6)
lncrecv× lnSA	0.003*** (4.67)	0.004*** (5.45)	0.003*** (3.96)	—	—	—

续表

	(1)	(2)	(3)	(4)	(5)	(6)
lnnetcpay× lnSA	—	—	—	−0.007 (−1.44)	−0.007 (−1.42)	0.005 (1.05)
lnSA	−0.101*** (−9.04)	−0.117*** (−9.72)	−0.098*** (−8.43)	−0.098*** (−4.22)	−0.102*** (−4.38)	−0.123*** (−5.28)
lntoutp	−0.002*** (−3.03)	−0.003*** (−2.80)	−0.003*** (−3.24)	−0.003 (−1.18)	−0.006 (−1.61)	−0.006* (−1.91)
lnfixed	0.015*** (15.23)	0.015*** (15.19)	0.015*** (14.81)	0.010*** (3.69)	0.011*** (3.88)	0.009*** (3.19)
lnprod	0.003*** (3.55)	0.003*** (3.80)	0.003*** (4.03)	−0.000 (−0.21)	0.000 (0.04)	0.001 (0.37)
lnage	0.004*** (6.67)	0.004*** (6.59)	0.005*** (7.73)	0.004 (1.56)	0.004 (1.60)	0.005* (1.93)
lnklr	−0.012*** (−12.31)	−0.012*** (−12.38)	−0.012*** (−12.02)	−0.010*** (−3.76)	−0.011*** (−4.03)	−0.008*** (−3.17)
lnint	−0.000 (−0.04)	−0.000 (−0.15)	−0.000 (−0.14)	−0.000 (−0.10)	−0.001 (−0.40)	0.000 (0.15)
lnrd	0.002*** (11.91)	0.002*** (11.53)	0.002*** (11.60)	0.002*** (5.05)	0.003*** (5.12)	0.003*** (5.10)
企业 FE	是	是	是	是	是	是
年份 FE	是	是	是	是	是	是
县级 FE	否	是	否	否	是	否
省份×年份 FE	否	否	是	否	否	是
N	643 955	643 498	643 953	102 718	102 650	102 718
adj. R^2	0.161	0.162	0.165	0.014	0.015	0.022

注:被解释变量为是否从不出口转向出口。列(1)和(4)控制了企业和年份固定效应,列(2)和(5)控制了企业、年份和县级固定效应,列(3)和(6)控制了企业、年份和省份×年份固定效应。lncrecv 是采用应收账款总额衡量的集群商业信用,lnnetcpay 是采用应付应收账款差额衡量的从集群外部获取的商业信用,lntoutp 是采用总产出衡量的县级经济规模,lnfixed 是采用固定资产衡量的企业规模,lnprod 是采用人均产出衡量的企业生产率,lnage 是企业年龄,lnklr 是企业人均资本强度,lnint 是企业中间投入,lnrd 是企业研发水平。括号内为 t 统计值,在县级层面上进行聚类。* * *、* *、* 分别表示 1%、5%、10%水平上显著。

（二） 集群商业信用、融资约束与企业出口水平

本节采用公式(6-6)检验集群商业信用通过融资约束影响企业出口水平的机制。与上一节相比,被解释变量变换为企业出口水平。表 6-12 显示了相应回归结果,前三列结果显示,与预期一致,融资约束对企业出口水平具有显著负向影响,而集群商业信用会降低融资约束对企业出口水平的抑制作用,促进企业出口水平的提高。这一效应在表 6-12 所有方程中都通过了 5%的显著性水平。不仅如此,表 6-12 后三列结果显示,集群从外部获取的商业信用也会通过缓解企业融资约束促进企业出口水平的提高。这说明集群商业信用通过缓解企业融资约束提高了企业出口水平。这与采用应收应付账款总额衡量集群商业信用的回归结果保持一致。

表 6-12　集群商业信用、融资约束与企业出口水平回归结果

	(1)	(2)	(3)	(4)	(5)	(6)
lncrecv× lnSA	0.025*** (5.17)	0.023*** (4.19)	0.025*** (5.23)			
lnnetcpay× lnSA				0.054* (1.80)	0.054* (1.73)	0.055* (1.81)
lnSA	−0.156* (−1.90)	−0.102 (−1.14)	−0.161* (−1.95)	−0.404*** (−5.04)	−0.389*** (−4.33)	−0.752*** (−9.28)
lntoutp	−0.020*** (−3.75)	−0.021*** (−3.62)	−0.020*** (−3.83)	−0.010** (−1.97)	0.004 (0.28)	−0.002 (−0.33)
lnfixed	0.946*** (156.01)	0.951*** (155.57)	0.946*** (155.97)	0.402*** (35.62)	0.402*** (24.74)	0.765*** (53.63)
lnprod	0.856*** (156.26)	0.860*** (154.91)	0.855*** (156.24)	0.384*** (45.96)	0.380*** (26.38)	0.731*** (61.27)
lnage	0.024*** (6.30)	0.027*** (6.66)	0.024*** (6.35)	0.130*** (10.73)	0.126*** (7.38)	0.077*** (6.23)
lnklr	−0.932*** (−155.99)	−0.936*** (−155.54)	−0.932*** (−155.97)	−0.376*** (−38.02)	−0.375*** (−25.68)	−0.753*** (−57.24)
lnint	0.043*** (9.18)	0.041*** (8.72)	0.043*** (9.20)	0.294*** (37.40)	0.294*** (18.27)	0.102*** (10.06)

	(1)	(2)	(3)	(4)	(5)	(6)
lnrd	0.017***	0.016***	0.017***	0.002	0.001	0.001
	(20.49)	(19.31)	(20.40)	(0.86)	(0.62)	(0.53)
企业 FE	是	是	是	是	是	是
年份 FE	是	是	是	是	是	是
县级 FE	否	是	否	否	是	否
省份×年份 FE	否	否	是	否	否	是
N	341 421	341 066	341 421	76 412	76 369	76 415
adj. R²	0.852	0.853	0.852	0.895	0.894	0.901

注：被解释变量为企业出口。列(1)和(4)控制了企业和年份固定效应，列(2)和(5)控制了企业、年份和县级固定效应，列(3)和(6)控制了企业、年份和省份×年份固定效应。lncrecv 是采用应收账款总额衡量的集群商业信用，lnnetcpay 是采用应付应收账款差额衡量的从集群外部获取的商业信用，lnSA 是采用 SA 指数衡量的融资约束，lntoutp 是采用总产出衡量的县级经济规模，lnfixed 是采用固定资产衡量的企业规模，lnprod 是采用人均产出衡量的企业生产率，lnage 是企业年龄，lnklr 是企业人均资本强度，lnint 是企业中间投入，lnrd 是企业研发水平。括号内为 t 统计值，在县级层面上进行聚类。＊＊＊、＊＊、＊分别表示 1%、5%、10% 水平上显著。

第五节　内生性分析

回归结果的严重问题莫过于内生性问题，当存在内生性问题时，估计结果不仅无效而且有偏，所以需要对内生性进行检验。内生性的一个可能原因来自反向因果关系，商业信用有助于企业出口行为的扩张，随着企业出口水平的提高，企业的商业信用也会受到影响。因此出口行为可能反向影响商业信用，进而产生内生性问题。本章在基准回归和大部分稳健性分析中通过采用县级集群商业信用而不是企业商业信用，规避了由反向因果可能导致的内生性问题。内生性的另一个可能原因是遗漏重要解释变量。虽然控制企业固定效应可以在很大程度上避免由于遗漏变量而导致的内生性问题，但并不能从根本上解决。前面基准回归和稳健性分析部分可能遗漏的一个重要变量是集群因素。

已有研究（Long and Zhang，2011；Lu et al.，2014）证实，集群对企业出口产生重要影响。因此为了更充分地保证回归结果的可靠性，本章将集群因素纳入回归方程，同时为了更彻底解决内生性问题，本章进一步根据企业是否变更经营地点（所在县）构造拟自然实验，选取处理组和对照组，运用双重差分方法（DID）对基准结果进行检验。

一、将集群因素纳入回归方程

本章采用两种方法衡量县级集群程度，分别是县级集群内部的企业数目和赫芬达尔指数（Herfindahl－Hirschman index，HHI）。企业数目是最简单和直观的集群程度衡量指标。赫芬达尔指数（Hirschman，1945；Herfindahl，1950）是衡量地理集中度的静态指标。HHI 的计算公式为：$HHI = \sum X_i^2$。其中 i 表示行业，X_i 表示一个县级单位中行业 i 在该县所有行业中所占的比重，采用行业资产占县级总资产的比重来表示。

表 6-13　考虑集群的回归结果

	集群＝县级企业数（firm_n）			集群＝赫芬达尔指数（HHI）		
	(1)	(2)	(3)	(4)	(5)	(6)
lncrecv	0.043***	0.038**	0.029**	0.041***	0.035**	0.030**
	(3.02)	(2.31)	(2.10)	(2.92)	(2.13)	(2.18)
lntoutp	−0.037**	−0.073***	−0.036**	−0.038***	−0.075***	−0.034**
	(−2.41)	(−3.67)	(−2.27)	(−2.59)	(−3.75)	(−2.32)
firm_n	−0.003	−0.012	0.004	—	—	—
	(−0.43)	(−1.45)	(0.61)			
HHI	—	—	—	−0.005	0.057	0.012
				(−0.10)	(1.01)	(0.25)
lnfixed	0.953***	0.958***	0.951***	0.953***	0.958***	0.950***
	(68.05)	(68.87)	(71.87)	(68.21)	(68.95)	(72.08)
lnprod	0.862***	0.867***	0.863***	0.863***	0.867***	0.863***
	(66.09)	(66.76)	(69.63)	(66.27)	(66.85)	(69.96)

续表

	集群＝县级企业数(firm_n)			集群＝赫芬达尔指数(HHI)		
	(1)	(2)	(3)	(4)	(5)	(6)
lnage	0.020**	0.022**	0.018**	0.020**	0.022**	0.018**
	(2.41)	(2.56)	(2.19)	(2.40)	(2.56)	(2.19)
lnklr	−0.943***	−0.948***	−0.944***	−0.943***	−0.948***	−0.943***
	(−67.22)	(−67.79)	(−70.40)	(−67.30)	(−67.72)	(−70.57)
lnint	0.044***	0.042***	0.045***	0.044***	0.042***	0.045***
	(4.42)	(4.24)	(4.83)	(4.41)	(4.23)	(4.86)
lnrd	0.020***	0.018***	0.019***	0.020***	0.018***	0.019***
	(11.53)	(10.69)	(11.20)	(11.56)	(10.77)	(11.21)
企业 FE	是	是	是	是	是	是
年份 FE	是	是	是	是	是	是
县级 FE	否	是	否	否	是	否
省份×年份 FE	否	否	是	否	否	是
N	341 421	341 066	341 421	76 412	76 369	76 415
adj. R^2	0.852	0.853	0.852	0.895	0.894	0.901

注:被解释变量为企业出口。列(1)和(4)控制了企业和年份固定效应,列(2)和(5)控制了企业、年份和县级固定效应,列(3)和(6)控制了企业、年份和省份×年份固定效应。lncrecv是采用应收账款总额衡量的集群商业信用,lntoutp 是采用总产出衡量的县级经济规模,lnfixed 是采用固定资产衡量的企业规模,lnprod 是采用人均产出衡量的企业生产率,lnage 是企业年龄,lnklr 是企业人均资本强度,lnint 是企业中间投入,lnrd 是企业研发水平。括号内为 t 统计值,在县级层面上进行聚类。***、**分别表示 1%、5%水平上显著。

表 6-13 显示了将集群因素纳入方程的回归结果。其中前三列采用县级企业数衡量一个县的集群程度,后三列采用赫芬达尔指数衡量集群程度。从结果来看,不管是采用县级企业数还是赫芬达尔指数表示集群程度,集群商业信用对企业出口仍然保持正向促进作用,而且都通过了 5%的显著性检验。集群程度的估计系数为负,意味着集群程度越高,企业出口越小。这说明集群带来的竞争效应大于技术溢出效应。与本章集群因素发挥的作用类似,已有研究(Lu et al.,2014)发现集群的竞争效应大于技术溢出效应会显著降低出口企业的加成率。其他控制变量的系数符号、影响程度和显著性都与基准回归结果高

度一致。因此,集群商业信用对企业出口扩张的影响并不是由集群因素造成的。

二、依据企业是否变更经营地点构造拟自然实验

双重差分方法(DID)的关键是寻找与处理组相类似的对照组,与处理组相比较,进而识别因果关系。本章借鉴已有研究(Nunn and Qian,2011;王永进和盛丹,2013;Lu et al.,2014)的方法,依据企业是否改变经营地(所在县)构建处理组,并采用倾向得分匹配方法(PSM)选取对照组。基本思想如下:不同集群的商业信用水平是不同的,一个集群的商业信用对不在该集群内的企业来说是外生的,因此当企业从一个集群单位转向另一个集群单位时,可视为该企业所面临的集群商业信用发生了外生变化,将这些更改经营地的企业看作处理组,与那些没有发生经营地改变的企业(对照组)相对比,就可以识别出集群商业信用对企业出口的影响。由于企业可能出现短暂变更经营地,而下一年再回到原来经营地,或在样本期间出现多次变更经营地的情况,这些样本会对结果造成干扰,因此本章只考虑在样本期间仅变更一次经营地的企业。表6-14显示了所有出口企业中变更经营地的企业数目和占比情况。由表6-14可知,总体上共有23 698个观测值先后改变经营地点,占总样本的4.95%。其中只变更一次经营地点的企业数目为14 891,占全部观测值的3.11%,从其年度分布可以看出,只变更一次经营地点的企业数目在2007年最多,为3 073个,占当年所有出口企业观测值的3.91%,2005年最少,为416个,占当年企业数的0.55%,其余年份只变更一次经营地点的企业数位于612~2 839个之间,占当年出口企业数比例位于0.78%~7.73%之间。接下来的分析仅采用变更一次经营地点的企业作为处理组构建拟自然实验。

表6-14 变更经营地的企业情况

年份	总企业数	变更经营地企业数	占比(%)	只变更一次企业数	占比(%)
1999	34 123	0	0	0	0
2000	36 742	3 448	9.38	2 839	7.73

续表

年份	总企业数	变更经营地企业数	占比(%)	只变更一次企业数	占比(%)
2001	40 170	3 246	8.08	2 426	6.04
2002	44 958	2 844	6.33	2 014	4.48
2003	50 740	3 899	7.68	2 699	5.32
2004	39 157	1 921	4.91	812	2.07
2005	75 312	1 973	2.62	416	0.55
2006	78 945	2013	2.55	612	0.78
2007	78 665	4 354	5.53	3 073	3.91
合计	478 812	23 698	4.95	14 891	3.11

使用变更经营地点作为拟自然实验的前提是企业变更经营地的决策与企业出口及目标地集群商业信用水平无关,即外生性假定。如果企业变更经营地的决策与企业出口或目的地集群商业信用水平相关,换言之如果企业变更经营地点是为了提高自身出口水平,经营地变更决策可能是内生的,该方法的有效性可能受到影响。表6-15显示了企业在变更经营地点前后的集群商业信用和企业出口变化情况。可以发现,在全部14 891个仅变更一次经营地点的企业中,7 778个企业移动到商业信用更大的县级集群,占比52%,7 113个企业移动到商业信用更小的县级集群,占比48%,二者不分伯仲。因此企业变更经营地并不是为了迁移至商业信用水平更高的县级集群。与此同时,在变更经营地点之后,共有8 758个企业实现了出口增长,占比59%,另外6 084个企业则出现了出口下降,占比41%,二者旗鼓相当,这说明企业变更经营地也不是为了实现更高的出口水平。

表6-15 变更经营地前后集群商业信用和企业出口变化情况

变量	变化类型	均值	标准差	最小值	中位数	最大值	企业数
△lncrecv	全部企业	−0.465	1.934	−11.830	0.040	10.940	14 891
	增大企业	0.854	1.203	0.001	0.336	10.940	7 778
	降低企业	−1.908	1.503	−11.830	−1.655	−0.001	7 113

变量	变化类型	均值	标准差	最小值	中位数	最大值	企业数
△lnexp	全部企业	0.0740	0.909	−12.730	0.0830	8.547	14 842
	增大企业	0.528	0.673	0.000	0.320	8.547	8 758
	降低企业	−0.579	0.804	−12.730	−0.303	0.000	6 084

注:△lnrecv 表示企业变更后经营地后所在县与变更前所在县集群商业信用的对数差分。△lnexp 表示企业变更后与变更前的出口对数差分。

表 6‑15 无法说明移动到商业信用更高集群的企业如何改变其出口水平,也无法说明出口水平增加的企业是移动到商业信用更高的集群还是移动到商业信用更低的集群。为了更细致地观察企业的经营地变更决策,笔者进一步在表 6‑16 中将变更经营地的企业划分为四种情况:移动至商业信用更高的集群且出口水平提高的企业,移动至商业信用更高的集群且出口水平降低的企业,移动至商业信用更低的集群且出口水平提高的企业,移动至商业信用更低的集群且出口水平降低的企业。这四种情形的占比更能反映企业的经营地变更决策是否与集群商业信用及出口相关。表 6‑16 显示,在 7 778 个移动到商业信用更大集群的企业中,有 4 685 个企业的出口水平出现了增加,另外 3 058 个企业的出口水平出现了降低。在 7 113 个移动到商业信用更小集群的企业中,有 4 073 个企业的出口水平出现了增加,另外 3 026 个企业的出口水平出现了降低。这四种情况的占比分别为 31%、21%、27%、21%,比例非常接近。表 6‑15 和表 6‑16 说明,企业的经营地变更决策对集群商业信用和企业出口来说都是随机的。

表 6‑16　变更经营地前后集群商业信用和企业出口变化矩阵

		lnexp 增大			lnexp 减小	
		△lnrecv	△lnexp		△lnrecv	△lnexp
lnrecv 增大	均值	0.834	0.569	均值	0.888	−0.622
	标准差	1.172	0.718	标准差	1.254	0.843
	最小值	0.001	0.000	最小值	0.002	−12.730

续表

		lnexp 增大			lnexp 减小	
		△lncrecv	△lnexp		△lncrecv	△lnexp
lncrecv 减小	中位数	0.336	0.345	中位数	0.322	−0.336
	最大值	10.940	8.547	最大值	9.955	0.000
	企业数	4 685	4 685	企业数	3 058	3 058
	占比(%)	31	31	占比(%)	21	21
	均值	−1.940	0.480	均值	−1.870	−0.535
	标准差	1.486	0.614	标准差	1.526	0.760
	最小值	−10.160	0.000	最小值	−11.830	−9.810
	中位数	−1.942	0.293	中位数	−1.436	−0.275
	最大值	−0.001	8.054	最大值	−0.001	0.000
	企业数	4 073	4 073	企业数	3 026	3 026
	占比(%)	27	27	占比(%)	21	21

注:同表 6-15。

参考已有研究(Nunn and Qian,2011;王永进和盛丹,2013;Lu et al.,2014)的研究方法,双重差分的估计方程设定为如公式(6-7)所示。[①] 公式(6-7)中的 $Treat_i \times Post_{i,t}$ 以及企业固定效应 $firm_i$ 和年份固定效应 $year_t$ 是广义传统双重差分模型所具有的变量。与传统双重差分模型相比,公式(6-7)多出了一个交叉项 $lncrecv_{c,t} \times Post_{i,t}$,这是已有研究(Nunn and Qian,2011;Lu et al.,2014)对传统双重差分模型的扩展,本章用该交叉项来捕捉企业从一个集群迁移至另外一个集群后集群商业信用对企业出口的影响。因此系数 γ 表示企业变更经营地后集群商业信用对企业出口的影响,是本章关注的核心系数。

$$lnexp_{i,t} = \eta \cdot Treat_i \times Post_{i,t} + \gamma lncrecv_{c,t} \times Post_{i,t} + X\beta + \sum firm_i + \sum year_t + \varepsilon_{i,t} \quad (6-7)$$

[①] 标准的双重差分回归方程不仅包含处理组虚拟变量(Treat)与事件发生后虚拟变量(Post)的交互项,而且包含二者的水平项,本章并没有违背这一设定,企业和年份个体效应隐含控制了这两个单独项。

续表

变量	处理组			对照组		
	均值	标准差	观测值	均值	标准差	观测值
lnprod	5.056	1.074	63 972	5.083	1.03	54 040
lnage	2.241	0.715	63 972	2.213	0.778	54 040
lnklr	3.528	1.407	63 972	3.523	1.392	54 040
lnint	10.268	1.466	63 972	10.255	1.467	54 040
lnrd	0.633	2.036	63 972	0.639	2.02	54 040
lnnew	1.22	3.333	63 972	1.595	3.656	54 040

DID 回归结果显示在表 6‑18 中。其中前三列是没有经过 PSM 筛选的回归结果,后三列是经过 PSM 筛选后的回归结果。结果显示,企业变更经营地后,集群商业信用的提高会显著提升企业出口水平,说明集群商业信用对企业出口扩张具有正向促进作用。未经 PSM 筛选的回归结果显示,平均而言,集群商业信用提高 10%,会带来企业出口水平提高 0.17%或 0.23%。经过 PSM 筛选的回归结果显示,平均而言,集群商业信用提高 10%,会带来企业出口水平提高 0.16%或 0.30%。与此同时,企业规模、劳动生产率、企业年龄、人均资本强度、中间投入、研发费用不仅估计系数与基准回归一致,而且也是高度显著的。这进一步说明了前面得到的结论是稳健和可靠的。

表 6‑18　DID 回归结果

	未经 PSM 筛选			经过 PSM 筛选		
	(1)	(2)	(3)	(4)	(5)	(6)
Treat_Post	-0.335^{***}	-0.280^{**}	-0.353^{***}	-0.429^{***}	-0.250^{**}	-0.467^{***}
	(-2.88)	(-2.36)	(-3.03)	(-3.52)	(-1.97)	(-3.90)
lncrecv_Post	0.021^{***}	0.017^{**}	0.023^{***}	0.028^{***}	0.016^{*}	0.030^{***}
	(2.69)	(2.23)	(2.95)	(3.45)	(1.93)	(3.87)
lntoutp	-0.014^{***}	-0.017^{***}	0.000	-0.015^{***}	-0.017^{***}	-0.012^{**}
	(-2.83)	(-3.20)	(0.05)	(-2.72)	(-2.66)	(-2.53)

	未经 PSM 筛选			经过 PSM 筛选		
	(1)	(2)	(3)	(4)	(5)	(6)
Infixed	0.299***	0.293***	0.306***	0.267***	0.265***	0.272***
	(38.26)	(37.74)	(39.79)	(18.25)	(18.35)	(19.01)
lnprod	0.298***	0.295***	0.303***	0.259***	0.261***	0.262***
	(34.21)	(34.23)	(35.19)	(15.13)	(15.48)	(15.69)
lnage	0.031***	0.026***	0.043***	0.023	0.013	0.027*
	(3.54)	(2.91)	(5.53)	(1.44)	(0.82)	(1.91)
lnklr	−0.159***	−0.159***	−0.161***	−0.141***	−0.141***	−0.142***
	(−33.07)	(−33.04)	(−33.53)	(−15.55)	(−15.56)	(−15.87)
lnint	0.459***	0.464***	0.459***	0.514***	0.517***	0.514***
	(47.34)	(48.71)	(47.48)	(28.54)	(29.26)	(28.65)
lnrd	0.020***	0.020***	0.020***	0.025***	0.026***	0.024***
	(14.56)	(14.51)	(14.77)	(9.42)	(9.69)	(9.35)
企业 FE	是	是	是	是	是	是
年份 FE	是	是	是	是	是	是
县级 FE	否	是	否	否	是	否
省份×年份 FE	否	否	是	否	否	是
N	258 593	258 590	258 593	66 262	66 262	66 262
adj. R^2	0.853	0.854	0.853	0.854	0.855	0.854

注:被解释变量为企业出口。列(1)和(4)控制了企业和年份固定效应,列(2)和(5)控制了企业、年份和县级固定效应,列(3)和(6)控制了企业、年份和省份×年份固定效应。lncrecv 是采用应收账款总额衡量的集群商业信用,lntoutp 是采用总产出衡量的县级经济规模,lnfixed 是采用固定资产衡量的企业规模,lnprod 是采用人均产出衡量的企业生产率,lnage 是企业年龄,lnklr 是企业人均资本强度,lnint 是企业中间投入,lnrd 是企业研发水平。括号内为 t 统计值,在企业层面上进行聚类,县级层面进行聚类的结果与此类似。***、**、* 分别表示 1%、5%、10%水平上显著。

第六节　进一步分析

一、企业-企业层面回归结果

到目前为止的回归都是分析集群商业信用对企业出口的影响,即企业-县级层面的分析。集群商业信用最终会通过单个企业行为作用于企业出口,即通过向单个企业提供商业信用,进而缓解其融资约束,最终促进其出口的扩张。为了提供这方面的证据,本章进一步采用企业-企业层面的数据展开分析,即分析企业商业信用对企业出口行为的影响。一个企业的应收账款表示该企业为其他企业提供商业信用,应付账款则是其他企业为该企业提供商业信用,因此此处应该选取应付账款表示其他企业为该企业提供的商业信用。理论上,企业应付账款越大,表明该企业获取的商业信用越大,越有利于其出口扩张,因此预期符号为正。表6-19显示了企业-企业层面的回归结果。与理论预期一致,企业商业信用对出口扩张具有显著的正向推动作用。平均而言,企业应付账款提高10%,会带来该企业出口水平提高0.02%。其他解释变量的系数符号、影响程度和显著性本质上也都与基准回归的结果相一致。

表6-19 企业-企业层面回归结果

	(1)	(2)	(3)	(4)	(5)	(6)
lnpay	0.023***	0.013***	0.002***	0.002**	0.002**	0.002**
	(20.05)	(13.46)	(2.70)	(2.55)	(2.45)	(2.54)
lnfixed		0.130***	0.985***	0.951***	0.949***	0.949***
		(27.11)	(121.63)	(88.00)	(87.84)	(87.76)
lnprod		0.526***	0.898***	0.865***	0.864***	0.864***
		(73.57)	(128.04)	(84.79)	(84.73)	(84.68)
lnage		0.216***	0.054***	0.054***	0.054***	0.055***
		(16.11)	(4.57)	(4.62)	(4.65)	(4.65)
lnklr			−0.974***	−0.940***	−0.939***	−0.939***
			(−125.23)	(−87.30)	(−87.19)	(−87.10)
lnint				0.035***	0.035***	0.035***
				(4.73)	(4.70)	(4.74)
lnrd					0.006***	
					(4.45)	
lnnew						0.004***
						(4.21)
Firm FE	是	是	是	是	是	是
Year FE	是	是	是	是	是	是

续表

	(1)	(2)	(3)	(4)	(5)	(6)
N	233 490	197 286	197 286	197 198	197 198	197 198
adj. R²	0.781	0.873	0.894	0.894	0.894	0.894

注:被解释变量为企业出口。列(1)—(6)都控制了企业固定效应和年份固定效应。lnpay是采用企业应付账款衡量的从其他企业接收到的商业信用,lnfixed是采用固定资产衡量的企业规模,lnprod是采用人均产出衡量的企业生产率,lnage是企业年龄,lnklr是企业人均资本强度,lnint是企业中间投入,lnrd和lnnew是企业研发水平和新产品产值。括号内为t统计值,在企业层面上进行聚类。***、**分别表示1%、5%水平上显著。

二、安慰剂检验

本节采用加工贸易作为安慰剂检验(Placebo test),主要原因在于加工贸易是免税的,而且由于所从事的生产环节特征,加工贸易对资本需求小。改革开放以来,我国对外贸易扩张的一大显著特点是以加工贸易和一般贸易并存为特征的对外贸易扩张方式。加工贸易主要包含两种贸易方式:一种是来料加工,一种是进料加工。在来料加工下,货权不发生转移,供应商仅从事加工或组装任务,不从事中间品的购买或生产。在进料加工下,供应商需要自己购买中间品并进行加工或组装。加工贸易相对于一般贸易,具有两个方面的重要区别,一是税收待遇,二是从事的价值链环节。在税收待遇方面,来料加工和进料加工享有不同的税收优惠,前者概括为"不征不退",后者则是"先征后退"(余淼杰,2011),两者相对于一般贸易都是免税的。在从事的价值链环节方面,与一般贸易相比,加工贸易属于两头在外的贸易方式,订单和原材料都来自国外,加工商仅从事加工组装活动,基本不从事研发活动,生产活动单一,要素需求主要为劳动力,对资本需求相对较小。因此,加工贸易面临融资约束的可能性更小,进而集群商业信用对其影响很小或没有影响。该部分的数据来自中国工业企业数据库和海关数据库的合并数据,二者的合并方法详见余淼杰(2010)、马述忠等(2016a,2016b)。合并后的数据样本区间缩减至2000—2006年,样本规模缩减至87 979个观测值。回归结果显示在表6-20中。结果表明,集群商业信用和从外部获取的商业信用对加工贸易出口都没有显著影响。不过其他变量的符号都与前面一致。采用应收应付账款衡量集群商业信用的安慰剂检验结果也是一致的。这与预期一致，从侧面论证了本章的基本结论，集群商业信用对企业出口具有显著正向作用。

表 6‑20　安慰剂检验结果

	(1)	(2)	(3)	(4)	(5)	(6)
lncrecv	0.036	0.037	0.005	—	—	—
	(1.41)	(1.44)	(0.16)			
lnnetcpay	—	—	—	−0.017	−0.016	−0.017
				(−0.88)	(−0.83)	(−0.88)
lntoutp	−0.101	−0.079	0.483***	0.754***	0.824***	0.754***
	(−1.45)	(−1.09)	(2.66)	(2.97)	(3.17)	(2.97)
lnfixed	0.814***	0.813***	0.729***	0.756***	0.754***	0.756***
	(24.08)	(24.02)	(16.50)	(14.86)	(14.82)	(14.86)
lnprod	0.518***	0.516***	0.515***	0.533***	0.532***	0.533***
	(16.94)	(16.87)	(14.40)	(12.73)	(12.70)	(12.73)
lnage	0.184***	0.184***	0.186***	0.164***	0.163***	0.164***
	(5.28)	(5.28)	(3.71)	(2.99)	(2.97)	(2.99)
lnklr	−0.789***	−0.787***	−0.723***	−0.731***	−0.730***	−0.731***
	(−23.74)	(−23.69)	(−17.41)	(−15.23)	(−15.21)	(−15.23)
lnint	0.072***	0.073***	0.069**	0.066**	0.067**	0.066**
	(2.85)	(2.87)	(2.53)	(2.10)	(2.13)	(2.10)
lnrd	0.009*	0.010*	−0.000	−0.002	−0.002	−0.002
	(1.85)	(1.86)	(−0.04)	(−0.32)	(−0.32)	(−0.32)
企业 FE	是	是	是	是	是	是
年份 FE	是	是	是	是	是	是
县级 FE	否	是	否	否	是	否
省份×年份 FE	否	否	是	否	否	是
N	33 785	33 779	27 334	18 856	18 854	18 856
adj. R^2	0.797	0.797	0.841	0.849	0.849	0.849

注：被解释变量为加工贸易企业出口。列(1)和(4)控制了企业和年份固定效应,列(2)和(5)控制了企业、年份和县级固定效应,列(3)和(6)控制了企业、年份和省份×年份固定效应。lncrecv 是采用应收账款总额衡量的集群商业信用,lnnetcpay 是应付应收账款差额衡量的集群从外部接收的商业信用,lntoutp 是采用总产出衡量的县级经济规模,lnfixed 是采用固定资产衡量的企业规模,lnprod 是采用人均产出衡量的企业生产率,lnage 是企业年龄,lnklr 是企业人均资本强度,lnint 是企业中间投入,lnrd 是企业研发水平。括号内为 t 统计值,在企业层面上进行聚类,县级层面进行聚类的结果与此类似。***、**、*分别表示 1%、5%、10%水平上显著。

第七节　总结性评论:集群式发展推动外贸高质量增长

我国在资本市场高度不发达的情况下取得了巨大出口奇迹。本章利用中国工业企业数据库 1999—2007 年的数据,尝试从县级集群内部的商业信用视角对此提供一种解释。研究发现,集群商业信用可以显著促进企业的出口扩张。分析发现,这主要是通过影响私营企业实现的,对国有企业和外资企业的影响程度较小或不显著,而且主要影响东部地区的企业出口。变换指标衡量方法、剔除极端值的影响、改变模型设定形式以及采用企业-企业层面的数据发现基本结论不发生改变。作用机制是,集群商业信用通过缓解融资约束,不仅提高了企业进入出口市场的概率,而且提高了已出口企业的出口水平。将集群程度纳入方程以排除遗漏重要解释变量的影响,并根据企业是否变更经营地点构造拟自然实验,采用双重差分方法检验内生性后,结论仍然稳健。本章采用加工贸易作为安慰剂检验,发现集群商业信用没有显著影响,从侧面佐证了本章的结论。这表明集群商业信用不仅影响企业出口水平,而且作用于企业出口决策。这可以解释在中国市场化改革进程中私营企业虽然相对于国有企业和外资企业更难以从正规融资渠道获取资金,但依然实现了出口快速扩张。

本章的结论具有较强的理论一致性和现实指导意义。大量新新贸易理论和实证文献证实,出口活动需要承担大量先期投入成本和固定成本,不仅提高出口水平需要固定成本投资,而且从不出口转向出口也需要资本投入,因为出口相对于不出口需要研发新产品,或开拓新市场,这都需要大量前期资本投入,对金融发展程度也更为敏感。集群内部商业信用对于中国企业的快速出口扩张提供了一个解释,大量专业化供应商和生产商集聚在一起,相互之间的商业信用,为企业的出口扩张提供了资金支持,缓解了企业的融资约束,促进了我国出口扩张奇迹的实现。

作为本章的一个延续性拓展,考察与中国发展程度较为接近的金砖国家,甚至比中国更为发达的亚洲"四小龙"地区的出口扩张行为并将其与中国的出口扩张奇迹进行对比具有很强的政策借鉴意义。三个问题值得进一步深入探讨：第一，中国的出口扩张模式与其他金砖国家和亚洲"四小龙"的出口扩张是否具有相似性，也就是中国与其他国家各自出口扩张轨迹的独特性；第二，中国的出口扩张奇迹是否具有可持续性，这关系到集群能否孕育持续的创新动力，如果不是，那么它的下一个发展阶段是什么；第三，也是最为重要的，中国的出口扩张奇迹是否可以复制，这个问题的答案直接关系到能否给广大发展中国家和欠发达国家带来福音。对这些问题的解答，有待后续深入研究。

第七章 集群商业信用、融资约束与中国外贸转型升级
——基于出口产品质量视角

第一节 引言

改革开放以来,我国实现了出口快速扩张,从 20 世纪 90 年代微不足道的贸易小国成长为当今世界举足轻重的贸易大国。然而,既有研究发现,我国出口扩张仍然以量的增长为主,质的提升微乎其微,鲜有文献找到中国出口产品质量大幅提升的证据。一些基于出口边际的分析发现,中国出口增长主要来自数量增长和广度增长,价格增长几乎没有贡献(施炳展,2010);一些研究发现,中国在出口快速扩张的同时,出口产品质量总体上却表现出轻微下降趋势,并呈 U型变化态势(张杰等,2014);还有一些研究发现,中国出口产品质量并未得到提升,反而出现了出口产品质量与出口增长速度相背离(李坤望等,2014)的现象。

对外贸易转型升级涉及多个层面,不仅包括全球价值链升级等宏观层面的内容,还包括产品质量提升等微观层面的内容。长期出口低质量产品至少面临两个方面的问题:第一,产品极易被取代。改革开放以来,我国主要凭借廉价劳动力的比较优势成长为贸易大国。但这种比较优势随着我国人口红利的消失和印度等其他发展中国家的崛起,极易被取代,面临不可持续的问题;第二,产品附加值率低。同样一种产品,高质量和低质量产品所获取的附加值率存在巨大差异。我国处于全球价值链低端环节,获取的附加值有限,长期出口低质量产品可能会强化这种趋势,积重难返。因此,如何实现出口产品质量提升是我国对外贸易转型升级过程中必须面对和着重解决的重大现实课题。

那么,如何提升我国出口产品质量呢? 首先需要厘清产品质量的定义。目前学术界并没有针对产品质量的统一定义。一方面是由于产品质量的内涵过于宽泛,另一方面是产品质量过于复杂,难以进行界定。已有研究(Aiginger,2000)对产品质量进行了尝试性界定,将高质量产品定义为"该产品至少有一种特性被购买者所看重"。该特性可以提高消费者的购买意愿,要么是可以衡量的,比如速度、能力、规模、耐用性,或者是不可衡量的,比如可靠性、设计、商誉、信任。高质量产品的可能结果是,企业可以在不失去市场份额的情况下提高产品价格,或者在同一价格下提高产品销量。已有研究(Aiginger,2000)进一步指出,可以通过如下活动提高产品质量:第一,使用更多或更好的技能劳动力、机器、更复杂的投入品,或者更优良的组织管理;第二,研发活动以及对先进技术和流程的模仿;第三,营销可以通过披露更多的产品信息或改变消费者偏好提高消费者的购买意愿。已有研究(Aiginger,2000)重点指出了通过生产和购买高质量投入品提高产品质量的途径,包括 RandD 活动、技能劳动力、复杂资本、信息通信技术、生产流程、知识服务投入。

具体到中国出口产品质量的升级问题,现有文献从不同角度进行了研究。殷德生等(2011)发现,贸易开放通过贸易成本下降、技术溢出和规模经济提高产品质量。王永进和施炳展(2011)考察了上游垄断对产品质量的影响。施炳展(2013)分析了出口产品质量的异质性。施炳展和邵文波(2014)测算了出口产品质量并分析了其决定因素。张杰等(2014)采用需求结构模型测算了我国出口产品质量。汪建新和黄鹏(2015)研究了信贷约束和资本配置效率对出口产品质量的影响。张杰(2015)考察了金融抑制和融资约束对出口产品质量的作用。张杰等(2015)探讨了政府补贴和市场竞争对出口产品质量的影响。马述忠和吴国杰(2016)剖析了中间品进口对出口产品质量的影响。

既有研究对我国出口产品质量测算和提升提供了有益借鉴。然而尚没有文献从集群商业信用角度分析其对我国出口产品质量的影响。我国工业化模式伴有典型的集群式特征,集群内部各经济主体(专业化供应商、生产商和贸易商)集聚在一起,相互之间提供商业信用,降低了集群内部新创企业的资本进入壁垒,大量中小企业得以成立,集群内部专业化供应商和生产商的相互竞争进一步提高了企业的生产率(Long and Zhang,2011)。集群商业信用作为银行信用的一种重要补充,大大缓解了企业融资约束,促进了企业出口扩张(马述忠和张洪胜,2017)。由于出口产品质量提升不仅需要承担固定成本,比如研发新产品或进行产品升级所需的前期投入成本,而且需要承担大量可变成本,比如研发成本、购买先进投入品的成本等,这些都衍生出较大的资金需求。因此集群商业信用可能通过缓解企业融资约束促进出口产品质量提升。

不过由于商业信用存在较为严重的内生性问题,识别商业信用对出口产品质量的作用并不容易。一方面,商业信用可能受出口产品质量的影响,出口产品质量越高,从事的商业信用活动可能也越多,进而难以分辨商业信用影响出口产品质量还是出口产品质量影响商业信用。另一方面,商业信用和出口产品质量可能同时受到第三方面因素的影响,比如地方集群程度。地方集群程度越高,企业之间的互动关系越突出,这不仅有利于企业之间商业信用的发展,而且可能促进出口产品质量的提高,因此商业信用和出口产品质量之间的关系变得扑朔迷离,难以辨别孰为因果。

本章研究集群商业信用对出口产品质量的影响较好地规避了第一个方面的问题。原因在于集群商业信用是一个集群内部所有企业商业信用的加总,不受单个企业出口产品质量的影响。但集群商业信用在相当程度上可以衡量地区经济规模,或与地方经济规模严格正相关,为解决这一问题,我们纳入总产出衡量的集群经济规模,以控制地区经济规模对商业信用的影响。为解决第二个方面的识别困境,即为了排除遗漏重要解释变量对回归结果可能造成的干扰,本章将集群因素纳入回归方程,并借鉴已有研究(Nunn and Qian,2011;王永进和盛丹,2013;Lu et al.,2014)以及马述忠和张洪胜(2017)的研究思路,根据企业是否变更经营地点构建拟自然实验,采用双重差分方法估计方程。该方法的基本思想为,不同集群的商业信用水平是不同的,一个集群的商业信用对不在该集群内的企业来说是外生的,因此当企业从一个集群单位转向另一个集群单位时,可视为该企业所面临的集群商业信用发生了外生变化,将这些更改经营地的企业看作处理组,与那些没有发生经营地改变的企业相对比,就可以识别出集群商业信用对出口产品质量的影响。为了提高匹配精度,本章采用非参数倾向得分匹配(non-parametric propensity score matching,NPSM)方法筛选与处理组接近的控制组,并通过引入企业-产品固定效应和年份固定效应控制处理组和控制组不可观测的个体效应。力求全面,本章采用单价法和需求残差法全面衡量出口产品质量。

集群商业信用存在两种形式,一种是该区域内,企业之间彼此互相提供商业信用,另外一种是,由于行业或产业结构问题,企业从区域外接收的商业信用。限于数据可得性,很难区分第一种商业信用。[①] 作为一种弥补,笔者区分了集群从外部获取的商业信用净额。具体而言,本章基于中国工业企业数据库和海关数据库 2000—2010 年的数据,采用单价法和需求残差法测算出口产品质量,实证研究了城市集群商业信用对出口产品质量的影响。研究发现,集群商业信用可以显著提高出口产品质量,主要是通过影响私营企业和外资企业实现的,而且主要影响东部地区企业。剔除纺织业和极端值、变换指标衡量方法后基本结论不发生改变。作用机制是集群商业信用通过缓解企业融资约束促进了出口产品质量提升。考虑集群因素以及双重差分结果显示,基本结论是稳健的。这启示我们,集群商业信用作为银行信用的重要补充,对促进我国出口产品质量提升和对外贸易转型升级具有重要作用。

本章余下结构安排为:第二部分为数据与模型,第三部分为实证检验,第四部分为机制检验,第五部分为内生性检验,第六部分为进一步分析,最后一部分为结论性评述。

---

① 区分集群内部企业之间互相提供商业信用需要用到企业网络矩阵数据,而据笔者所知尚没有统计渠道可以获取该数据。

第二节　数据与模型

一、数据处理

本章数据主要来自国家统计局中国工业企业数据库和中国海关总署交易层面海关数据库 2000—2010 年的数据。中国工业企业数据库提供所有国有企业和年销售额超过 500 万元的所有非国有企业的详细资产负债表数据,比如总资产、固定资产、雇用人数、应收应付账款、研发费用等。海关数据库提供 HS8位产品层面详细的进出口数据,包括进出口值、进出口量和进出口价格,可用来测算产品质量指标。

这两套数据的具体处理过程如下:首先,剔除两套数据库承担连接国内生产商(采购商)和国外采购商(生产商)的贸易中间商。由于数据库没有明确标示哪些企业是贸易中间商,本章借鉴已有研究(Ahn et al.,2011)的方法采用企业名称蕴含的关键字进行识别。[①]　其次,对工业企业数据库进行重新编码,以解决同一企业在不同年份代码不统一的问题。第三,为了提高数据质量,剔除了工业总产值、固定资产、全部职工数、研发费用、新产品产值、中间投入、应收账款等一些重要经济指标数值为负的样本,工业企业数据库最终得到 118 867 个企业,8 666 个产品,1 324 169 个企业–产品对,共计 2 714 349 个观测值。第四,所有数据均剔除了价格因素和汇率因素的影响(以 2000 年为基期),相应的价格指数与汇率数据,取自国家统计局。第五,本章采用中国工业企业数据库计算集群商业信用,以省份–地区变量组合表示城市代码,将城市单位看作集群单位,采用城市集群内部所有规模以上企业的应收账款总额、应付账款总额、应收应付账款总额以及应付应收账款差额表示城市集群商业信用,以反映集群商业

---

① 这些关键字包括"进出口""经贸""贸易""科贸""外经"等。已有研究(Ahn et al.,2011)共剔除 29 982 个中间商,贸易额占中国对外贸易总额的 22.3%。

信用的思想。第六,出口产品质量是本章的被解释变量,因此如何对其进行衡量是本章重点之一。为力求全面准确,本章将中国特定 HS8 位[①]层面出口单位定义为单个产品,采用单价法和需求残差法两种方法测量出口产品质量,具体测算方法见下文。第七,到此为止,得到了包含集群商业信用的企业层面工业企业数据库和 HS8 位产品层面的海关数据库,这两套数据库的合并匹配在数据处理过程中较为关键。与现有文献的一贯做法相一致,本章采用两种方法合并中国工业企业数据库和海关数据库中的相关数据,由于一个企业对应多个产品,因此在技术层面是多对一合并。一种方法是根据企业名称直接进行合并,另一种方法是采用企业电话号码后 7 位和 6 位邮政编码组成的 13 位代码进行合并。[②] 合并方法详见余淼杰(2010)、马述忠和张洪胜(2017)。最终匹配数据为取两种方法的合集。由于中国工业企业数据库研发费用数据在大部分年份缺失,仅 2001、2005 和 2006 年具有研发数据,而且即使是在这些年份,很多企业的研发费用数据也是缺失的,因而回归方程中没有纳入研发水平这一变量。[③]

二、模型设定

为考察集群商业信用对出口产品质量的影响,本章将城市单位看作集群单位,并将城市单位内所有企业的商业信用加总得到城市商业信用,以此作为解释变量。这样做不仅能够考察集群商业信用对出口产品质量的作用,而且能够避免反向因果对回归结果的干扰。具体而言,回归方程设定为如下形式:

$$\ln qua_{i,j,t} = \alpha + \beta_1 \ln Credit_{c,t} + \beta_2 \ln Size_{c,t} + \beta_3 \ln Size_{i,t} + \beta_4 \ln Prod_{i,t} + \beta_5 \ln Age_{i,t}$$

---

① HS8 位代码是更为细分的产品单位,与 HS6 位或其他代码相比具有两方面的优点:第一,避免了加总偏误,使得价格数据更为准确;第二,无需转化为其他行业代码,比如 SITC 或 ISIC,避免了转化偏误和样本损失。

② 值得说明的是,本章获得的 2007 年及以后的工业企业数据缺少电话号码和邮政编码两个变量,因此,2007 年及以后的工业企业数据库与海关数据库仅采用企业中文名称进行合并匹配。

③ 需要注意的是,如果参考现有文献的处理方法(Faleye et al.,2014;Fang et al.,2014),将研发费用数据缺失的样本采用 0 代替,不影响本章的基本结论。

$$+\beta_6 \ln klr_{i,t} + \sum D_{ij} firm_i \times product_j + \sum D_t year_t + \sum D_p province_p + \varepsilon_{i,j,t}$$

$$(7-1)$$

检验公式(7-1)的数据为企业-产品-年份层面的数据。其中 i 表示企业,j 表示产品,t 表示年份,c 表示城市集群,$qua_{i,j,t}$ 表示企业 i 出口的产品 j 在 t 年的产品质量,具体衡量方法见下文。$Credit_{c,t}$ 表示城市 c 在 t 年的集群商业信用,具体衡量方法见下文;$Size_{c,t}$ 表示集群 c 在 t 年的规模,具体衡量方法见下文;$Size_{i,t}$ 表示企业 i 在 t 年的规模,具体衡量方法见下文;$Prod_{i,t}$ 是企业 i 在 t 年的劳动生产率,采用总产出/全部职工数衡量;$Age_{i,t}$ 是企业 i 在 t 年的年龄,采用当前年份减成立年份+1 衡量;$klr_{i,t}$ 是企业 i 在 t 年的人均资本强度,用来表示资本密集程度,具体衡量方法见下文。由于可能存在影响产品质量的企业层面、产品层面或企业-产品层面不可观测的个体因素,本章纳入企业-产品固定效应控制这些因素。另外出口产品质量可能受到经济周期或供求变化的影响,公式(7-1)同时控制了年份固定效应。$\sum D_{ij} firm_i \times product_j$ 是企业-产品固定效应,$year_t$ 是年份固定效应,$\varepsilon_{i,j,t}$ 是随机扰动项。由于集群商业信用是城市层面的变量,因而随时间变化的城市特征会干扰回归结果,但公式(7-1)无法控制城市×年份固定效应,通过加入省份固定效应 $\sum D_p province_p$,以尽可能控制这些因素。因此系数 β_1 表示城市集群商业信用对出口产品质量的影响程度,是本章待考察的核心变量。与主流文献一致,对主要变量进行取自然对数处理,对标准差在产品层面进行聚类。

三、变量定义

(一) 集群商业信用

本章采用四种方法测度一个集群的商业信用水平,应收账款总额、应付账款总额、应收应付账款总额以及应付应收账款差额。前三个指标都是总量层面的商业信用,既包含了从集群内部获取的商业信用,也包含了从集群外部获取的商业信用,第四个是集群从外部获取的商业信用。限于数据可得性,笔者无法得到从集群内部获取的商业信用数据。不过可以证明，从集群外部获取的商业信用净额等于应付应收账款差额，如公式(7-2)至(7-4)所示。本章将城市单位看作集群单位，采用城市集群内部所有规模以上企业的应收账款之和表示城市集群商业信用，以反映集群商业信用的思想。[①]

$$Pay_i - Recv_i = (Pay_i^d + Pay_i^f) - (Recv_i^d + Recv_i^f) \qquad (7-2)$$

$$= (Pay_i^d - Recv_i^d) + (Pay_i^f - Recv_i^f) \qquad (7-3)$$

$$= Pay_i^f - Recv_i^f \qquad (7-4)$$

其中，Pay_i 表示集群 i 接收到的商业信用，不仅包括从集群内部还包括从外部接收到的商业信用，即 $Pay_i = Pay_i^d + Pay_i^f$，$Pay_i^d$ 表示集群 i 从内部接收到的商业信用，Pay_i^f 表示集群 i 从外部接收到的商业信用。同理，$Recv_i$ 表示集群 i 对内和对外提供的商业信用，即 $Recv_i = Recv_i^d + Recv_i^f$。因此有公式(7-2)成立，通过移项得到公式(7-3)。由于理论上集群 i 从自身接收的商业信用等于集群 i 对自身提供的商业信用，即 $Pay_i^d = Recv_i^d$，因而得到公式(7-4)。公式(7-4)的含义是，集群 i 从外部接收的商业信用净额，在数值上等于集群 i 接收到的商业信用总额 Pay_i 减去提供的商业信用总额 $Recv_i$。直觉上，如果一个集群从外部接收到更多的商业信用，那么越有利于该集群内部企业的出口扩张。

(二) 产品质量

产品质量是本章的被解释变量。准确测算产品质量是展开后续量化研究的基础。关于出口产品质量测算，目前采用最多的方法是单价法和需求残差法。由于单价法简单易用，在早期研究文献中被广泛采用(Schott，2004；Hummels and Skiba，2004；Hummels and Klenow，2005；Hallak，2006)。然而单

---

① 由于应付账款数据在大部分年份(1999—2003)缺失，所以笔者以应收账款作为衡量商业信用的主要指标，并将应付账款作为稳健性检验。笔者计算了城市应收账款和城市应付账款的分年份相关系数。结果显示，二者高度相关，年度相关系数高达 0.97。

价法由于过于笼统,日益受到更多的批评。批评内容主要来自两个方面:一是单价不仅包含质量信息,而且包括成本信息、需求信息等,低价格可能来自低质量,也可能来自低成本和低需求等(施炳展,2013;张杰等,2014);二是由于我国要素市场存在扭曲、出口市场竞争激烈,加大了价格信号与质量信号之间的偏差(施炳展和邵文波,2014;施炳展和曾祥菲,2015)。由于单价法在衡量产品质量方面存在的上述若干问题,一些研究(Hallak and Schott,2011;Khandelwal,2011)采用事后推理的方法在行业和产品层面提供了一种推测产品质量的新方法。基本思路是,在价格相同的情况下,需求情况越好,产品质量越高。由于纳入了市场需求状况,该方法更能反映市场需求对产品质量的决定作用。Gervais(2015)等进一步将该方法拓展至企业层面。参考现有文献的研究成果,为了更准确和全面地衡量产品质量,本章同时采用单价法和需求残差法两种方法,探析集群商业信用对出口产品质量的作用效果。

(1)单价法。单价法的逻辑简单直观,对于同一种产品而言,质量越高,收取的价格越高,因而价格越高,产品质量越高。在实际操作层面,本章直接采用细化至 HS8 位产品层面的原始数据,不对其进一步加总,以避免可能存在的加总偏误。出口价格等于出口值与出口数量的比值。由于同一产品在不同企业、不同年份的出口价格都存在差异,本章采用企业-产品-年份层面的价格数据代理产品质量,如公式(7-5)所示:

$$quality_{ijt} = p_{ijt} = \frac{\sum_m Export_{ijmt}}{\sum_m Quantity_{ijmt}} \tag{7-5}$$

其中 i 表示企业,j 表示 HS8 位层面的产品,m 表示进口国,t 表示年份。

由于不同产品之间衡量单位不同,单纯比较价格没有意义,本章借鉴施炳展(2010,2013)的处理方法,对每种产品的价格减去最小值再除以最大值与最小值之差进行标准化。

(2)需求残差法。需求残差法的微观基础来自质量内生决定模型(Hallak

and Sivadasan,2009),该模型从需求和供给角度推导出产品质量。需求残差法的基本思想是,相同价格的产品,质量越高,需求量越大,因而由此可以反推,需求量越大,排除价格因素后,质量越高。根据已有研究(Hallak and Schott,2011)的理论模型,在 CES 需求特征以及垄断竞争框架下,需求体系下的产品质量公式为:

$$q_{ijmt} = p_{jimt}^{-\sigma} \lambda_{ijmt}^{\sigma-1} \frac{E}{P} \tag{7-6}$$

其中 i 表示企业,j 表示产品,t 表示年份,q 表示产品需求量,p 表示产品价格,λ 表示产品质量,$\sigma > 1$ 是产品替代弹性,E 是外生给定的支出水平,P 是质量调整的价格指数,具体为 $P \equiv \int_{ijmt} p_{ijmt}^{1-\sigma} \lambda_{ijmt}^{\sigma-1} dj$。公式(7-6)显示,一种产品价格越高,需求量越低;产品质量越高,需求量则越高。对公式(7-6)两边同时取自然对数得到:

$$\ln q_{ijtm} = \chi - \sigma \ln p_{ijmt} + \psi_{ijmt} \tag{7-7}$$

其中 $\chi = \ln E - \ln P$,反映了进口国层面特定因素,比如收入水平、市场进入成本、价格指数等,本章通过进口市场-年份虚拟变量予以控制。$\psi_{ijmt} = (\sigma - 1) \ln \lambda_{ijmt}$ 是由产品质量构成的残差项。由于公式(7-7)的回归是在企业-产品-进口国-年份层面进行,为了最大可能消除遗漏变量的影响,除了纳入上面提到的进口国-年份固定效应,本章进一步纳入企业-产品固定效应以控制企业、产品以及企业-产品层面可能影响产品需求的因素,这些因素包括产品的生产成本、产品的技术属性、企业性质、企业-产品比较优势等。在公式(7-7)的基础上得到产品质量的方程:

$$quality_{ijmt} = \ln \lambda_{ijmt} = \frac{\psi_{ijmt}}{\sigma - 1} \tag{7-8}$$

为了保持不同产品之间的指标的可比性,参考既有研究的普遍处理方法,对产品质量指标进行标准化：

$$quality_{ijmt}^{adj} = \frac{quality_{ijmt} - \min_{ijmt}}{\max_{ijmt} - \min_{ijmt}} \qquad (7-9)$$

最后对进口国进行加总得到企业-产品-年份层面的出口产品质量：

$$quality_{ijt}^{adj} = \sum_m quality_{ijmt}^{adj} \qquad (7-10)$$

（三）控制变量

主要控制变量包括：

（1）集群规模（$Size_c$）。集群商业信用在相当程度上可以衡量地区经济规模，或与地方经济规模严格正相关，为解决这一问题，纳入总产出衡量的集群经济规模，以控制地区经济规模对商业信用的影响。外部规模经济可能对出口产品质量产生正面影响，因此预期符号为正。

（2）企业规模（$Size_i$）。规模大的企业拥有规模经济优势和更大的资源整合能力，能够生产高质量产品。采用企业固定资产总额和总资产表示企业规模，用来控制企业规模对出口产品质量的影响。预期符号为正。

（3）企业生产率（$Prod$）。根据异质性企业贸易理论，生产率高的企业不仅进入出口市场的概率更高，而且出口量更大，出口产品质量也更高。采用人均产出表示的劳动生产率控制生产率对出口产品质量的影响。预期符号为正。

（4）企业年龄（Age）。年龄是企业经验的直接体现。经验丰富的出口商出口的产品质量可能更高。采用企业所在年份与注册年份的差额加1表示企业年龄。预期符号为正。

（5）人均资本强度（KpL）。当生产高质量产品需要更多资本时，企业资本强度越高，产品质量越高；反之，当生产高质量产品需要更多劳动时，企业资本强度越高，产品质量则越低。采用人均固定资产表示企业人均资本强度。预期符号不确定。

将主要变量定义及说明归纳在表7-1中。

表 7-1　主要变量定义

变量类型	变量名称	变量符号	变量定义
被解释变量	产品质量	qua1	出口产品单价
		qua2	需求残差项
核心解释变量	集群商业信用	crecv	集群内规模以上企业应收账款总额
		cpay	集群内规模以上企业应付账款总额
		crecvpay	集群内规模以上企业应收应付账款总额
		cnetpay	集群内规模以上企业应付应收账款差额
控制变量	集群经济规模	toutput	集群内规模以上企业总产值总额
	企业规模	fixed	企业固定资产
	企业生产率	prod	企业总产出/全部职工
	企业年龄	age	当年－注册年份＋1
	人均资本强度	kpl	企业固定资产/全部职工

（五）　描述性统计

表7-2报告了主要变量的描述性统计结果。由于2004年以前的应付账款数据缺失，因此采用应收应付账款总额和应付应收账款差额衡量的集群商业信用相对于其他变量的观测值大幅减少。

表 7-2　主要变量描述性统计

变量	均值	中位数	标准差	最小值	最大值	观测值
lnqua1	0.496	0.491	0.163	0.000	1.000	2 698 383
lnqua2	1.612	0.638	3.029	0.000	107.600	2 714 349
lncrecv	17.330	17.510	1.521	4.836	19.960	2 336 396
lncpay	17.400	17.510	1.639	2.485	20.010	1 789 856
lncrecvpay	18.150	18.310	1.566	5.670	20.610	1 789 856
lncnetpay	15.750	15.900	1.564	5.013	18.430	708 758
lnfixed	9.219	9.112	1.878	0.000	18.970	2 703 747
lnprod	5.490	5.424	1.038	−6.428	13.520	2 395 417
lnage	2.109	2.197	0.652	0.000	5.606	2 713 607
lnklr	3.679	3.731	1.354	−6.404	14.220	2 647 362

第三节　实证检验

一、基准回归结果

表7-3报告了本章的基准回归结果。表7-3中列(1)、(3)、(5)的被解释变量为采用单价法衡量的出口产品质量对数值lnqua1,列(2)、(4)、(6)的被解释变量为采用需求残差法测算的出口产品质量对数值lnqua2。

列(1)和(2)的解释变量仅包含集群商业信用以及企业-产品固定效应、省份固定效应和年份固定效应,其余模型纳入了更多控制变量,其中列(3)、(4)加入了城市经济规模,列(5)、(6)加入了企业规模、企业生产率、企业年龄以及企业人均资本强度,所有模型都控制了企业-产品固定效应、省份固定效应和年份固定效应。从表7-3中可以看出,集群商业信用对需求残差法衡量的出口产品质量具有正向促进作用,其影响相当显著和稳定,在列(2)、(4)、(6)中都通过了5%的显著性检验,而且不管是否纳入更多的控制变量,影响程度并没有太大变化。平均而言,集群商业信用提高10%,会促使需求残差法衡量的出口产品质量提高1.39%。相比之下,集群商业信用对价格法衡量的出口产品质量没有显著作用。

其他控制变量的符号也基本与理论预期相一致。具体而言,城市经济规模对需求残差法衡量的出口产品质量具有显著负向影响,对单价法衡量的出口产品质量具有显著正向影响。固定资产表示的企业规模越大,出口产品质量越高,影响程度在1%水平上高度显著。企业劳动生产率越高,出口产品质量越高,其影响也在1%水平上高度显著。企业年龄对需求残差法衡量的出口产品质量具有显著正向影响,但对单价法衡量的出口产品质量的影响为负。这说明需求残差法相对于单价法可能测算的产品质量更为准确,因为企业经验对提升出口产品质量的影响理论是至关重要的。人均资本强度对出口产品质量的影响显著为负。一个可能的解释是,目前我国出口产品质量提升仍然是依靠比较优势推进的,更多地出口劳动密集型产品,劳动扩张对出口产品质量的拉动作用更大,而资本扩张对出口产品质量尚未发挥显著促进作用或发挥的作用尚不足以与劳动的作用相比较。

基准回归中集群商业信用对出口产品质量的推动作用与主流文献的结论是一致的,集群内部各企业之间的相互关联与商业上的往来使得相互之间的商业信用非常普遍,作为正规融资方式的一种替代,集群商业信用显著提高了企业的出口产品质量。

表 7 - 3　基准回归结果

	lnqua1	lnqua2	lnqua1	lnqua2	lnqua1	lnqua2
	(1)	(2)	(3)	(4)	(5)	(6)
lncrecv	0.001***	0.008**	−0.001**	0.080***	−0.000	0.139***
	(3.52)	(2.38)	(−2.38)	(9.10)	(−0.62)	(15.06)
lntoutput	—	—	0.002***	−0.079***	0.001**	−0.148***
			(4.03)	(−8.87)	(2.17)	(−15.91)
lnfixed	—	—	—	—	0.004***	0.634***
					(13.34)	(114.56)
lnprod	—	—	—	—	0.005***	0.366***
					(19.93)	(79.80)
lnage	—	—	—	—	−0.001***	0.073***
					(−3.06)	(9.10)
lnklr	—	—	—	—	−0.003***	−0.568***
					(−11.77)	(−102.71)
企业-产品FE	是	是	是	是	是	是
省份FE	是	是	是	是	是	是
年份FE	是	是	是	是	是	是
adj. R^2	0.695	0.783	0.695	0.783	0.695	0.786
N	1 583 691	1 592 747	1 583 691	1 592 747	1 524 915	1 533 423

注:lnqua1为单价法衡量的出口产品质量,lnqua2为需求残差法衡量的出口产品质量,括号内为对产品进行聚类的t统计值,***、**分别表示1%、5%显著性水平。

二、稳健性回归结果

（一）集群商业信用影响出口产品质量的所有制差异

不同所有制企业获取外部融资的渠道不同，比如对于国有企业而言，从银行等大型金融机构获取贷款是补充其外部资金的主要方式，对于外资企业而言，从母国或母公司获取融资支持更为容易。而对于私营企业而言，非正规融资方式发挥着更为重要的作用（Allen et al.，2005）。倘若如此，集群商业信用对国有企业、私营企业和外资企业的影响可能会有差异。本节区分不同所有制类型企业，对基准回归结果进行扩展。本章采用中国工业企业数据库中的"登记注册类型"这一指标识别不同所有制的企业类型。[①] 本章在"登记注册类型"中将 110、120、130、141、142、143、151 划分为国有企业，将 140、149、159、160、170、171、172、173、174 划分为私营企业，将 200、210、220、230、240、300、310、320、330、340 划分为外资企业[②]。

从表 7-4 可以看出，总体而言，集群商业信用对需求残差法衡量的国有企业出口产品质量的影响虽然为正，但不显著。对私营企业和外资企业的影响则在 1% 水平上高度显著，而且对私营企业的影响最大。平均而言，集群商业信用提高 10%，带动私营企业出口产品质量提升 2.11%，外资企业出口产品质量提升 1.01%。

相比而言，其他控制变量的估计系数与基准回归结果大体一致。城市经济规模在需求残差法中表现出显著负向影响，在单价法中则是显著正向影响。企业规模和劳动生产率无论在单价法还是需求残差法中都表现出显著正向作用。企业年龄在需求残差法中表现出显著正向影响，在单价法中则是显著负向影响。人均资本强度在单价法和需求残差法中都表现出显著的负向影响。因此，集群商业信用对中国出口产品质量的促进作用主要体现在私营企业和外资企

---

① 有关企业登记注册类型与代码的对应表详见国家统计局网站 http://www.stats.gov.cn/statsinfo/auto2073/201310/t20131031_450535.html。

② 外资企业包括中外合资、中外合作和外商独资企业，港澳台企业也算作外资企业。

业,对国有企业影响不显著。

表 7 - 4　不同所有制回归结果

	国有企业		私营企业		外资企业	
	lnqua1	lnqua2	lnqua1	lnqua2	lnqua1	lnqua2
	(1)	(2)	(3)	(4)	(5)	(6)
lnrecv	−0.005	0.056	−0.000	0.211***	−0.001	0.101***
	(−1.30)	(1.02)	(−0.22)	(11.43)	(−1.44)	(9.31)
lntoutput	0.005	−0.037	−0.000	−0.206***	0.002***	−0.111***
	(1.28)	(−0.64)	(−0.57)	(−11.06)	(3.29)	(−10.14)
lnfixed	−0.001	0.675***	0.001*	0.820***	0.005***	0.568***
	(−0.27)	(18.97)	(1.83)	(61.65)	(14.19)	(93.22)
lnprod	0.006***	0.308***	0.002***	0.505***	0.006***	0.309***
	(3.06)	(10.50)	(4.05)	(44.81)	(19.61)	(62.29)
lnage	−0.004	0.004	−0.001**	0.075***	−0.001*	0.132***
	(−1.47)	(0.10)	(−2.07)	(4.92)	(−1.92)	(12.51)
lnklr	−0.000	−0.448***	−0.001	−0.797***	−0.005***	−0.511***
	(−0.12)	(−12.77)	(−1.51)	(−59.22)	(−13.27)	(−85.13)
企业 - 产品 FE	是	是	是	是	是	是
省份 FE	是	是	是	是	是	是
年份 FE	是	是	是	是	是	是
adj. R^2	0.664	0.776	0.681	0.764	0.700	0.803
N	42 126	42 186	431 654	432 647	1 033 725	1 041 149

注:lnqua1 为单价法衡量的出口产品质量,lnqua2 为需求残差法衡量的出口产品质量,括号内为对产品进行聚类的 t 统计值, * * * 、 * * 、 * 分别表示 1%、5%、10%显著性水平。

（二）　集群商业信用影响出口产品质量的地区差异

中国的经济发展存在着较为突出的地区差异性。改革开放肇始于东部沿海地区,经历了三十多年的高速发展,东部地区无论是经济发展水平、市场化程度,还是金融经济体制都处于较高的水平或较为完善,相比之下,中西部地区则较为落后。因此区分不同地区考察集群商业信用影响出口产品质量的地区异质性是有意义的。表7-5显示了考虑东部地区、中部地区和西部地区的回归结果。与基准回归一致,表7-5中的列(1)—(6)都控制了企业-产品固定效应、省份固定效应和年份固定效应。结果显示,集群商业信用对东部地区出口产品质量的影响在1%水平上显著为正,在中部地区不显著,在西部地区在10%水平上显著为负。其他解释变量的影响与基准回归结果大体一致。城市规模对需求残差法衡量的出口产品质量具有显著负向影响,对单价法衡量的出口产品质量具有显著正向影响。企业规模和劳动生产率无论在单价法还是需求残差法中都表现出显著正向作用。企业年龄在需求残差法中表现出显著正向影响,在单价法中表现出显著负向影响。人均资本强度在单价法和需求残差法中都表现出显著的负向影响。这说明集群商业信用对出口产品质量的影响主要集中在东部地区。

表7-5　不同地区回归结果

	东部地区		中部地区		西部地区	
	lnqua1	lnqua2	lnqua1	lnqua2	lnqua1	lnqua2
	(1)	(2)	(3)	(4)	(5)	(6)
lncrecv	−0.001	0.194***	0.001	−0.030	−0.001	−0.083*
	(−1.00)	(18.54)	(0.76)	(−1.06)	(−0.29)	(−1.79)
lntoutput	0.001**	−0.200***	−0.000	0.024	0.000	0.082
	(2.21)	(−19.29)	(−0.15)	(0.78)	(0.13)	(1.64)
lnfixed	0.003***	0.623***	0.007***	0.659***	0.010***	0.788***
	(10.19)	(107.35)	(3.82)	(21.57)	(6.38)	(28.22)
lnprod	0.004***	0.363***	0.006***	0.356***	0.010***	0.422***
	(16.13)	(75.01)	(4.30)	(15.90)	(8.08)	(18.94)
lnage	−0.001*	0.072***	−0.002	0.101***	−0.002	0.012
	(−1.82)	(8.34)	(−1.03)	(3.05)	(−0.94)	(0.35)
lnklr	−0.003***	−0.561***	−0.006***	−0.603***	−0.008***	−0.667***
	(−9.05)	(−96.83)	(−3.19)	(−19.18)	(−5.22)	(−24.22)
企业-产品FE	是	是	是	是	是	是

	东部地区		中部地区		西部地区	
	lnqua1	lnqua2	lnqua1	lnqua2	lnqua1	lnqua2
	(1)	(2)	(3)	(4)	(5)	(6)
省份 FE	是	是	是	是	是	是
年份 FE	是	是	是	是	是	是
adj. R^2	0.697	0.792	0.659	0.773	0.680	0.765
N	1 383 986	1 391 857	57 011	57 256	67 594	67 893

注:同表 7 - 4。

(三) 采用集群商业信用替代性指标

以城市内部所有企业的应付账款总额、应收应付账款总额以及应付应收账款差额衡量的从外部获取的商业信用作为集群商业信用的衡量指标,对基准回归进行重新检验,得到表 7 - 6。由结果可知,虽然样本量大幅降低,但以应付账款总额、以应收应付账款总额以及应付应收账款差额衡量的集群商业信用对出口产品质量的影响仍然在 5% 水平显著为正,而且系数大小与基准回归结果也较为接近。城市经济规模、企业规模、生产率、企业年龄、人均资本强度的系数符号、影响程度和显著性也与基准回归大体一致。

表 7 - 6 集群商业信用替代性指标回归结果

	lnqua1	lnqua2	lnqua1	lnqua2	lnqua1	lnqua2
	(1)	(2)	(3)	(4)	(5)	(6)
lncpay	0.000	0.059***	—	—	—	—
	(0.28)	(6.87)				
lncrecvpay	—	—	0.001*	0.090***	—	—
			(1.74)	(8.70)		
lncnetpay	—	—	—	—	−0.001***	0.012**
					(−3.85)	(2.47)

续表

	lnqua1	lnqua2	lnqua1	lnqua2	lnqua1	lnqua2
	(1)	(2)	(3)	(4)	(5)	(6)
lntoutput	0.000	−0.074***	−0.000	−0.101***	0.003***	−0.042***
	(0.77)	(−7.79)	(−0.73)	(−9.46)	(5.79)	(−4.73)
lnfixed	0.000	0.561***	0.000	0.561***	0.001*	0.538***
	(0.73)	(78.85)	(0.79)	(78.91)	(1.89)	(43.48)
lnprod	0.003***	0.321***	0.003***	0.322***	0.004***	0.294***
	(8.62)	(56.01)	(8.72)	(56.11)	(8.65)	(31.92)
lnage	−0.002***	0.199***	−0.002***	0.198***	−0.003**	0.154***
	(−4.03)	(18.17)	(−4.03)	(18.11)	(−2.55)	(8.15)
lnklr	−0.001*	−0.530***	−0.001*	−0.531***	−0.002***	−0.501***
	(−1.68)	(−75.89)	(−1.74)	(−75.95)	(−2.99)	(−42.59)
企业-产品 FE	是	是	是	是	是	是
省份 FE	是	是	是	是	是	是
年份 FE	是	是	是	是	是	是
adj. R^2	0.704	0.827	0.704	0.827	0.710	0.834
N	1 115 475	1 122 799	1 115 475	1 122 799	347 796	350 801

注:列(1)和(2)采用应付账款总额衡量集群商业信用,列(3)和(4)采用应收应付账款总额衡量集群商业信用,列(5)和(6)采用应付应收账款差额衡量从外部获取的集群商业信用。lnqua1 为单价法衡量的出口产品质量,lnqua2 为需求残差法衡量的出口产品质量,括号内为对产品进行聚类的 t 统计值,*** 、** 、* 分别表示 1%、5%、10%显著性水平。

(四)　剔除极端观测值的回归结果

不同行业受融资约束的影响是不同的(Fisman and Love,2003),纺织业受到商业信用的影响最大。本章在前文的分析中将企业-产品固定效应纳入回归方程可以反映产品甚至行业异质性,然而回归结果仍然有可能受到行业极端值的影响,比如商业信用对纺织业的影响可能拉高对整体出口产品质量的影响。因此本章将受商业信用影响最大的纺织业[①]去掉,以检验基准回归结果的稳健性,同时为了排除其他极端值的干扰,进一步对主要变量进行了缩尾处理,分别

---

① 在国民经济行业分类(GB/T 4754—2011)中,纺织业的前两位代码为 17。

采用1%和99%的分位数替代1%～99%以外的观测值,得到缩尾处理后的回归结果,如表7-7所示。表7-7与基准回归结果较为相似。剔除纺织业后,集群商业信用对出口产品质量的影响程度和方向并没有发生明显变化,而且在1%水平上显著。缩尾处理后,集群商业信用对出口产品质量仍然具有正向影响,而且在1%水平上显著。其他控制变量的估计系数和显著性也没有明显变化。

表7-7 剔除极端值回归结果

	剔除纺织业		缩尾处理	
	lnqua1	lnqua2	lnqua1	lnqua2
	(1)	(2)	(3)	(4)
lncrecv	−0.000	0.135***	−0.000	0.092***
	(−0.03)	(13.47)	(−0.60)	(11.74)
lntoutput	0.001	−0.141***	0.001**	−0.102***
	(1.14)	(−13.89)	(2.14)	(−12.88)
lnfixed	0.004***	0.665***	0.004***	0.501***
	(12.92)	(109.72)	(12.87)	(109.23)
lnprod	0.005***	0.363***	0.005***	0.308***
	(19.45)	(73.20)	(19.48)	(78.99)
lnage	−0.001***	0.085***	−0.001***	0.082***
	(−2.95)	(9.48)	(−2.80)	(11.62)
lnklr	−0.004***	−0.593***	−0.003***	−0.451***
	(−11.40)	(−98.53)	(−11.16)	(−97.55)
企业-产品 FE	是	是	是	是
省份 FE	是	是	是	是
年份 FE	是	是	是	是
adj. R^2	0.702	0.789	0.696	0.775
N	1 352 986	1 361 372	1 524 915	1 533 423

注:lnqua1为单价法衡量的出口产品质量,lnqua2为被解释变量为需求残差法衡量的出口产品质量,括号内为对产品进行聚类的t统计值,***、**分别表示1%、5%显著性水平。

(五) 其他拓展性回归结果

除了上述扩展性分析,本章选取关键控制变量的替代性衡量方法以及改变模型设定形式对基准方程进行了进一步检验,以考察基准结果的稳健性。具体而言,本章还做了以下稳健性检验:第一,分别采用企业总资产、总产出和总就业人数表示企业规模,对基准方程进行重新检验;第二,加入企业创新水平这一变量,对基准方程进行重新回归。上述稳健性分析都得到了和基准回归一致的结果,限于篇幅未报告相应结果。

第四节　机制检验

参考已有研究(Manova,2013)关于金融约束限制企业从事国际贸易的思路,即对异质性企业从事国内生产的选择效应,对异质性企业进入出口市场的选择效应以及对异质性企业出口水平的约束效应,本章识别集群商业信用通过融资约束影响出口产品质量的作用机制,即通过缓解企业融资约束提高出口产品质量。

探究企业的融资约束问题面临经验上难以识别的困难。学术界对融资约束的认识经历了从投资-现金流敏感度到现金-现金流敏感度的转变。已有研究(Almeida et al.,2004;于蔚等,2012)认为现金-现金流敏感度指标用来衡量企业融资约束更为可靠。然而仍然面临能否有效衡量企业融资约束的质疑。而且计算现金-现金流敏感度指标需要股利支付以及托宾 Q 等数据,主要针对上市公司,对于非上市公司的工业企业并不适用。因此,本节选取学术界2009 年发展起来的 SA 指数测度工业企业融资约束。相较于 KZ 指数和WW 指数,SA 指数包含更少的内生性金融变量,仅需规模和年龄两个企业特征就可以测算出来。SA 指数的计算公式为:$-0.737 \times Size + 0.043 \times Size2 - 0.04 \times Age$(Hadlock and Pierce,2009;鞠晓生等,2013)。由于 SA 指数取值为负,绝对值越大表示面临的融资约束越大,为了能取自然对数,笔者对原始值取负,然后再取自然对数,那么 lnSA 取值越大表示融资约束越大。

在检验一个变量对另一个变量的作用机制方面,既有研究比如于蔚等(2012)、毛日昇(2013)、马述忠和张洪胜(2017)的普遍做法是,首先检验核心解释变量是否作用于中间变量,然后通过引入中间变量与核心解释变量的交叉项检验核心解释变量的作用机制。参考既有研究的做法,本节的基本思路是:第一步,检验集群商业信用是否缓解企业融资约束;第二步,检验集群商业信用通过融资约束影响出口产品质量的作用机制。

一、集群商业信用与企业融资约束

笔者采用如下经验模型检验集群商业信用是否降低了出口企业的融资约束:

$$
\ln FC_{i,t} = \alpha + \kappa \ln Credit_{c,t} + \beta \ln Size_{c,t} + \sum D_i firm_i + \\
\sum D_t year_t + \sum D_p province_p + \varepsilon_{i,t}
\tag{7-11}
$$

检验公式(7-11)的数据为企业-年份层面的数据。其中,$\ln FC_{i,t}$ 表示集群 c 出口企业 i 在时期 t 年的融资约束,实际操作中采用 lnSA 指数作为代理变量,$\ln Credit_{c,t}$ 表示集群 c 在时期 t 年的集群商业信用,采用集群应收账款总额、应付账款总额、应收应付账款总额以及应付应收账款差额衡量,$\ln Size_{c,t}$ 表示总产出衡量的集群 c 在时期 t 的经济规模。公式(7-11)还控制了企业固定效应、省份固定效应和年份固定效应。κ 是笔者关注的核心变量系数,如果显著为负,则表明集群商业信用有助于降低出口企业融资约束。

回归结果显示在表7-8中,列(1)—(4)分别采用应收账款总额、应付账款总额、应收应付账款总额以及应付应收账款差额衡量集群商业信用。表7-8结果显示,列(1)—(3)中集群商业信用的回归系数取值为负,并且都通过了1%的显著性检验。这表明集群商业信用显著有助于缓解出口企业的融资约束。列(4)显示,从外部获取的集群商业信用对缓解企业融资约束没有显著影响。

表 7-8　集群商业信用与企业融资约束

	(1)	(2)	(3)	(4)
lncrecv	−0.002*** (−4.09)			
lncpay		−0.002*** (−4.44)		
lncrecvpay			−0.003*** (−5.51)	
lncnetpay				0.000 (0.36)
lntoutput	−0.000 (−0.19)	0.000 (0.57)	0.001** (−0.89)	−0.000 (2.10)
企业 FE	是	是	是	是
省份 FE	是	是	是	是
年份 FE	是	是	是	是
adj. R^2	0.902	0.922	0.922	0.922
N	318 409	237 357	237 357	82 937

注:被解释变量为 lnSA 衡量的企业融资约束,括号内为对企业进行聚类的 t 统计值,***、**分别表示 1%、5%显著性水平。

二、集群商业信用、融资约束与出口产品质量

本节采用如下经验模型识别集群商业信用通过融资约束影响出口产品质量的作用机制,即是否通过缓解企业融资约束影响出口产品质量。

$$\ln qua_{i,j,t} = \alpha + \kappa_1 \ln Credit_{c,t} \times \ln FC_{i,t} + \kappa_2 \ln FC_{i,t} + \beta \ln Size_{c,t} + \sum D_{ij} firm_i \times$$
$$product_j + \sum D_t year_t + \sum D_p province_p + \varepsilon_{i,j,t}$$

$$(7-12)$$

其中,i 表示企业,j 表示产品,t 表示年份,$qua_{i,j,t}$ 表示企业 i 产品 j 在 t 年的出口产品质量,$\ln Credit_{c,t} \times \ln FC_{i,t}$ 表示集群商业信用与企业融资约束的交叉项。为了控制融资约束对出口产品质量的影响,公式(7−12)纳入了企业融资约束水平项 $\ln FC_{i,t}$,由于融资约束会抑制出口产品质量,预期 $\ln FC_{i,t}$ 的系

数符号 κ_2 为负。$\ln Size_{c,t}$ 表示总产出衡量的集群 c 在时期 t 的经济规模。和公式(7-1)一致,公式(7-12)控制了企业-产品固定效应、省份固定效应和年份固定效应。公式(7-12)对融资约束求偏导,则融资约束对出口产品质量的影响为 $\frac{\partial quality}{\partial FC} = \kappa_1 \ln Credit_{c,t} + \kappa_2$,因此 $\ln Credit_{c,t} \times \ln FC_{i,t}$ 的系数 κ_1 是本章关注的核心变量,如果取值为正,则表明集群商业信用会削弱融资约束对出口产品质量的抑制效应,因而通过缓解企业融资约束促进了出口产品质量提升。

根据公式(7-12)检验集群商业信用通过融资约束影响出口产品质量的作用机制。表7-9显示了相应回归结果。其中列(1)和列(2)采用应收账款总额衡量集群商业信用,列(3)和列(4)采用应付账款总额衡量集群商业信用,列(5)和列(6)采用应收应付账款总额衡量集群商业信用,列(7)和列(8)采用应付应收账款差额衡量集群商业信用。结果显示,lnSA 的系数为负,并在所有方程中在1%水平上显著,表明融资约束显著降低出口产品质量。lnSA 与集群商业信用的交叉项在以需求残差法衡量集群商业信用的方程中为正,并在所有方程中在1%水平上显著,表明集群商业信用显著降低企业融资约束对出口产品质量的抑制作用。这说明,集群商业信用通过缓解企业融资约束提高了出口产品质量。

第五节　内生性检验

回归结果的严重问题莫过于内生性问题,当存在内生性问题时,估计结果不仅无效而且有偏,所以需要对内生性进行检验。内生性的一个可能原因来自反向因果关系,集群商业信用有助于出口产品质量的提高,随着出口产品质量的提高,商业信用也会受到影响。因此出口产品质量可能反向影响商业信用,进而产生内生性问题。本章在基准回归和所有稳健性分析中采用城市集群商业信用而不是企业商业信用,避免了这一问题。内生性的另一个可能原因是遗

表 7-9 作用机制回归结果

	lnqua1	lnqua2	lnqua1	lnqua2	lnqua1	lnqua2	lnqua1	lnqua2
	(1)	(2)	(3)	(4)	(5)	(6)	(7)	(8)
lnSA	0.032***	-2.726***	0.032***	-1.884***	0.035***	-2.332***	0.024***	-1.013***
	(5.09)	(-23.27)	(5.63)	(-17.30)	(5.23)	(-18.49)	(4.83)	(-11.01)
lnSA×lncrecv	-0.002***	0.086***						
	(-5.89)	(13.62)						
lnSA×lncpay			-0.002***	0.068***				
			(-4.97)	(11.81)				
lnSA×lncrecvpay					-0.002***	0.090***		
					(-4.60)	(13.74)		
lnSA×lncnetpay							-0.001***	0.015***
							(-4.92)	(3.60)
lntoutput	0.003***	-0.109***	0.002***	-0.090***	0.002***	-0.110***	0.003***	-0.047***
	(7.17)	(-14.97)	(5.68)	(-12.55)	(5.34)	(-14.32)	(6.08)	(-5.41)
企业-产品 FE	是	是	是	是	是	是	是	是
省份 FE	是	是	是	是	是	是	是	是
年份 FE	是	是	是	是	是	是	是	是
adj. R^2	0.695	0.787	0.705	0.827	0.705	0.827	0.711	0.835
N	1520561	1528987	1111282	1118525	1111282	1118525	345945	348919

注:lnSA 是采用 SA 指数对数值衡量的融资约束。lnqua1 为单价法衡量的出口产品质量,lnqua2 为需求残差法衡量的出口产品质量,括号内为对产品进行聚类的 t 统计值,***表示 1% 显著性水平。

漏重要解释变量。虽然控制企业-产品固定效应、省份固定效应和年份固定效应可以在很大程度上避免由于遗漏变量而导致的内生性问题,但并不能从根本上解决内生性问题。前面基准回归和扩展回归部分可能遗漏的一个重要变量是集群因素。已有研究(Long and Zhang,2011;Lu et al.,2012)证实,集群对企业出口产生重要影响,马述忠和张洪胜(2017)论证了集群商业信用会显著促进企业出口扩张。因此为了更充分地保证回归结果的可靠性,本章将集群因素纳入回归方程,同时为了更科学和彻底地解决内生性问题,本章根据企业是否变更经营地构造拟自然实验,运用双重差分方法(DID)对基准结果进行检验。

一、纳入集群因素检验结果

本章采用两种方法衡量城市集群程度,分别是城市集群内部的企业数目和赫芬达尔指数(Herfindahl－Hirschman index,HHI)。企业数目是最简单和直观的集群衡量指标。赫芬达尔指数(Hirschman,1945;Herfindahl,1950)是衡量地理集中度的静态指标。HHI 的计算公式为:$HHI = \sum X_i^2$。其中 i 表示行业,X_i 表示一个城市单位中行业 i 在该城市所有行业中所占的比重,采用行业资产占城市总资产的比重来表示。

表 7－10 显示了将集群因素纳入方程的回归结果。从结果来看,不管是采用城市企业数还是赫芬达尔指数表示集群程度,集群商业信用对出口产品质量仍然保持正向促进作用,而且都在 10%水平上显著。企业数目和赫芬达尔指数表示的集群程度估计系数有正有负,说明集群程度对出口产品质量的影响并不稳定。这主要是由于集群既能带来竞争效应,又能带来技术溢出效应,二者作用方向相反。集群的竞争效应大于技术溢出效应会显著降低出口企业的加成率(Lu et al.,2014)。其他控制变量估计系数的符号和显著性都与基准回归高度一致。因此,集群商业信用对出口产品质量的影响并不是由集群因素造成的。

表 7 - 10 考虑集群的回归结果

	lnqua1	lnqua2	lnqua1	lnqua2
	(1)	(2)	(3)	(4)
lncrecv	−0.001	0.144***	−0.001	0.147***
	(−1.44)	(14.84)	(−1.56)	(15.53)
lnnum	0.001***	−0.015*		
	(2.70)	(−1.84)		
lnhhi			−0.001***	0.011***
			(−4.34)	(3.92)
lntoutput	0.001	−0.141***	0.001***	−0.153***
	(1.10)	(−14.26)	(2.74)	(−16.25)
lnfixed	0.004***	0.631***	0.004***	0.631***
	(13.56)	(114.14)	(13.48)	(114.19)
lnprod	0.005***	0.364***	0.005***	0.365***
	(19.93)	(79.44)	(19.86)	(79.49)
lnage	−0.001***	0.074***	−0.001***	0.074***
	(−3.17)	(9.21)	(−3.24)	(9.28)
lnklr	−0.004***	−0.566***	−0.004***	−0.566***
	(−12.05)	(−102.38)	(−12.04)	(−102.39)
企业-产品 FE	是	是	是	是
省份 FE	是	是	是	是
年份 FE	是	是	是	是
adj. R^2	0.695	0.786	0.695	0.786
N	1 524 686	1 533 196	1 524 686	1 533 196

注:本表采用应收账款衡量集群商业信用,列(1)和(2)采用城市企业数衡量集群程度,列(3)和(4)采用赫芬达尔指数衡量集群程度。lnqua1 为单价法衡量的出口产品质量,lnqua2 为需求残差法衡量的出口产品质量,lnnum 表示由城市企业数目对数值衡量的集群程度,lnhhi 表示由赫芬达尔指数对数值衡量的集群程度。括号内为对产品进行聚类的 t 统计值,* * *、* *、* 分别表示 1%、5%、10% 显著性水平。

二、拟自然实验检验结果

本章进一步依据企业是否改变经营地构造拟自然实验,采用双重差分方法(DID)进行检验。双重差分方法的关键是寻找与处理组相类似的控制组,与处理组相比较,进而识别因果关系。本章借鉴纳恩和钱楠筠(Nunn and Qian,

2011)、王永进和盛丹(2013)、陆毅等(Lu et al.,2014)以及马述忠和张洪胜
(2017)的方法,依据企业是否改变经营地构建处理组,并采用倾向得分匹配估
计(PSM)方法选取控制组。基本思想如下:不同集群的商业信用水平是不同
的,一个集群的商业信用对不在该集群内的企业来说是外生的,因此当企业从
一个集群单位转向另一个集群单位时,可视为该企业所面临的集群商业信用发
生了外生变化,将这些更改经营地的企业看作处理组,与那些没有发生经营地
改变的企业相对比,就可以识别出集群商业信用对出口产品质量的影响。由于
企业可能出现短暂变更经营地,而下一年再回到原来经营地,或在样本期间出
现多次变更经营地的情况,这些样本会对结果造成干扰,因此本章只考虑在样
本期间仅变更一次经营地的企业。表7-11报告了所有出口企业中变更经营
地的企业数目和占比情况。由表7-11可知,只变更一次经营地的企业数在
2008年最多,为8 833个企业,占当年所有出口企业数的15.52%,这可能与当
年发生了金融危机有关,此后的两年变更经营地的企业数也高居不下。其余年
份只变更一次经营地的企业数都低于1 750,占当年出口企业数的比例不超
过4%。

表7-11 变更经营地的企业情况

年份	总出口企业数	变更经营地的企业数	占比(%)	只变更一次的企业数	占比(%)
2000	16 831	0	0	0	0
2001	19 318	6	0.03	2	0.01
2002	22 108	587	2.66	422	1.91
2003	25 370	896	3.53	627	2.47
2004	39 028	1 426	3.65	914	2.34
2005	39 100	1 158	2.96	806	2.06
2006	43 476	2 171	4.99	1 471	3.38
2007	44 668	2 687	6.04	1 749	3.92
2008	56 914	10 555	18.56	8 833	15.52
2009	63 250	8 802	13.92	7 094	11.22
2010	58 875	7 141	12.26	5 684	9.65

$$\ln qua_{i,t} = \eta \cdot Treat_i \times Post_{i,t} + \gamma \ln Credit_{c,t} \times Post_{i,t} + X\beta + \sum D_{ij}firm_i \times$$

$$product_j + \sum D_t year_t + \sum D_p province_p + \varepsilon_{i,j,t}$$

$$(7-13)$$

双重差分的估计方程如公式(7-13)所示。Treat 表示处理组虚拟变量,取值 1 表示处理组,即仅变更一次经营地的企业,取值 0 表示控制组,即没有变更经营地的企业。Post 表示变更经营地后的虚拟变量,取值 1 表示变更经营地后的年份,取值 0 表示变更经营地前的年份。[①] 与前文一致,公式(7-13)同时控制了企业-产品固定效应、省份固定效应和年份固定效应。因此 γ 表示企业变更经营地后集群商业信用对出口产品质量的影响,是本章关注的核心系数。

双重差分的一个潜在假定是控制组与处理组在没有改变经营地前具有相同的趋势,即平行趋势假定。为了提高控制组和处理组的匹配程度,本章参考已有研究(Lu et al.,2014;马述忠和张洪胜,2017)的做法,以是否更改经营地作为被解释变量,以企业规模、生产率、年龄、所有权结构、行业和年份固定效应等企业特征为解释变量,采用 Logit 模型进行估计,并依据近邻匹配进行打分,直到得到与处理组最为接近的控制组。DID 以及 PSM-DID 结果报告在表 7-12 中。结果显示,企业变更经营地后,集群商业信用的提高会显著提升出口产品质量,说明集群商业信用对出口产品质量具有正向促进作用。平均而言,集群商业信用提高 10%,会带来以需求残差法衡量的出口产品质量提高 0.52%~0.56%。与此同时,集群经济规模、集群集聚程度、企业规模、劳动生产率、企业年龄、人均资本强度的估计系数和显著性与基准回归结果大体一致。这进一步说明前面得到的结论是稳健和可靠的。

---

① 对于控制组而言,Post 取值一直为 0。

表 7 - 12 双重差分回归结果

	DID					PSM-DID		
	lnqua1	lnqua2	lnqua2	lnqua2	lnqua1	lnqua2	lnqua2	lnqua2
	(1)	(2)	(3)	(4)	(5)	(6)	(7)	(8)
lncrecv_post	-0.000	0.056***	0.052***	0.056***	-0.001	0.055***	0.054***	0.056***
	(-0.28)	(3.71)	(3.41)	(3.68)	(-0.71)	(3.15)	(3.06)	(3.21)
treat_post	0.009	-1.088***	-1.010***	-1.083***	0.016	-1.044***	-1.019***	-1.059***
	(0.71)	(-4.25)	(-3.93)	(-4.23)	(1.13)	(-3.42)	(-3.33)	(-3.47)
lntoutput	0.001	-0.058***	-0.148***	-0.059***	0.002	-0.066***	-0.095**	-0.062***
	(1.17)	(-3.90)	(-5.45)	(-3.94)	(1.59)	(-3.09)	(-2.32)	(-2.84)
lnnum			0.125***					
			(3.95)					
lnhhi				-0.007			0.038	0.020
				(-0.63)			(0.82)	(1.21)
lnfixed	0.001	0.851***	0.852***	0.851***	0.000	0.817***	0.817***	0.818***
	(1.31)	(38.29)	(38.34)	(38.27)	(0.12)	(24.31)	(24.31)	(24.33)
lnprod	0.004***	0.421***	0.422***	0.421***	0.004***	0.444***	0.444***	0.444***
	(5.49)	(24.56)	(24.64)	(24.55)	(3.55)	(16.90)	(16.91)	(16.90)
lnage	-0.002	0.280***	0.278***	0.280***	0.001	0.253***	0.252***	0.254***
	(-1.11)	(9.56)	(9.50)	(9.54)	(0.61)	(5.52)	(5.51)	(5.54)
lnklr	-0.002	-0.740***	-0.741***	-0.740***	-0.001	-0.718***	-0.718***	-0.718***
	(-1.59)	(-34.02)	(-34.07)	(-34.02)	(-0.59)	(-21.82)	(-21.83)	(-21.83)
adj. R^2	0.727	0.784	0.784	0.784	0.722	0.787	0.787	0.787
N	127 292	127 515	127 515	127 515	56 318	56 426	56 426	56 426

注：本表采用应收账款衡量集群商业信用，列(1)—(4)为双重差分回归结果，列(5)—(8)为倾向得分匹配后的双重差分回归结果。lnnum 为城市企业数对数值衡量集群程度，lnhhi 为赫芬达尔指数对数值衡量集群程度，lnqua1 为需求法衡量的出口产品质量，lnqua2 为残差法衡量的出口产品质量。括号内为对产品聚类的 t 统计值。*** 、** 、* 分别表示 1%、5% 显著性水平。

第六节　进一步分析

一、纯产品层面出口质量

上述分析都是基于企业-产品-年份层面进行的,由于同一种产品在不同企业之间可能存在产品质量差异,因此上述分析可以避免产品质量的加总偏误。不过企业-产品-年份层面的分析包含企业层面的信息,可能无法直接反映单个产品的整体产品质量。为了弥补这一点不足,本节将数据整理为产品-年份层面进行分析[①],检验前述结果的稳健性。确切而言,本节考察一个集群内部的商业信用对该集群单个产品出口产品质量的影响效果。回归结果报告在表7-13中,结果显示,无论采用单价法还是需求残差法衡量产品质量,无论采用应收账款总额、应付账款总额还是应收应付账款总额衡量集群商业信用,集群商业信用都显著促进集群内部单个产品出口产品质量的提升。但以应付应收账款差额衡量的从外部获取的商业信用没有显著影响。因此,在产品-年份层面,集群商业信用对出口产品质量的作用也是显著的。

二、纯企业层面商业信用

到目前为止的分析都是探究集群商业信用对出口产品质量的影响,即使用企业-产品层面的出口产品质量对城市层面商业信用进行回归。集群商业信用最终会通过单个企业行为作用于出口产品质量,即通过向单个企业提供商业信用,进而缓解其融资约束,最终促进其出口产品质量的提高。为了提供这方面的证据,本章进一步采用企业(商业信用)-企业-产品(出口产品质量)-年份层面的数据展开分析,即分析企业商业信用对出口产品质量的影响。一个企业的应收账款表示该企业为其他企业提供商业信用,应付账款则是其他企业为该企业提供商业信用,因此此处应该选取应付账款表示其他企业为该企业提供的商

---

① 根据企业经营地点和所出口的产品将集群商业信用与出口产品质量对应起来。

表 7 - 13　产品层面回归结果

	(1)	(2)	(3)	(4)	(5)	(6)	(7)	(8)
	lnqua1	lnqua2	lnqua1	lnqua2	lnqua1	lnqua2	lnqua1	lnqua2
lncrecv	0.042***	2.272***						
	(10.18)	(46.35)						
lncpay			0.142***	0.651***				
			(31.46)	(11.09)				
lncrecvpay					0.122***	1.754***		
					(23.50)	(25.96)		
lncnetpay							0.028***	−0.028
							(9.52)	(−0.91)
lntoutput	0.002	−0.546***	−0.113***	1.359***	−0.086***	0.190**	0.012***	2.182***
	(0.33)	(−10.15)	(−21.00)	(19.40)	(−14.46)	(2.48)	(2.74)	(46.20)
产品 FE	是	是	是	是	是	是	是	是
省份 FE	是	是	是	是	是	是	是	是
年份 FE	是	是	是	是	是	是	是	是
adj. R^2	0.740	0.110	0.745	0.105	0.745	0.106	0.756	0.125
N	782 862	786 520	563 204	566 297	563 204	566 297	242 173	243 648

注：列（1）和（2）采用应收账款总额衡量集群商业信用，列（3）和（4）采用应付账款总额衡量集群商业信用，列（5）和（6）采用应收账款总额减去应付账款总额衡量集群差额商业信用，列（7）和（8）采用应付账款从外部获取商业衡量的出口产品质量。lnqua1 为单价法衡量的出口产品质量，lnqua2 为需求残差法衡量的出口产品质量，括号内为对产品进行聚类的 t 统计值。***、**、*分别表示 1%、5% 显著性水平。

业信用。理论上,企业应付账款越大,表明该企业获取的商业信用越大,越有利
于其出口产品质量提升,因此预期符号为正。表7-14报告了企业商业信用影
响出口产品质量的回归结果。与理论预期一致,企业商业信用对出口产品质量
具有显著的正向推动作用。平均而言,企业应付账款提高10%,会带来该企业
以需求残差法衡量的出口产品质量提高1.44%。其他解释变量的系数符号、影
响程度和显著性本质上也都与基准回归的结果相一致。

表7-14 企业层面商业信用回归结果

	lnqua1	lnqua2	lnqua1	lnqua2	lnqua1	lnqua2
	(1)	(2)	(3)	(4)	(5)	(6)
lnpay	0.002	0.546***	0.003	0.483***	0.001	0.144***
	(1.22)	(20.04)	(1.54)	(16.70)	(0.60)	(4.48)
lntoutput			0.001	0.007	0.001	0.098***
			(0.71)	(0.25)	(0.29)	(2.94)
lnfixed					0.004	2.877***
					(0.61)	(34.50)
lnprod					0.044***	1.523***
					(8.72)	(21.97)
lnage					−0.035***	0.704***
					(−4.13)	(6.11)
lnklr					−0.008	−2.915***
					(−1.27)	(−34.58)
企业 FE	是	是	是	是	是	是
年份 FE	是	是	是	是	是	是
adj. R^2	0.885	0.779	0.887	0.805	0.887	0.805
N	257 614	296 357	218 860	261 217	210 271	252 629

注:采用应付账款对数值lnpay衡量企业接收到的商业信用,lnqua1为单价法衡量的出口
产品质量,lnqua2为需求残差法衡量的出口产品质量,括号内为对企业进行聚类的t统计值,
***表示1%显著性水平。

第七节　结论性评述:集群式发展助力出口产品质量提升

本章利用中国工业企业数据库和海关数据库 2000—2010 年的数据,研究了城市集群商业信用对出口产品质量的影响。鉴于出口产品质量测算的复杂性和非统一性,笔者采用学术界使用较多的单价法和需求残差法测度企业-产品层面和产品层面的出口产品质量。研究发现,集群商业信用可以显著促进出口产品质量的提高。集群商业信用对出口产品质量的影响主要体现在私营企业和外资企业,而且主要集中于东部地区。剔除纺织业和极端值、变换指标衡量方法发现基本结论不发生改变。作用机制是集群商业信用通过缓解企业融资约束促进了出口产品质量提高。本章研究集群商业信用对企业-产品出口产品质量的影响能够较好地避免由反向因果导致的内生性问题。为了消除遗漏变量和其他原因可能产生的内生性问题,本章将集群因素纳入方程,并根据企业是否变更经营地点构造拟自然实验,采用双重差分方法估计回归方程,发现基本结论保持不变。本章进一步基于产品层面分析集群商业信用对出口产品质量的影响,并基于企业层面考察企业商业信用对出口产品质量的影响,得到了类似的支持性证据。

改革开放以来,我国对外贸易突飞猛进,短时间内实现了西方发达国家近两个世纪“量”的积累(Summers,2007),然而质的提升仍然较为落后(李坤望等,2014)。下一步更为重要的,应该是实现对外贸易“质”的突破。本章研究结论揭示,集群商业信用对出口产品质量提高具有重要作用,可以通过缓解企业融资约束促进出口产品质量提升,这启示我们,在我国金融市场高度不发达和对外贸易迫切需要转型的大背景下,积极鼓励集群商业信用发展,充分发挥市场化制度安排的作用,补充银行信用莫及之处,是促进我国出口产品质量提升和对外贸易转型升级的重要途径。

第八章　结论与启示

第一节　研究结论

本书从全球价值链背景下中国对外贸易失衡的经济事实出发,以企业生产率、全球价值链地位、企业出口扩张、出口产品质量作为衡量对外贸易转型升级的若干指标,通过搭建中国外贸转型升级的分析框架,研究了贸易自由化和融资约束对中国外贸转型升级的影响和作用。主要研究结论包括:

基于 WIOD 数据库 1995—2009 年的世界投入产出表测算中国对主要贸易伙伴的附加值贸易余额和总量贸易余额,以贸易伙伴实际国内生产总值、人民币双边汇率、外商在华直接投资为解释变量,对中国附加值贸易顺差和总量贸易顺差的影响因素进行了实证分析。研究结果发现,中国加入 WTO 之前人民币汇率升值对贸易顺差的影响较小而且不显著,而加入 WTO 之后,人民币汇率升值可以有效降低中国的贸易顺差。在华 FDI 总额对贸易顺差的影响呈现出相似的特点,加入 WTO 之前,总体 FDI 不显著,加入之后影响显著。FDI 来源经济体分析显示,美国和亚洲"四小龙"在华 FDI 增加可以显著提升中国贸易顺差,而日本和德国在华 FDI 则会降低中国贸易顺差。

以美国于 2001 年底与中国建立永久正常贸易关系(PNTR)作为自然实验,研究了中国双边贸易自由化对中国向美国出口和企业生产率的影响。研究发现,双边贸易自由化显著提升了中国对美国的出口值和出口量,但显著降低了出口价格。进一步分析发现,在出口值和出口量方面,NTR 差额对一般贸易和加工贸易都具有显著正向影响,但在出口价格方面,仅对一般贸易具有显著负向影响,对加工贸易出口价格的影响不显著,这可能源自加工贸易出口价格处于一种"足够低以至于无法继续降低"的尴尬境界。不同所有制回归结果显示，NTR 差额主要影响私营企业和外资企业的出口增长，对国有企业没有显著影响。最后，本书发现，NTR 差额显著提升了外资企业的生产率，对国有企业和私营企业的影响不显著。本书发现 PNTR 引发的出口扩张显著有助于提高外资企业生产率。

将加工贸易中的来料加工和进料加工纳入理论模型，运用企业附加值最新测算方法，对中国加工贸易企业的融资约束与其全球价值链地位提升的关系进行了研究。加工贸易在中国对外贸易发展的历史进程中发挥了重要作用，但在开放型经济新时期加工贸易的转型升级也是中国整体产业转型升级和全球价值链地位提升需要重点解决的问题。既有研究鲜有从融资约束的视角对此展开分析。理论分析发现：第一，高生产率企业从事进料加工，低生产率企业从事来料加工，这也印证了进料加工是相对于来料加工更高的价值链环节。第二，加工贸易企业从事的全球价值链环节越高，面临融资约束的可能性越大，因而融资约束小的企业位于更高的全球价值链地位。这意味着，较小的融资约束为加工贸易企业全球价值链地位提升提供了一种潜在的比较优势。基于 2000—2006 年中国工业企业数据和海关数据，笔者对上述命题和推论进行了经验检验。采用 OP 半参数法对加工贸易企业全要素生产率进行测算发现，进料加工企业的全要素生产率高于来料加工企业。基准回归显示，融资约束对企业全球价值链地位的提升存在显著的抑制作用，其生产率提高则有显著促进作用。区分所有制差异、地区差异，采用替代性指标，剔除多贸易方式企业，对基准回归结果进行了稳健性分析，发现基本结论保持不变。采用行业-年份均值控制融资约束和生产率的内生性后，发现结论仍然成立。进一步考察融资约束对贸易方式转变的动态影响后发现，融资约束大的企业从来料加工转向进料加工，或从加工贸易转向一般贸易的概率都显著更低。考察了融资约束和生产率对各自发挥作用的可能影响，发现生产率的提高会降低融资约束对全球价值链地位提升的抑制作用，而融资约束的增大会削弱生产率对全球价值链地位提升的促进作用。

利用中国工业企业数据库 1999—2007 年的数据,尝试从县级集群内部的商业信用视角对中国在资本市场高度不发达的情况下取得了巨大出口奇迹提供一种解释。研究发现,集群商业信用可以显著促进企业的出口扩张。分析发现,这主要是通过影响私营企业实现的,对国有企业和外资企业的影响程度较小或不显著,而且主要影响东部地区的企业出口。变换指标衡量方法、剔除极端值的影响、改变模型设定形式以及采用企业-企业层面的数据发现基本结论不发生改变。将集群程度纳入方程以排除遗漏重要解释变量的影响,并根据企业是否变更经营地点构造拟自然实验,采用双重差分方法检验内生性后,结论仍然稳健。进一步分析了集群商业信用对企业进入决策的影响,发现集群商业信用有助于提高企业从不出口转向出口的概率。采用加工贸易作为安慰剂检验,发现集群商业信用没有显著影响,从侧面佐证了本书的结论。这表明集群商业信用不仅影响企业出口水平,而且作用于企业出口决策。这可以解释在中国市场化改革进程中私营企业虽然相对于国有企业和外资企业更难以从正规融资渠道获取资金,但依然实现了出口快速扩张。

利用中国工业企业数据库和海关数据库 2000—2010 年的数据,研究了城市集群商业信用对出口产品质量的影响。鉴于出口产品质量测算的复杂性和非统一性,笔者采用学术界使用较多的单价法和需求残差法测度企业-产品层面和产品层面的出口产品质量。研究发现,集群商业信用可以显著促进出口产品质量的提高。集群商业信用对出口产品质量的影响主要体现在私营企业和外资企业,而且主要集中于东部地区。剔除纺织业和极端值、变换指标衡量方法发现基本结论不发生改变。作用机制是集群商业信用通过缓解企业融资约束促进了出口产品质量提高。本书研究集群商业信用对企业-产品出口产品质量的影响能够较好地避免由反向因果导致的内生性问题。为了消除遗漏变量和其他原因可能产生的内生性问题,本书将集群因素纳入方程,并根据企业是否变更经营地点构造拟自然实验,采用双重差分方法估计回归方程,发现基本结论保持不变。本书进一步基于产品层面进行分析集群商业信用对出口产品质量,并基于企业层面考察企业商业信用对出口产品质量的影响,得到了类似的支持性证据。

第二节　研究启示

根据开放宏观经济学理论,如果不考虑净国外要素支付(NFP),贸易账户余额等于国民储蓄与投资的差额。中国贸易顺差的根本原因是中国的高储蓄和贸易伙伴的高消费。中国国内总储蓄占国内生产总值的比例自 1990 年增长了 15%(Wei,2010),如果较高的国内储蓄不能被国内投资吸收,就会表现出等量的对外贸易账户顺差。中国经济增长伴随着"高储蓄、高投资、高出口"特征,较高的国内投资和资本的边际效率递减导致国内投资增加的空间有限,这一储蓄投资差额就会通过净出口的方式输出国外。而贸易伙伴的高消费与中国刚好相反,表现出贸易账户逆差。可见,解决中国贸易顺差的根本途径在于降低中国的高储蓄,扩大国内内需,规制贸易伙伴的过度消费。

党的十八大报告明确要求,坚持出口和进口并重,强化贸易政策和产业政策协调,形成以技术、品牌、质量、服务为核心的出口竞争优势,促进加工贸易转型升级。本书的研究结论指出,在全球价值链升级过程中,生产率高的企业位于高价值链环节,融资约束大的企业位于低价值链环节。因此,为促进中国全球价值链地位提升,直观的政策启示是:第一,促进加工贸易企业生产率的提高,有助于提高企业的全球价值链地位;第二,为加工贸易企业提供直接的外部融资支持,以促进其全球价值链地位的提升;第三,将提高企业生产率的举措与提供外部融资支持的举措搭配使用,二者的相互促进会共同作用于全球价值链地位的提高,因而"双措并举"效果更佳。

大量新新贸易理论和实证文献证实,出口活动需要承担大量先期投入成本和固定成本,不仅提高出口水平需要固定成本投资,而且从不出口转向出口也需要资本投入,因为出口相对于不出口需要研发新产品,或开拓新市场,这都需要大量前期资本投入,对金融发展程度也更为敏感。集群内部商业信用对于中国企业的快速出口扩张提供了一个解释,大量专业化供应商和生产商集聚在一起,相互之间的商业信用为企业的出口扩张提供了资金支持,缓解了企业融资约束,促进了中国出口扩张奇迹的实现。

改革开放以来,中国对外贸易突飞猛进,在短时间内就实现了西方发达国家近两个世纪"量"的积累。然而本书研究发现,中国出口扩张主要体现在量的增长上,质的提升仍有待进一步加强。该结论与现有文献的研究结论基本一致,比如施炳展(2010)通过分解中国出口增长的三元边际发现中国出口增长主要来自数量增长和广度增长,价格增长几乎没有贡献,再比如张杰等(2014)发现中国出口产品质量总体上表现出轻微下降趋势,并呈 U 型变化态势。研究结论启示我们,中国今后的对外贸易扩张不仅应该注重数量的扩张,更应该注重质量的提升,实现对外贸易"质"的突破,早日实现总出口的量价齐升。本书研究结论揭示,集群商业信用对出口产品质量提高具有重要作用,可以通过缓解企业融资约束促进出口产品质量提升,这启示我们,在我国金融市场高度不发达和对外贸易迫切需要转型的大背景下,积极鼓励集群商业信用发展,充分发挥市场化制度安排的作用,补充银行信用莫及之处是促进我国出口产品质量提升和对外贸易转型升级的重要途径。

第三节　研究展望

中国外贸转型升级是一个宏大的系统工程,不仅包括生产率、出口特征、全球价值链和出口产品质量等方面的全方位提升,而且涉及贸易政策、金融政策、产业政策的综合运用。限于篇幅和笔者水平,本书无法对每一个方面都进行深入探讨,未尽之处留作未来研究进一步努力的方向。

作为本书第三章的一个未来研究方向,考察汇率制度改革后,人民币汇率对外贸顺差的影响具有重要价值。2005年7月中国进行了人民币汇率改革,实行有管理的浮动汇率制度,人民币不再钉住单一美元,而是参考一揽子货币。人民币汇率改革是一次难得的经济学自然实验,对于研究人民币汇率影响中国附加值外贸顺差是一次难得的经验机会,以受汇率影响大的行业作为处理组,以受汇率影响小的行业作为对照组,采用双重差分或三重差分等经济学前沿研究方法能够科学准确地考察和识别人民币汇率对中国附加值外贸顺差的影响效果。

作为本书第五章的一个未来研究方向,采用多国模型(Koopman et al.,2014)的测算框架计算国内附加值,是全球价值链地位更加准确的衡量指标,更能反映一个行业在国内外层面的投入产出关联。此外,除却融资约束外,创新投入也是影响全球价值链地位提升的重要因素。改革开放以来,我国对专利制度的进一步完善作出了诸多努力,这些政策是否有助于提高企业创新水平进而提升全球价值链地位是非常具有现实意义和学术价值的研究主题。

作为本书第六章的一个未来研究方向,考察与中国发展程度较为接近的金砖国家甚至比中国更为发达的亚洲"四小龙"地区的出口扩张行为并将其与中国的出口扩张奇迹进行对比具有很强的政策借鉴意义。三个问题值得进一步深入探讨:第一,中国的出口扩张模式与其他金砖国家和亚洲"四小龙"的出口扩张是否具有相似性,也就是中国与其他国家和地区各自出口扩张轨迹的独特性;第二,中国的出口扩张奇迹是否具有可持续性,这关系到集群能否孕育持续的创新动力,如果不是,那么它的下一个发展阶段是什么;第三,也是最为重要的,中国的出口扩张奇迹是否可以复制,这个问题的答案直接关系到能否给广大发展中国家和欠发达国家带来福音。对这些问题的解答,有待后续深入研究。

作为本书第七章的一个未来研究方向,考察集群能否孕育创新,进而带动出口产品质量的提升是富有重大现实意义的潜在研究主题。中国外贸大而不强,破题的关键在于提升出口产品质量。提升出口产品质量本质上依赖创新,因此集群能否以及如何促进中小企业提升创新能力是值得深入考察的潜在研究主题。已有研究（Wei et al.，2017）发现，虽然国有企业相对于私营企业获取的补贴更多，但私营企业研发投入、申请的专利数量更多。本书研究发现，相比于国有企业，私营企业更依赖于集群。由此衍生出的一个问题是，国有企业和私营企业创新能力的差异是否与集群商业信用有关联？如果答案是肯定的，两者之间的具体作用机制是什么？对这些问题的解答，有待后续深入研究。

参考文献

［1］ 安礼伟,马野青.国际碎片化生产与中美贸易失衡[J].南京大学学报(哲学·人文科学·社会科学版),2012,(03):31-39.

［2］ 包群,阳佳余.金融发展影响了中国工业制成品出口的比较优势吗[J].世界经济,2008,(3):21-33.

［3］ 程大中.中国参与全球价值链分工的程度及演变趋势——基于跨国投入-产出分析[J].经济研究,2015,(09):4-16.

［4］ 程大中.中国附加值贸易隐含的要素流向扭曲程度分析[J].经济研究,2014,(09):105-120.

［5］ 戴觅,余淼杰,孟渤.中国出口企业生产率之谜:加工贸易的作用[J].经济学(季刊),2014,(02):675-698.

［6］ 戴翔,金碚.产品内分工、制度质量与出口技术复杂度[J].经济研究,2014,(07):4-17.

［7］ 杜修立,王维国.中国出口贸易的技术结构及其变迁:1980—2003[J].经济研究,2007,(07):137-151.

［8］ 范子英,田彬彬.出口退税政策与中国加工贸易的发展[J].世界经济,2014,(04):49-68.

［9］ 封思贤.人民币实际有效汇率的变化对中国进出口的影响[J].数量经济技术经济研究,2007,(04):3-13.

［10］顾国达,李金城,张洪胜.信息化能否增进一国高技术产业的比较优势?——基于1995—2011年39国信息化和附加值贸易数据的实证研究.浙江大学学报(人文社会科学版),在线优先出版,2017,(02).

[11] 黄先海,杨高举.中国高技术产业的国际分工地位研究:基于非竞争型投入占用产出模型的跨国分析[J].世界经济,2010,(05):82 - 100.

[12] 简泽,张涛,伏玉林.进口自由化、竞争与本土企业的全要素生产率——基于中国加入 WTO 的一个自然实验[J].经济研究,2014,(08):120 - 132.

[13] 鞠晓生,卢荻,虞义华.融资约束、营运资本管理与企业创新可持续性[J].经济研究,2013,(01):4 - 16.

[14] 李坤望,蒋为,宋立刚.中国出口产品品质变动之谜:基于市场进入的微观解释[J].中国社会科学,2014,(03):80 - 103.

[15] 李志远,方枕宇.外资政策与外商直接投资——一个准自然实验的证据[C].经济研究工作论文,2016,编号:WP1034.

[16] 李志远,余淼杰.生产率、信贷约束与企业出口:基于中国企业层面的分析[J].经济研究,2013,(06):85 - 99.

[17] 林毅夫,李永军.中小金融机构发展与中小企业融资[J].经济研究,2001,(01):10 - 18.

[18] 刘晴,徐蕾.对加工贸易福利效应和转型升级的反思——基于异质性企业贸易理论的视角[J].经济研究,2013,(09):137 - 148.

[19] 刘遵义等.非竞争型投入占用产出模型及其应用——中美贸易顺差透视[J].中国社会科学,2010,(01):35 - 54.

[20] 隆国强.加工贸易发展问题研究[J].国际贸易,2006,(09):4 - 8.

[21] 卢锋.产品内分工[J].经济学(季刊),2004,(04):55 - 82.

[22] 卢向前,戴国强.人民币实际汇率波动对中国进出口的影响:1994—2003[J].经济研究,2005,(05):31 - 39.

[23] 鲁晓东,连玉君.中国工业企业全要素生产率估计:1999—2007[J].经济学(季刊),2012,(02):541 - 558.

[24] 陆正飞,杨德明.商业信用:替代性融资,还是买方市场?[J].管理世界,2011,(04):6 - 14.

[25] 罗党论,甄丽明.民营控制、政治关系与企业融资约束——基于中国民营上市公司的经验证据[J].金融研究,2008,(12):164-178.

[26] 罗长远,陈琳.融资约束会导致劳动收入份额下降吗？——基于世界银行提供的中国企业数据的实证研究[J].金融研究,2012,(03):29-42.

[27] 罗长远,张军.附加值贸易:基于中国的实证分析[J].经济研究,2014,(06):4-17.

[28] 吕越,罗伟,刘斌.融资约束与制造业的全球价值链跃升[J].金融研究,2016,(06):81-96.

[29] 马述忠,王笑笑,张洪胜.出口贸易转型升级能否缓解人口红利下降的压力[J].世界经济,2016,(07):121-143.

[30] 马述忠,吴国杰.中间品进口、贸易类型与企业出口产品质量——基于中国企业微观数据的研究[J].数量经济技术经济研究,2016,(11):77-93.

[31] 马述忠,张洪胜,孟渤.中国对外贸易失衡的影响因素——基于贸易增加值(TiVA)测算数据的实证分析[J].经济理论与经济管理,2015,(11):97-112.

[32] 马述忠,张洪胜.集群商业信用与企业出口——对中国出口扩张奇迹的一种解释[J],经济研究,2017,(01):13-27.

[33] 马述忠,张洪胜,王笑笑.融资约束与全球价值链地位提升——来自中国加工贸易企业的理论与证据[J].中国社会科学,2017,(01):83-107.

[34] 马述忠,张洪胜.产品差异、外资垂直并购与市场竞争——基于企业产品定位和市场份额的分析[J].浙江大学学报(人文社会科学版),2013,(04):157-169.

[35] 毛其淋,盛斌.贸易自由化、企业异质性与出口动态——来自中国微观企业数据的证据[J].管理世界,2013,(03):48-65.

[36] 毛其淋,许家云.中间品贸易自由化与制造业就业变动——来自中国加入WTO的微观证据[J].经济研究,2016,(01):69-83.

[37] 潘悦.在全球化产业链条中加速升级换代——我国加工贸易的产业升级

状况分析[J].中国工业经济,2002,(06):27 - 36.

[38] 裴长洪,彭磊.加工贸易转型升级:"十一五"时期中国外贸发展的重要课题[J].宏观经济研究,2006,(01):6 - 13.

[39] 钱学锋,王胜,陈勇兵.中国的多产品出口企业及其产品范围:事实与解释[J].管理世界,2013,(01):9 - 27.

[40] 饶品贵,姜国华.货币政策对银行信贷与商业信用互动关系影响研究[J].经济研究,2013,(01):68 - 82.

[41] 沈红波,寇宏,张川.金融发展、融资约束与企业投资的实证研究[J].中国工业经济,2010,(06):55 - 64.

[42] 盛斌,毛其淋.贸易自由化、企业成长和规模分布[J].世界经济,2015,(02):3 - 30.

[43] 施炳展,邵文波.中国企业出口产品质量测算及其决定因素——培育出口竞争新优势的微观视角[J].管理世界,2014,(09):90 - 106.

[44] 施炳展.中国出口增长的三元边际[J].经济学(季刊),2010,(04):1311 - 1330.

[45] 施炳展.中国企业出口产品质量异质性:测度与事实[J].经济学(季刊),2014,(01):263 - 284.

[46] 石晓军,张顺明.商业信用、融资约束及效率影响[J].经济研究,2010,(01):102 - 114.

[47] 孙灵燕,李荣林.融资约束限制中国企业出口参与吗?[J].经济学(季刊),2011,11(1):231 - 252.

[48] 唐东波.贸易政策与产业发展:基于全球价值链视角的分析[J].管理世界,2012,(12):13 - 22.

[49] 唐海燕,张会清.产品内国际分工与发展中国家的价值链提升[J].经济研究,2009,(09):81 - 93.

[50] 田巍,余淼杰.企业出口强度与进口中间品贸易自由化:来自中国企业的实证研究[J].管理世界,2013,(01):28 - 44.

[51] 田巍,余淼杰.中间品贸易自由化和企业研发:基于中国数据的经验分析[J].世界经济,2014,(06):90-112.

[52] 汪建新,黄鹏.信贷约束、资本配置和企业出口产品质量[J].财贸经济,2015,(05):84-95.

[53] 王彦超.融资约束、现金持有与过度投资[J].金融研究,2009,(07):121-133.

[54] 王义中,宋敏.宏观经济不确定性、资金需求与公司投资[J].经济研究,2014,49(2):4-17.

[55] 王永进,盛丹.地理集聚会促进企业间商业信用吗?[J].管理世界,2013,(01):101-114.

[56] 王直,魏尚进,祝坤福.总贸易核算法:官方贸易统计与全球价值链的度量[J].中国社会科学,2015,(09):108-127.

[57] 魏锋,刘星.融资约束、不确定性对公司投资行为的影响[J].经济科学,2004,(02):35-43.

[58] 闫国庆,孙琪,仲鸿生等.中国加工贸易战略转型及政策调整[J].经济研究,2009,(05):66-78.

[59] 阳佳余.融资约束与企业出口行为:基于工业企业数据的经验研究[J].经济学(季刊),2012,11(3):1503-1524.

[60] 杨高举,黄先海.内部动力与后发国分工地位升级——来自中国高技术产业的证据[J].中国社会科学,2013,(02):25-45.

[61] 杨继军,范从来."中国制造"对全球经济"大稳健"的影响——基于价值链的实证检验[J].中国社会科学,2015,(10):92-113.

[62] 杨继军,马野青.中国的高储蓄率与外贸失衡:基于人口因素的视角[J].国际贸易问题,2011,(12):148-157.

[63] 杨毅.加工贸易向中西部地区梯度转移分析[J].理论月刊,2009,(07):156-158.

[64] 姚洋,张晔.中国出口品国内技术含量升级的动态研究——来自全国及江

苏省、广东省的证据[J].中国社会科学,2008,(02):67-82.

[65] 殷德生,唐海燕,黄腾飞.国际贸易、企业异质性与产品质量升级[J].经济研究,2011,(S2):136-146.

[66] 于洪霞,龚六堂,陈玉宇.出口固定成本融资约束与企业出口行为[J].经济研究,2011,(04):55-67.

[67] 余淼杰,梁中华.贸易自由化与中国劳动收入份额——基于制造业贸易企业数据的实证分析[J].管理世界,2014,(07):22-31.

[68] 余淼杰.加工贸易、企业生产率和关税减免——来自中国产品面的证据[J].经济学(季刊),2011,(04):1251-1280.

[69] 余淼杰.加工贸易转型要靠"内功"[J].新产经,2012,(08):44-45.

[70] 余淼杰.中国的贸易自由化与制造业企业生产率[J].经济研究,2010,(12):97-110.

[71] 张杰,陈志远,刘元春.中国出口国内附加值的测算与变化机制[J].经济研究,2013,(10):124-137.

[72] 张杰,翟福昕,周晓艳.政府补贴、市场竞争与出口产品质量[J].数量经济技术经济研究,2015,(04):71-87.

[73] 张杰,郑文平,翟福昕.中国出口产品质量得到提升了么?[J].经济研究,2014,(10):46-59.

[74] 张杰.金融抑制、融资约束与出口产品质量[J].金融研究,2015,(06):64-79.

[75] 张旭宏,庞锦.继续呈缓慢提高态势——中国外贸依存度偏高的原因及未来走势[J].国际贸易,2005,(03):18—20.

[76] 张燕生.中国加工贸易未来转型升级的方向[J].宏观经济研究,2004,(02):15-17.

[77] ACEMOGLU D，ANTRàS P，HELPMAN E. Contracts and technology adoption[J]. The American Economic Review，2007，97(3)：916-943.

[78] ACEMOGLU D，AUTOR D，DORN D，HANSON G H，PRICE

B. Import competition and the great US employment sag of the 2000s [J]. Journal of Labor Economics, 2016, 34(S1 Part 2): S141 - S198.

[79] ACKERBERG D A, CAVES K, FRAZER G. Identification properties of recent production function estimators[J]. Econometrica, 2015, 83 (6): 2411 - 2451.

[80] AGHION P, BURGESS R, REDDING S, ZILIBOTTI F. Entry liberalization and inequality in industrial performance[J]. Journal of the European Economic Association, 2005, 3(2 - 3): 291 - 302.

[81] AHN J B, KHANDELWAL A K, WEI S J. The role of intermediaries in facilitating trade[J]. Journal of International Economics, 2011, 84 (1): 73 - 85.

[82] AIGINGER K. Europe's position in quality competition [J]. Background Report for Competitiveness Report, 2000.

[83] ALLEN F, QIAN J, QIAN M. Law, finance, and economic growth in China[J]. Journal of Financial Economics, 2005, 77(1): 57 - 116.

[84] ALMEIDA H, CAMPELLO M, WEISBACH M S. The cash flow sensitivity of cash[J]. The Journal of Finance, 2004, 59(4): 1777 - 1804.

[85] AMITI M, JOZEF K. Trade liberalization, intermediate inputs, and productivity: Evidence from Indonesia[J]. The American Economic Review, 2007, 97(5): 1611 - 1638.

[86] ANDERSON J E. A theoretical foundation for the gravity equation [J]. American Economic Review, 1979, 69(1): 106 - 116.

[87] ANGRIST J D, PISCHKE J S. Mostly harmless econometrics: An empiricist's companion[M]. Princeton University Press, 2008.

[88] ANTRàS P, HELPMAN E. Contractual frictions and global sourcing [R]. National Bureau of Economic Research, 2006.

[89] ANTRàS P, HELPMAN E. Global sourcing[J]. Journal of Political Economy, 2004, 112(3): 552 – 580.

[90] ANTRàS P, CHOR D. Organizing the global value chain [J]. Econometrica, 2013, 81(6): 2127 – 2204.

[91] ANTRàS P, CHOR D, FALLY T, HILLBERRY H. Measuring the upstreamness of production and trade flows [J]. The American Economic Review, 2012, 102(3): 412 – 416.

[92] ARNDT S W, HENRYK K, et al. Fragmentation: New production patterns in the world economy[M]. OUP Oxford, 2001.

[93] ARNDT S W. Globalization and the open economy[J]. The North American Journal of Economics and Finance, 1997, 8(1): 71 – 79.

[94] AUTOR, DAVID H, DAVID D, GORDON H H. The China syndrome: Local labor market effects of import competition in the United States[J]. The American Economic Review, 2013, 103(6): 2121 – 2168.

[95] BAI C E, DU Y, TAO Z, TONG SY. Local protectionism and regional specialization: evidence from China's industries[J]. Journal of International Economics, 2004, 63(2): 397 – 417.

[96] BALDWIN R, LOPEZ G J. Supply-chain trade: A portrait of global patterns and several testable hypotheses[J]. The World Economy, 2015, 38(11): 1682 – 1721.

[97] BALDWIN R, VENABLES A J. Spiders and snakes: offshoring and agglomeration in the global economy[J]. Journal of International Economics, 2013, 90(2): 245 – 254.

[98] BALDWIN R. Globalisation: the great unbundling(s)[J]. Economic Council of Finland, 2006, 20(3): 5 – 47.

[99] BARROT J N. Trade credit and industry dynamics: Evidence from trucking firms[J]. The Journal of Finance, 2016, 71(5):1975 - 2016.

[100] BECATTINI G. Alcune considerazioni sull'unità di indagine dell'economia industriale[M]. il Mulino, 1979.

[101] BECK T. Financial development and international trade: Is there a link? [J]. Journal of International Economics, 2002, 57(1): 107 - 131.

[102] BECKER B, CHEN J, GREENBERG D. Financial development, fixed costs, and international trade[J]. Review of Corporate Finance Studies, 2013, 2(1): 1 - 28.

[103] BELLANDI M D, TOMMASO M R. The case of specialized towns in Guangdong, China[J]. European Planning Studies, 2005, 13(5): 707 - 729.

[104] BELLONE F, MUSSO P, NESTA L, SCHIAVO S. Financial constraints and firm export behaviour[J]. The World Economy, 2010, 33(3): 347 - 373.

[105] BEN D D. Equalizing exchange: Trade liberalization and income convergence[J]. The Quarterly Journal of Economics, 1993, 108(3): 653 - 679.

[106] BERGIN P R, ROBERT C F. Pass-through of exchange rates and competition between floaters and fixers[J]. Journal of Money, Credit and Banking, 2009, 41(s1): 35 - 70.

[107] BERGSTEN C F. Correcting the Chinese exchange rate[J]. Testimony before the Hearing on China's Exchange Rate Policy, Committee on Ways and Means, US House of Representatives, 2010.

[108] BERGSTRAND J H, Egger P, LARCH M. Gravity redux: Estimation of gravity-equation goefficients, elasticities of substitution, and general equilibrium comparative statics under asymmetric bilateral trade costs

[J]. Journal of International Economics, 2013, 89(1): 110 - 121.

[109] BERNARD A B, STEPHEN J R, PETER K S. Multiproduct firms and trade liberalization[J]. The Quarterly Journal of Economics, 2011, 126(3): 1271 - 1318.

[110] BERNHOFEN D M. Intra-industry trade and strategic interaction: Theory and evidence[J]. Journal of International Economics, 1999, 47 (1): 225 - 244.

[111] BERTRAND M, DUFLO E, MULLAINATHAN S. How much should we trust Differences-in-Differences estimates? [J]. Quarterly Journal of Economics, 2004, 119(1): 249 - 275.

[112] BEYER H, PATRICIO R, RODRIGO V. Trade Liberalization and Wage Inequality [J]. Journal of Development Economics, 1999, 59 (1): 103 - 123.

[113] BLUNDELL R, STEPHEN B. Initial conditions and moment restrictions in dynamic panel data models[J]. Journal of Econometrics, 1998, 87(1): 115 - 143.

[114] BRIDGMAN B. The rise of vertical specialization trade[J]. Journal of International Economics, 2012, 86(1): 133 - 140.

[115] BURKART M, ELLINGSEN T. In-kind finance: A theory of trade credit[J]. The American Economic Review, 2004, 94(3): 569 - 590.

[116] BUSTOS P. Trade liberalization, exports, and technology upgrading: Evidence on the impact of MERCOSUR on Argentinian Firms[J]. The American Economic Review, 2011, 101(1): 304 - 340.

[117] BUTTON K J. Urban economics: theory and policy [J]. Springer, 1976.

[118] CARLUCCIO J, FALLY T. Global sourcing under imperfect capital

markets[J]. Review of Economics and Statistics, 2012, 94(3): 740 - 763.

[119] CHAN K S, DANG V Q T, YAN I K M. Financial reform and financing constraints: some evidence from listed Chinese firms[J]. China Economic Review, 2012, 23(2): 482 - 497.

[120] CHANEY T. Liquidity constrained exporters[J]. Journal of Economic Dynamics and Control, 2016, 72: 141 - 154.

[121] CHOR D, MANOVA K. Off the cliff and back? Credit conditions and international trade during the global financial crisis[J]. Journal of International Economics, 2012, 87(1): 117 - 133.

[122] CLAESSENS S, TZIOUMIS K. Measuring firms' access to finance [J]. World Bank, 2006.

[123] COE D T, ELHANAN H, ALEXANDER W H. North-South RandD spillovers [J]. The Economic Journal, 1997, 107(440): 134 - 149.

[124] COSTINOT A. An elementary theory of comparative advantage [J]. Econometrica, 2009, 77(4): 1165 - 1192.

[125] COSTINOT A V, WANG S. An elementary theory of global supply chains[J]. The Review of Economic Studies, 2013, 80(1): 109 - 144.

[126] DEDRICK J, KRAEMER K L, LINDEN G. Who profits from innovation in global value chains?: A study of the iPod and notebook PCs[J]. Industrial and Corporate Change, 2009: dtp032.

[127] DEI F. Peripheral tasks are offshored[J]. Review of International Economics, 2010, 18(5): 807 - 817.

[128] DIXIT A K, STIGLITZ J E. Monopolistic competition and optimum product diversity[J]. The American Economic Review, 1977, 67(3): 297 - 308.

[129] DJANKOV S, FREUND C, PHAM C S. Trading on time[J]. The

Review of Economics and Statistics, 2010, 92(1): 166 - 173.

[130] DOLLAR D. Outward-oriented developing economies really do grow more rapidly: Evidence from 95 LDCs, 1976 - 1985 [J]. Economic Development and Cultural Change, 1992, 40(3): 523 - 544.

[131] EDWARDS S. Openness, trade liberalization, and growth in developing countries [J]. Journal of Economic Literature, 1993, 31 (3): 1358 - 1393.

[132] ENRIGHT M J, SCOTT E E, CHANG K. Regional powerhouse: the greater Pearl River Delta and the rise of China [M]. Chichester: Wiley, 2005.

[133] FALEYE O, KOVACS T, VENKATESWARAN A. Do better-connected CEOs innovate more? [J]. Journal of Financial and Quantitative Analysis, 2014, 49(5 - 6): 1201 - 1225.

[134] FAN H C, YAO A L, STEPHEN R Y. Trade liberalization, quality, and export prices, Review of Economics and Statistics, 2015, 97(5): 1033 - 1051.

[135] FANG V W, TIAN X, TICE S. Does stock liquidity enhance or impede firm innovation? [J]. The Journal of Finance, 2014, 69(5): 2085 - 2125.

[136] FAZZARI S M, HUBBARD R G, PETERSEN B C, et al. Financing constraints and corporate investment [J]. Brookings Papers on Economic Activity, 1988(1): 141 - 206.

[137] FEENSTRA R C, HANSON G H. Globalization, outsourcing, and wage inequality [J]. The American Economic Review, 1996, 86 (2): 240.

[138] FEENSTRA R C. Integration of trade and disintegration of production

in the global economy[J]. The Journal of Economic Perspectives, 1998, 12(4): 31 - 50.

[139] FEENSTRA R C, JOHN R, PETER K S. US imports, exports, and tariff data, 1989—2001, 2002, No. w9387, National Bureau of Economic Research.

[140] FERNANDES A P, TANG H. Determinants of vertical integration in export processing: Theory and evidence from China[J]. Journal of Development Economics, 2012, 99(2): 396 - 414.

[141] FISMAN R, LOVE I. Trade credit, financial intermediary development, and industry growth[J]. The Journal of Finance, 2003, 58(1): 353 - 374.

[142] FISMAN R, SVENSSON J. Are corruption and taxation really harmful to growth? Firm level evidence [J]. Journal of Development Economics, 2007, 83(1): 63 - 75 .

[143] FUJITA M, KRUGMAN P. The new economic geography: Past, present and the future[J]. Papers in Regional Science, 2004, 83(1): 139 - 164.

[144] FUJITA M, KRUGMAN P. When is the economy monocentric?: von Thünen and Chamberlin unified [J]. Regional Science and Urban Economics, 1995, 25(4): 505 - 528.

[145] FUJITA M, MORI T. Structural stability and evolution of urban systems [J]. Regional Science and Urban Economics, 1997, 27(4): 399 - 442.

[146] GALIANI S, PABLO S. The impact of trade liberalization on wage inequality: Evidence from Argentina [J]. Journal of Development Economics, 2003, 72(2): 497 - 513.

[147] GEREFFI G, FERNANDEZ S K. Global value chain analysis: a

primer[J]. Center on Globalization, Governance and Competitiveness (CGGC), Duke University, North Carolina, USA, 2011.

[148] GEREFFI G. Beyond the producer-driven/buyer-driven dichotomy: The evolution of global value chains in the Internet era [J]. IDS bulletin, 2001, 32(3): 30-40.

[149] GEREFFI G. International trade and industrial upgrading in the apparel commodity chain [J]. Journal of International Economics, 1999, 48(1): 37-70.

[150] GEREFFI G, HUMPHREY J, STURGEON T. The governance of global value chains[J]. Review of International Political Economy, 2005, 12(1): 78-104.

[151] GEREFFI G, JOHN H, TIMOTHY S. The governance of global value chains[J]. Review of International Political Economy, 2005, 12(1): 78-104.

[152] GERVAIS A. Product quality and firm heterogeneity in international trade [J]. Canadian Journal of Economics/Revue Canadienne d´économique, 2015, 48(3): 1152-1174.

[153] GOLDSMITH R W. Financial structure and development, Yale University Press, 1969, New Haven, CT.

[154] GREENAWAY D, KNELLER R. Firm heterogeneity, exporting and foreign direct investment[J]. The Economic Journal, 2007, 117(517): F134-F161.

[155] GREENAWAY D, GUARIGLIA A, KNELLER R. Financial factors and exporting decisions[J]. Journal of International Economics, 2007, 73(2): 377-395.

[156] GROSSMAN G M, ROSSI H E. Task trade between similar countries

[J]. Econometrica, 2012, 80(2): 593 - 629.

[157] GROSSMAN G M, ROSSI H E. Trading tasks: A simple theory of offshoring[J]. The American Economic Review, 2008, 98(5): 1978 - 1997.

[158] GROSSMAN S J, HART O D. The costs and benefits of ownership: A theory of vertical and lateral integration[J]. The Journal of Political Economy, 1986, 96(4): 691 - 719.

[159] HADLOCK C J, PIERCE J R. New evidence on measuring financial constraints: Moving beyond the KZ index[J]. Review of Financial studies, 2010, 23(5): 1909 - 1940.

[160] HALLAK J C, Schott P K. Estimating cross-country differences in product quality[J]. The Quarterly Journal of Economics, 2011, 126 (1): 417 - 474.

[161] HALLAK J C. Product quality and the direction of trade[J]. Journal of International Economics, 2006, 68(1): 238 - 265.

[162] HALLAK J C, JAGADEESH S. Firms' exporting behavior under quality constraints[J]. 2009, No. w14928, National Bureau of Economic Research.

[163] HANDLEY K, NUNO L. Policy uncertainty, trade and welfare: Theory and evidence for China and the US[J]. 2013, No. w19376, National Bureau of Economic Research.

[164] HANSON G H, ANN H. Trade liberalization and wage inequality in Mexico [J]. Industrial and Labor Relations Review, 1999, 52(2): 271 - 288.

[165] HART O, MOORE J. Property rights and the nature of the firm [J]. Journal of political economy, 1990, 98(6): 1119 - 1158.

[166] HAUSMANN R, HWANG J, RODRIK D. What you export matters [J]. Journal of Economic Growth, 2007, 12(1): 1 - 25.

[167] HELPMAN E, MELITZ M J, YEAPLE S R. Export versus FDI with heterogeneous firms[J]. American Economic Review, 2004, 94(1): 300 - 316.

[168] HELPMAN E, PAUL R K. Market structure and foreign trade: Increasing returns, imperfect competition, and the international economy[M]. MIT press, 1985.

[169] HERFINDAHL O C. Concentration in the steel industry, Doctoral Dissertation[D]. Columbia University, 1950.

[170] HéRICOURT J, PONCET S. FDI and credit constraints: Firm-level evidence from China[J]. Economic systems, 2009, 33(1): 1 - 21.

[171] HIRSCHMAN A O. National Power and the Structure of Foreign Trade (1945)[M]. University of California Press, 1980.

[172] HOOVER E M. Location theory and the shoe leather industries [M]. Harvard University Press, 1937.

[173] HUANG J, ROZELLE S, CHANG M. Tracking distortions in agriculture: China and its accession to the World Trade Organization [J]. The World Bank Economic Review, 2004, 18(1): 59 - 84.

[174] HUANG Y S. Selling China: Foreign direct investment during the reform era[M]. Cambridge University Press, 2003.

[175] HUANG Z, ZHANG X, ZHU Y. The role of clustering in rural industrialization: A case study of the footwear industry in Wenzhou [J]. China Economic Review, 2008, 19(3): 409 - 420.

[176] HUMMELS D, KLENOW P J. The variety and quality of a nation's exports[J]. The American Economic Review, 2005, 95(3): 704 - 723.

[177] HUMMELS D, Skiba A. Shipping the good apples out? An empirical confirmation of the Alchian-Allen conjecture[J]. Journal of Political

Economy, 2004, 112(6): 1384 - 1402.

[178] HUMMELS D, ISHII J, YI K M. The nature and growth of vertical specialization in world trade[J]. Journal of International Economics, 2001, 54(1): 75 - 96.

[179] HUMPHREY J, SCHMITZ H. Chain governance and upgrading: Taking stock[J]. Chapters, 2004.

[180] HUMPHREY J, Schmitz H. Governance and upgrading: Linking industrial cluster and global value chain research [M]. Brighton: Institute of Development Studies, 2000.

[181] HUMPHREY J, SCHMITZ H. How does insertion in global value chains affect upgrading in industrial clusters? [J]. Regional Studies, 2002, 36(9): 1017 - 1027.

[182] JOHNSON R C, NOGUERA G. Accounting for intermediates: Production sharing and trade in value added [J]. Journal of International Economics, 2012, 86(2): 224 - 236.

[183] JONES R W, KIERZKOWSKI H. The role of services in production and international trade: A theoretical framework [R]. University of Rochester-Center for Economic Research (RCER), 1988.

[184] KANDOGAN Y. Intra-industry trade of transition countries: trends and determinants[J]. Emerging Markets Review, 2003, 4(3): 273 - 286.

[185] KEE H L, TANG H. Domestic value added in exports: Theory and firm evidence from China[J]. American Economic Review, 2016, 106 (6): 1402 - 1436.

[186] KHANDELWAL A K, SCHOTT P K, WEI S J. Trade liberalization and embedded institutional reform: Evidence from Chinese exporters [J]. The American Economic Review, 2013, 103(6): 2169 - 2195.

[187] KHANDELWAL A. The long and short (of) quality ladders[J]. The Review of Economic Studies, 2010, 77(4): 1450 - 1476.

[188] KOOPMAN R, WANG Z, WEI S J. Estimating domestic content in exports when processing trade is pervasive[J]. Journal of Development Economics, 2012, 99(1): 178 - 189.

[189] KOOPMAN R, WANG Z, WEI S J. Tracing value-added and double counting in gross exports[J]. The American Economic Review, 2014, 104(2): 459 - 494.

[190] KRUGMAN P. China's dollar trap[J]. New York Times, 2009, 2(4): 2009.

[191] KRUGMAN P. First nature, second nature, and metropolitan location [J]. Journal of Regional Science, 1993, 33(2): 129 - 144.

[192] KRUGMAN P. Increasing returns, imperfect competition and the positive theory of international trade[J]. Handbook of International Economics, 1995, 3: 1243 - 1277.

[193] KRUGMAN P R. Geography and trade[M]. MIT press, 1991.

[194] KRUGMAN P, COOPER R N, SRINIVASAN T N. Growing world trade: causes and consequences [J]. Brookings Papers on Economic Activity, 1995(1): 327 - 377.

[195] KUMAR U, PRACHI M. Trade liberalization and wage inequality: Evidence from India[J]. Review of Development Economics, 2008, 12 (2): 291 - 311.

[196] LALL S, WEISS J, ZHANG J. The "sophistication" of exports: A new trade measure[J]. World Development, 2006, 34(2): 222 - 237.

[197] LEVINSOHN J, PETRIN A. Estimating production functions using inputs to control for unobservables [J]. The Review of Economic Studies, 2003, 70(2): 317 - 341.

[198] LLOYD P J, Maclaren D. Gains and losses from regional trading agreements: A survey[J]. Economic Record, 2004, 80(251): 445 - 467.

[199] LONG C, ZHANG X. Cluster-based industrialization in China: Financing and performance[J]. Journal of International Economics, 2011, 84(1): 112 - 123.

[200] LONG C, ZHANG X. Patterns of China's industrialization: Concentration, specialization, and clustering[J]. China Economic Review, 2012, 23(3): 593 - 612.

[201] LU Y, TAO Z G, YU L H. The markup effect of agglomeration, 2011, MPRA Paper 38974, University Library of Munich, Germany, Revised April 2014.

[202] MANOVA K, YU Z. How firms export: Processing vs. ordinary trade with financial frictions[J]. Journal of International Economics, 2016, 100: 120 - 137.

[203] MANOVA K. Credit constraints, heterogeneous firms, and international trade[J]. The Review of Economic Studies, 2013, 80 (2): 711 - 744.

[204] MARUKAWA T. The geography and history of industrial clusters in Zhejiang Province, China[J]. Tokio: University of Tokyo, Institute of Social Science, 2006: 9.

[205] MATEUT S, BOUGHEAS S, MIZEN P. Trade credit, bank lending and monetary policy transmission[J]. European Economic Review, 2006, 50(3): 603 - 629.

[206] MCKINNON R I. Money and capital in economic development, Brookings Institution Press, 1973.

[207] MELITZ M J, GIANMARCO I O. Market size, trade, and productivity

[J]. The Review of Economic Studies，2008，75(1)：295－316.

[208] MELITZ M J. The impact of trade on intra-industry reallocations and agg-regate industry productivity[J]. Econometrica，2003，71(6)：1695－1725.

[209] MIAN S L，SMITH C W. Accounts receivable management policy：theory and evidence[J]. The Journal of Finance，1992，47 (1)：169—200.

[210] MINETTI R，ZHU S C. Credit constraints and firm export：Microeconomic evidence from Italy[J]. Journal of International Economics，2011，83(2)：109－125.

[211] MION G，ZHU L. Import competition from and offshoring to China：A curse or blessing for firms? [J]. Journal of International Economics，2013，89(1)：202－215.

[212] NADVI K. Global standards，global governance and the organization of global value chains[J]. Journal of Economic Geography，2008，8 (3)：323－343.

[213] NGIENTHI W，MA Y，DEI F. Supermodularity and global supply chains without the South[J]. Review of International Economics，2013，21(3)：562－567.

[214] NILSEN J H. Trade credit and the bank lending channel[J]. Journal of Money，Credit，and Banking，2002，34(1)：226－253.

[215] OECD. Interconnected economies：Benefiting from global value chains [M]. OECD Publishing，2013.

[216] OLLEY G S，PAKES A. The dynamics of productivity in the telecommunications equipment industry[J]. Econometrica，1996，64 (6)：1263－1297.

[217] PAVCNIK N. Trade liberalization，exit，and productivity

improvements: Evidence from Chilean plants[J]. The Review of Economic Studies, 2002, 69(1): 245 - 276.

[218] PERROUX F. A note on the notion of growth pole[J]. Applied economy, 1955, 1(2): 307 - 320.

[219] PETERSEN M A, RAJAN R G. Trade credit: theories and evidence [J]. Review of Financial Studies, 1997, 10(3): 661 - 691.

[220] PIERCE J R, SCHOTT P K. The surprisingly swift decline of US manufacturing employment [J]. The American Economic Review, 2016, 106(7): 1632 - 1662.

[221] PIORE M J, SABEL C F. The second industrial divide: possibilities for prosperity[M]. Basic books, 1984.

[222] PONCET S, STEINGRESS W, VANDENBUSSCHE H. Financial constraints in China: firm-level evidence[J]. China Economic Review, 2010, 21(3): 411 - 422.

[223] PORTER M E. Clusters and the new economics of competition [J]. Boston: Harvard Business Review, 1998, (2), 77 - 90.

[224] PORTER M E. The competitive advantage of nations[M]. New York: Free Press, 1990.

[225] QASMI B A, FAUSTI S W. NAFTA intra-industry trade in agricultural food products[J]. Agribusiness, 2001, 17(2): 255 - 271.

[226] RAJAN R G, ZINGALES L. Financial dependence and growth [J]. The American Economic Review, 1998, 88(3): 559 - 586.

[227] RAVALLION M, CHEN S. China's (uneven) progress against poverty [J]. Journal of Development Economics, 2007, 82(1): 1 - 42.

[228] ROMER P M. Increasing returns and long-run growth[J]. The Journal of Political Economy, 1986, 94(5): 1002 - 1037.

[229] ROODMAN D. How to do Xtabond2: An introduction to difference and system GMM in Stata [J]. Center for Global Development Working Paper No. 103, 2006.

[230] RUAN J, ZHANG X. Finance and cluster-based industrial development in China [J]. Economic Development and Cultural Change, 2009, 58(1): 143 - 164.

[231] SACHS J D, WARNER A, ASLUND A, FISCHER S. Economic reform and the process of global integration[J]. Brookings Papers on Economic Activity, 1995,1(25): 1 - 118.

[232] SALAIS R, STORPER M. The four worlds of contemporary industry [J]. Cambridge Journal of economics, 1992, 16(2): 169 - 193 .

[233] SCHOTT P K. Across-product versus within-product specialization in international trade[J]. The Quarterly Journal of Economics, 2004, 119 (2): 647 - 678.

[234] SCHOTT P K. The relative sophistication of Chinese exports[J]. Economic policy, 2008, 23(53): 6 - 49.

[235] SCOTT A J. Flexible production systems and regional development: the rise of new industrial spaces in North America and Western Europe [J]. International Journal of Urban and Regional Research, 1988, 12 (2): 171 - 186.

[236] SHENG L, YANG D T. Expanding export variety: The role of institutional reforms in developing countries [J]. Journal of Development Economics, 2016, 118: 45 - 58.

[237] SMITH A. An inquiry into the nature and causes of the wealth of nations[M]. Рипол Классик, 1937.

[238] SONG Z, STORESLETTEN K, ZILIBOTTI F. Growing like china

[J]. The American Economic Review, 2011, 101(1): 196 - 233.

[239] SONOBE T, HU D, OTSUKA K. From inferior to superior products: an inquiry into the Wenzhou model of industrial development in China [J]. Journal of Comparative Economics, 2004, 32(3): 542 - 563.

[240] SONOBE T, HU D, OTSUKA K. Process of cluster formation in China: A case study of a garment town[J]. Journal of Development Studies, 2002, 39(1): 118 - 139.

[241] SUMMERS L. The rise of Asia and the global economy[J]. Research Monitor (Special Issue), 2007: 4 - 5.

[242] The United Nations Conference on Trade and Investment (UNCTAD). World investment report: Global value chains: Investment and trade for development[C]. New York and Geneva: The United Nations Conference and Trade and Development, 2013.

[243] TIMMER M P, ERUMBAN R G, et al. The World Input-Output Database (WIOD): Contents, sources and methods, 2012, WIOD Working Paper No. 10.

[244] TIMMER M P, ERUMBAN A A, LOS B, et al. Slicing up global value chains[J]. The Journal of Economic Perspectives, 2014, 28(2): 99 - 118.

[245] TIMMER M P, LOS B, STEHRER R, et al. Fragmentation, incomes and jobs: an analysis of European competitiveness [J]. Economic Policy, 2013, 28(76): 613 - 661.

[246] TOPALOVA P, KHANDELWAL A. Trade liberalization and firm productivity: The case of India [J]. Review of Economics and Statistics, 2011,93(3): 995 - 1009.

[247] WANG J, MEI L. Dynamics of labour-intensive clusters in China:

Relying on low labour costs or cultivating innovation? [J]. The International Institute for Labour Studies, Discussion Paper Series NO. 195, 2009.

[248] WANG Z, WEI S J. What accounts for the rising sophistication of China's exports? [M]. China's Growing Role in World Trade, University of Chicago Press, 2010: 63–104.

[249] WANG Z, WEI SJ, ZHU K. Quantifying international production sharing at the bilateral and sector levels[J]. No. w19677, National Bureau of Economic Research, 2013.

[250] WEBER A. über den Standort des Industrien. Tübingen: University of Tübingen, 1909, English translation: Alfred Weber's theory of the location of industries, Chicago, University of Chicago Press, 1929.

[251] WEN M. Relocation and agglomeration of Chinese industry [J]. Journal of Development Economics, 2004, 73(1): 329–347.

[252] WU W, FIRTH M, RUI O M. Trust and the provision of trade credit [J]. Journal of Banking and Finance, 2014, 39: 146–159.

[253] XU B. Measuring the technology content of China's exports [J]. Manuscript, China Europe International Business School (CEIBS), 2006.

[254] XU B. The sophistication of exports: Is China special? [J]. China Economic Review, 2010, 21(3): 482–493.

[255] YOUNG A. The razor's edge: Distortions and incremental reform in the People's Republic of China[J]. No. w7828, National Bureau of Economic Research, 2000.

[256] ZHANG X, TAN K Y. Incremental reform and distortions in China's product and factor markets[J]. The World Bank Economic Review, 2007, 21(2): 279–299.

［257］WEI S J，XIE Z，ZHANG X. From "Made in China" to "Innovated in China"：Necessity，prospect，and challenges［J］. Journal of Economic Perspectives，2017，31(1)：49－70.

后　记

时间飞逝,不知不觉博士毕业已近四年了,我从一个刚刚完成学业稚嫩的博士转变为一名普通的高校教师。这种转变并不轻松,甚至非常困难。一方面,不得不协调好非科研性工作与科研性工作之间的关系;另一方面,需要处理好工作与生活之间的关系。能否平衡好这两种关系,决定了一名高校教师能否拥有一个让自己满意的事业,过一个令自己满意的人生。到目前为止,我在这两种关系的协调上只能说差强人意,仍任重道远。但我仍坚信,唯有努力,才能取得事业成功、收获圆满人生。

在师长、朋友、公益团体和出版社等各方帮助下,本书得以顺利出版,为此我深表感激。首先要感谢当代经济学基金会的大力资助。获其资助不仅肯定了笔者曾经所做出的努力,而且增强了我继续从事经济学研究的信心。

其次需要特别感谢上海三联书店的李英编辑。李老师耐心、细致、敬业的态度给我留下了深刻印象。

最需要感谢的,当然是我的博士生导师马述忠教授。马老师不仅是我的博士生导师、博士后导师,也是我的人生导师。马老师如同一盏明灯,指引并照亮了我前行的路,将我领进了学术研究的大门。马老师总是乐于给我提供指导和帮助。无论科研课题还是学术论文,他都循循善诱、倾囊相授,并经常指导我进行职业规划。马老师是一个在学术研究上追求完美近乎"偏执"的学者。团队每次写完课题或论文,他都会一字一句仔细检查,大到逻辑框架,小到标点符号,务必尽善尽美。爱之深,责之切。看似严苛的教诲,却透露着马老师对学生们深深的爱。对弟子们的严格要求源于恩师内心深处精益求精的职业习惯、对学术理想的孜孜追求以及对我们有所作为的殷切期盼。马老师做事一向雷厉风行,从不拖延,虽年过半百,但仍孜孜矻矻、笔耕不辍。这些习惯都在潜移默化地影响着我。我非常荣幸和幸运在博士后出站后能够继续在马老师团队工作学习。

最后,还要感谢硕士生李佳峻同学协助完成本书校对工作。

虽然经过数番认真修改和校对,但挂一漏万,本书难免存在错漏之处,尚祈读者与专家指正。

张洪胜

2021 年 8 月

于杭州

图书在版编目(CIP)数据

贸易自由化、融资约束与中国外贸转型升级/张洪胜著.—上海:上海三联书店,2021.10
(当代经济学创新丛书/夏斌主编)
ISBN 978 - 7 - 5426 - 7453 - 1

Ⅰ.①贸…　Ⅱ.①张…　Ⅲ.　①对外贸易-研究-中国
Ⅳ.①F752

中国版本图书馆 CIP 数据核字(2021)第 112414 号

贸易自由化、融资约束与中国外贸转型升级

著　　者 / 张洪胜

责任编辑 / 李　英
装帧设计 / 徐　徐
监　　制 / 姚　军
责任校对 / 张大伟　王凌霄　邓　珩

出版发行 / 上海三联书店
　　　　　(200030)中国上海市漕溪北路 331 号 A 座 6 楼
邮购电话 / 021 - 22895540
印　　刷 / 上海颛辉印刷厂有限公司

版　　次 / 2021 年 10 月第 1 版
印　　次 / 2021 年 10 月第 1 次印刷
开　　本 / 640mm×960mm　1/16
字　　数 / 220 千字
印　　张 / 16.5
书　　号 / ISBN 978 - 7 - 5426 - 7453 - 1/F・843
定　　价 / 58.00 元

敬启读者,如发现本书有印装质量问题,请与印刷厂联系 021 - 56152633